So bleibt Ihre Katze *gesund*

Matthew Hoffman (Hrsg.)

So bleibt Ihre Katze *gesund*

Hausmittel, Rat und Hilfe von Experten

Bechtermünz Verlag

Inhalt

Vorwort 10
Eine Lanze für die Hausmittel

Einführung 11
Gesundheitspflege vom ersten Tag an

Aggression 20
Neun Methoden, eine Katze zu beruhigen

Akne 22
Neun Methoden, die Mitesser zu bekämpfen

Altersbeschwerden 24
Elf Methoden, die Katze länger jung zu erhalten

Analbeutel-Probleme 28
Zwei Tips, die für Erleichterung sorgen

Anämie 31
Sieben Methoden, sie in den Griff zu bekommen

Angst 33
Fünf Methoden, eine Katze zu beruhigen

Arthritis 35
Acht Wege, die Schmerzen zu lindern

Asthma 37
Zwölf Tips, die Ihrer Katze das Atmen erleichtern

Augenreizungen 41
Fünf Wege, den Tränenfluß in den Griff zu bekommen

Austrocknung 43
Sechs Wege, den Körper mit Wasser zu versorgen

Beißen und Kratzen 45
Acht Wege, die eigene Haut zu retten

Betteln 47
Sieben Tips, die Bettelei bei Tisch zu unterbinden

Bißwunden 49
Sieben Tips zur Behandlung

Blindheit 52
Sechs Wege, einer blinden Katze zu helfen

Blutende Wunden 54
Zehn Wege, eine Blutung zu stillen

Depressionen 56
Vierzehn Methoden, eine Katze wieder fröhlich zu machen

Diabetes 59
Sieben hilfreiche Tips

Durchfall 61
Sieben Wege, das Problem zu stoppen

Eifersucht 63
Fünfzehn Wege, einer Katze zu zeigen, wie wichtig sie ist

Erbrechen 67
Vier Methoden, den Magen zu beruhigen

Erziehung zur Sauberkeit 69
Sieben Tips, eine Katze stubenrein zu machen

Fieber 72
Vier Tips zur Temperatursenkung

Flöhe 74
Siebzehn Wege, die Plagegeister loszuwerden

Futterallergien 79
Neun Methoden, die verhindern, daß Essen krank macht

Futterverweigerung 82
Sechs appetitanregende Vorschläge

Geschwülste und andere Neubildungen 84
Sechs Wege, mit ihnen umzugehen

Haarballen 86
Sieben Wege, sie wieder loszuwerden

Haarwechsel 88
Neun Wege, der Flut von losen Haaren Herr zu werden

Harnblasenschwäche 91
Drei Methoden, den Fußboden trocken zu halten

Harnwegsinfektionen 92
Zwei Wege, ihnen vorzubeugen

Hautpilz 94
Zehn Methoden, ihn in den Griff zu bekommen

Hautschäden durch Belecken 96
Zehn Methoden, die gereizte Haut zu beruhigen

Herzkrankheiten 98
Sechs Tips zu einem gesunden Leben

Husten 100
Sechs Strategien, ihn zu stoppen

Insektenstiche 102
Vier Methoden, den Schmerz zu lindern

Katzenkämpfe 104
Elf Methoden, die Kampfhandlungen zu unterbrechen

Katzenschnupfen 106
Acht Wege, das Leiden zu lindern

Kletterprobleme 109
Elf Wege, eine Katze vom Baum zu holen

Krallenprobleme 111
Neun Tips zur Krallenpflege

Lahmheit 114
Sieben Wege, einer Katze wieder auf die Beine zu helfen

Langeweile 117
Zehn anregende Vorschläge

Läuse 119
Sieben Methoden, die Parasiten zu vernichten

Miauen 121
Acht Methoden, den Dauergesang zu unterbrechen

Mundgeruch 123
Sechs Methoden, den Gestank zu bekämpfen

Nachwuchs 125
Neun Wege, bei der Geburt zu helfen

Nebenhöhlen-Probleme 130
Sieben Wege, gegen die Schniefnase vorzugehen

Ohrmilben 132
Acht Methoden, die Quälgeister loszuwerden

Paarungsprobleme 136
Dreizehn Wege, das Feuer der Leidenschaft zu entfachen

Pfotenprobleme 139
Sieben Maßnahmen, die der Katze wieder auf die Beine helfen

Pollen- und andere Allergien 141
Sieben Wege, der Katze Erleichterung zu verschaffen

Räude 143
Acht Wege, sie zu heilen

Reisekrankheit 145
Neun Tips, ihr das Autofahren angenehmer zu machen

Rolligkeit 147
Fünf Wege, eine liebeskranke Katze zu beruhigen

Rücken- und Wirbelsäulenprobleme 148
Fünf Maßnahmen, die Rückenschmerzen lindern

Schlafstörungen 149
Sechs Wege, für eine ungestörte Nachtruhe zu sorgen

Schwanzprobleme 151
Fünf Tips zu ihrer Behandlung

Sonnenbrand 154
Elf Methoden, das Feuer zu löschen

Speicheln 156
Drei Methoden, die feuchte Flut zu stoppen

Spritzen 157
Zwölf Tips zur Verhinderung der Duftmarken

Tasthaar-Verlust 160
Vier Wege, damit umzugehen

Taubheit 162
Elf Tips, die das Zusammenleben erleichtern

Übergewicht 164
Zwölf Methoden, eine Katze um ein paar Pfunde zu erleichtern

Umzugssorgen 168
Neun Methoden, einer Katze das Eingewöhnen zu erleichtern

Verfilztes Fell 170
Sieben Methoden, die Knoten zu entwirren

Vergiftungen 173
Dreizehn Tips für den Notfall

Verstopfung 176
Acht Methoden, die Verdauung anzuregen

Wollefressen 178
Acht Methoden, den Inhalt Ihres Kleiderschranks zu retten

Wunden 180
Neun Tips für die Erste Hilfe im Notfall

Wurmbefall 182
Fünf Wege, die Schmarotzer loszuwerden

Zahnprobleme 184
Sechzehn Wege, ihnen vorzubeugen

Zahnwechsel 187
Acht Wege, das Zahnen zu erleichtern

Zecken 189
Acht Methoden, sich der Blutsauger zu erwehren

Zerstörungswut 192
Elf Tips, die Ihre Einrichtung retten

Zimmerpflanzen ausgraben 195
Drei Wege, Ihre Pflanzen zu schützen

Index 196

Quellen 218

Impressum 224

Vorwort

Eine Lanze für die Hausmittel

In den vielen Jahren, die ich nun schon als Tierärztin arbeite, ist es immer wieder vorgekommen, daß Leute ihre Katze nicht in meine Praxis bringen wollten. Sie ziehen es vor, die alltäglichen Probleme ihrer Tiere in der gewohnten Umgebung ihres Heims selbst zu behandeln – den Katzen gefällt dies auf jeden Fall besser.

In die Praxis zu kommen, ist gewöhnlich mit einer stressigen Autofahrt und natürlich auch mit einer mehr oder weniger hohen Tierarztrechnung verbunden. Außerdem haben viele Katzen solche Angst, daß sie sich in ihrem Transportkorb festkrallen, um bloß nicht auf den Behandlungstisch zu müssen. Auch ohne diese Erfahrung leiden viele Menschen schon genug darunter, wenn ihrem Liebling etwas fehlt.

Natürlich gibt es Fälle, in denen Sie Ihre Katze unbedingt zum Tierarzt bringen sollten, zum Beispiel, wenn sie ungewöhnlich viel Harn absetzt oder auf einmal anfängt zu beißen. Bei diesen und anderen potentiell ernsten Problemen braucht Ihre Katze professionelle Hilfe.

Es gibt aber auch vieles, das Sie zuhause unternehmen können. Dieses Buch zeigt Ihnen, welche Leiden nur der Tierarzt behandeln kann und welche mit Hausmitteln zu kurieren sind. Die Herausgeber stützen sich dabei auf die Erfahrungen bekannter Tiermediziner und haben mit ihrer Hilfe über 1000 Heilmittel und -methoden zusammengetragen, die sowohl wirksam als auch sicher sind.

In vielen der Kapitel werden Sie einen Abschnitt finden, der die Überschrift „Wann muß die Katze zum Tierarzt?" trägt. Lesen Sie diesen Abschnitt stets zuerst. Vielfach sind Probleme, die eigentlich harmlos aussehen, viel ernster, als man denkt. Wenn Sie unsicher sind, zögern Sie nicht, Ihren Tierarzt anzurufen. Er ist sicher gern bereit, Sie in allen Zweifelsfällen zu beraten.

Erfreuen Sie sich an diesem Buch. Ich habe es getan. Sie werden daraus viel über die allgemein verbreiteten Katzenprobleme lernen, aber auch, was Sie tun können, um Ihrer Katze zu einem glücklicheren, gesünderen Leben zu verhelfen.

Amy Marder, VMD

Dr. med. vet. Amy Marder

Einführung

Gesundheitspflege vom ersten Tag an

Katzen werden überall gehalten, in gepflegten Appartements ebenso wie auf Bauernhöfen, in der Stadt und auf dem Land. Manche verdienen sich ihren Lebensunterhalt mit dem Mäusefang, andere verbringen den Tag auf weichen Kissen und lassen sich mit Filetsteak verwöhnen.

All diese Katzen haben jedoch eines gemeinsam: Sie vergessen nie das Wichtigste in ihrem Leben. Ihnen ist es gleichgültig, ob es regnet, ob sich die unbezahlten Rechnungen stapeln oder ob die Busfahrer streiken. Das einzige, das ihnen etwas bedeutet, sind Sie. (Obwohl sie gegen einen bequemen Schlafplatz und eine leckere Mahlzeit natürlich auch nichts einzuwenden haben.)

Unsere Aufgabe ist es, die Katze glücklich und gesund zu erhalten. Katzen sind intelligent und unheimlich neugierig und neigen dazu, sich Hals über Kopf in irgendwelche Gefahren zu stürzen. Doch eine verletzte oder kranke Katze kann uns nicht sagen, was ihr fehlt, also müssen wir etwas Detektivarbeit leisten, um es herauszufinden.

Die fachkundige Behandlung durch den Tierarzt ist zwar durch nichts zu ersetzen, doch Sie können viel dazu beitragen, Ihre Katze gesund zu erhalten – und damit können Sie schon beginnen, bevor das Kätzchen überhaupt bei Ihnen eingezogen ist.

Wer die Wahl hat, hat die Qual

Die Anschaffung einer Katze kann der Anfang einer wunderbaren Freundschaft sein. Die Auswahl des richtigen Tieres ist von enormer Bedeutung.

Betrachten Sie Ihren Lebensstil. Alle Katzen können angenehme Haustiere sein, doch es kann passieren, daß ihre Bedürfnisse mit Ihren eigenen in Konflikt geraten. Wenn Sie viel verreisen oder häufig lange arbeiten müssen, sollten Sie sich zwei Katzen anschaffen, die einander Gesellschaft leisten können.

Wieviel Zeit haben Sie? Natürlich gibt es kaum etwas Niedlicheres als ein junges Kätzchen, doch haben Sie genug Zeit und Geduld, es zu erziehen und nahezu rund um die Uhr zu überwachen? Wenn nicht, ist es vielleicht ratsamer, eine ausgewachsene Katze zu wählen.

Wenn Sie sich für ein Tier „aus zweiter Hand“ entscheiden, lassen Sie sich möglichst viel darüber erzählen. Laden Sie sich kein Tier auf, das mit allen möglichen Problemen belastet ist – es sei denn, Sie wissen im voraus, was auf Sie zukommt.

Sehen Sie sich um. Wenn Sie Ihr Herz an eine bestimmte Rasse gehängt haben, sollten Sie verschiedene Züchter besuchen. Wenn Ihnen die Abstammung aber gleichgültig ist, sehen Sie sich doch einmal im Katzenhaus des örtlichen Tierschutzvereins um.

Viele der besten Katzen der Welt kommen aus dem Tierheim, und man könnte das Gefühl bekommen, sie wüßten, daß man ihnen das Leben gerettet hat.

Den richtigen Tierarzt aussuchen

Einer der wichtigsten Menschen im Leben Ihrer Katze ist Ihr Tierarzt, auch wenn sie das vermutlich anders sieht. Ein guter Tierarzt sorgt nicht nur dafür, daß Ihr Liebling gesund bleibt, sondern auch dafür, daß Sie nicht unnötig leiden.

Den richtigen Tierarzt zu finden, ist fast genauso schwierig, wie den richtigen Arzt für sich selbst zu finden. Sie sollten sich unbedingt jemanden suchen, der die Qualitäten besitzt, die Ihnen wichtig sind.

Einige Punkte, die Sie bei der Auswahl Ihres Tierarztes berücksichtigen sollten:

- Nimmt er sich Zeit für Ihre Fragen? Geht er rücksichtsvoll mit Ihrer Katze um? Ist er Ihnen sympathisch?
- Behandelt er die Tiere nur ambulant oder kann er sie auch in stationäre Behandlung aufnehmen? Wenn ja, gibt es dann einen zuverlässigen Angestellten, der die Patienten rund um die Uhr bewacht?
- Ist er in Notfällen 24 Stunden erreichbar?
- Hat er getrennte Warteräume für Katzen und Hunde? Das ist wichtig, falls Ihre Katze Angst vor Hunden hat.
- Sind die Mitarbeiter freundlich und hilfsbereit? Seine Katze in guten Händen zu wissen, ist ein ungeheuer beruhigendes Gefühl.

Es spricht nichts dagegen, einen Tierarzt anzurufen und ihm zu sagen, daß man sein Tier gern zum Kennenlernen vorbeibringen würde. Auf diese Weise erfährt man am meisten über den Ort, der in der Gesunderhaltung der Katze zukünftig eine wichtige Rolle spielen wird.

Vorbeugen ist besser als heilen

Tierärzte sind sich einig, daß die beste medizinische Versorgung die tägliche Pflege ist. Viel Liebe, eine ausgewogene Ernährung, viel Bewegung und regelmäßige Fellpflege tragen dazu bei, Ihren neuen Hausgenossen glücklich und gesund zu erhalten.

Es ist viel besser und für das Tier natürlich angenehmer, Probleme zu vermeiden, anstatt sie zu kurieren.

Um zu verhindern, daß aus kleinen Problemen etwas Ernstes wird, muß man sie früh genug erkennen. Leute, die ihre Katzen gut kennen, merken manchmal schon, daß etwas nicht stimmt, bevor die ersten Anzeichen einer Krankheit auftreten.

Wir empfehlen, die Katze einmal wöchentlich vom Kopf bis zum Schwanz durchzuchecken. Das dauert nur ein paar Minuten und kann dazu beitragen Probleme – und Kosten – zu vermeiden.

Beginnen Sie mit ausgiebigem Streicheln, denn es entspannt die Katze und stimmt sie gnädig. Außerdem können Sie mit den Fingern ertasten, was dem Auge verborgen bleibt.

- Schuppen oder Schorf. Sie sind Anzeichen für Parasiten, eine Allergie oder eine Verletzung.
- Harte Schwellungen und Knochenauftreibungen. Sie sind gewöhnlich die Folge des normalen Alterungsprozesses, können aber auch auf entzündliche Vorgänge hindeuten. Sie früh zu entdecken, kann der Katze viel Leid ersparen.
- Die Wirbelsäule. Wenn Sie jeden Rückenwirbel fühlen können, hat Ihre Katze möglicherweise aus irgendeinem Grund Gewicht verloren. Ist das Rückgrat aber überhaupt nicht zu spüren, sollten Sie das Futter reduzieren.
- Weiche Schwellungen. Abhängig von ihrer Lage können sie auf Parasitenbefall, eine Herzkrankheit oder sogar Krebs hinweisen.

Die Atmung kontrollieren. Wenn Ihre Katze nicht gerade hechelt, sollte ihr Atem gleichmäßig und unhörbar sein. Angestrengtes Atmen oder rasselnde Atemgeräusche sind ein Grund, die Katze zum Tierarzt zu bringen.

Den Puls fühlen. Das Herz sollte kräftig und regelmäßig schlagen. Zum Pulsfühlen legen Sie Ihre Fingerspitzen auf die linke Körperseite, dicht hinter dem Ellenbogen. Zählen Sie 15 Sekunden lang mit und multiplizieren Sie das Ergebnis dann mit vier.

Der normale Pulsschlag einer Katze liegt bei 120 Schlägen pro Minute. (Bei kleinen Kätzchen ist er deutlich höher.) Liegt der Puls Ihrer ausge-

Impftabelle

Die einfachste und wirkungsvollste Weise, Ihre Katze vor Krankheiten zu schützen, ist die regelmäßige Impfung. Zum Impfen müssen Sie die Katze zum Tierarzt bringen. Die meisten Tierärzte arbeiten nach dem untenstehenden Schema, Abweichungen sind jedoch möglich. Manche der Impfstoffe werden einzeln verabreicht, andere sind Kombinationspräparate, was den Vorgang natürlich erleichtert.

Empfohlene Impfungen für Katzen

Krankheit	Erste Impfung im Alter von (Wochen)	Zweite Impfung im Alter von (Wochen)	Wiederholungsimpfungen (Monate)
Katzenseuche	8–10	12–16	12
Katzenschnupfen	8–10	12–16	12
Calicivirus-Infektion	8–10	12–16	12
Katzenpneumonie (durch Chlamydien)	8–10	12–16	12
Tollwut	12	64	12 oder 36*
Katzenleukämie	10	12 und 24*; 13–14	12

*Abhängig vom Impfstoff

wachsenen Katze erheblich unter oder über dem hier angegebenen Wert, fragen Sie Ihren Tierarzt um Rat.

Die Ohren untersuchen. Das Ohrinnere muß hellrosa und sauber sein. Ein übler Geruch, Ausfluß oder Rötungen deuten auf eine Entzündung hin.

Die Augen untersuchen. Sie sollten klar sein und glänzen. Schwellungen, Blinzeln, Rötungen oder Ausfluß können Anzeichen für Probleme wie Bindehautentzündung oder eine Erhöhung des Augeninnendrucks sein.

Ins Maul schauen. Die gesunde Maulschleimhaut ist gewöhnlich rosa, manchmal aber auch bräunlich bis schwarz. Wenn Sie kurz auf das Zahnfleisch drücken, sollte es schnell wieder seine normale Farbe annehmen.

Erste Hilfe-Ausstattung

Unfälle lassen sich nicht immer vermeiden, aber mit der richtigen Ausrüstung können Sie verhindern, daß sich kleine Probleme zu großen auswachsen.
Eine Erste Hilfe-Ausrüstung für Katzen bekommen Sie im Zoofachhandel, Sie können sie aber auch selbst zusammenstellen. Folgende Dinge sollten enthalten sein:

- Die Telefonnummer des Tierarztes sowie die Nummer des Tierärztlichen Notdienstes
- Ein Erste Hilfe-Handbuch für Katzen
- Verbandmull
- Klebeband
- Wundauflagen
- Eine Schere mit abgerundeten Spitzen
- Wasserstoffperoxid
- Augentropfen
- Pinzette
- Thermometer
- Einwegspritze (ohne Nadel) zum Eingeben von Medikamenten

Achten Sie auf Schwellungen oder andere Veränderungen sowie auf Zahnstein und übermäßigen Mundgeruch. Der Atem Ihrer Katze darf Sie nicht in Ohnmacht fallen lassen.
Gewöhnen Sie sich an, täglich nach Veränderungen Ausschau zu halten – im Appetit, der Gangart, dem Harn- und Kotabsatz und dem allgemeinen Verhalten. Wenn Sie etwas bemerken, das Sie beunruhigt, rufen Sie den Tierarzt an.

Sicherheit im Haushalt

Katzen haben spitze Krallen, scharfe Zähne und eine schier unbezähmbare Neugier. Diese Kombination kann gefährlich werden.
Die folgenden, von Tierärzten empfohlenen Maßnahmen schützen Ihre Katze in Haus und Garten vor vermeidbaren Unfällen.
Halten Sie Ihr Medizinschränkchen stets verschlossen. Katzen können Warnhinweise nicht lesen. Ein kindersicherer Verschluß ist noch

lange nicht katzensicher. Wenn das heruntergestoßene Fläschchen auf dem Fußboden zerbricht, ist die beste Kindersicherung nutzlos.
Wenn Ihre Katze zu denen gehört, die jede Tür öffnen, sollten sie sich Kindersicherungen für die Türen anschaffen.
Spülen Sie Reste sofort weg. Viele Haushaltsprodukte wie Pestizide oder Frostschutzmittel sind giftig für Katzen. Ein paar Tropfen Frostschutzmittel zum Beispiel sind absolut tödlich.
Sperren Sie ihre Katze sicher ein, während Sie mit gefährlichen Stoffen arbeiten. Verschüttete Reste sollten Sie sofort wegspülen, bevor die Katze kommt, um sie zu untersuchen.
Vorsicht vor Ködern. Viele Gartenbesitzer streuen Schneckengift, ohne daran zu denken, wie gefährlich es für ihre Katze sein kann. Katzen sind ganz verrückt nach Schneckenködern, obwohl sie zum Teil extrem giftig sind.

Kleine Katzen spielen mit fast allem, auch mit Elektrokabeln. Kleben Sie die Kabel mit einem breiten Streifen Isolierband fest, und Ihre Katze ist vor einem elektrischen Schlag geschützt.

Müllsäcke sicher verwahren. Katzen lieben es, Müllsäcke aufzureißen und nach etwas Eßbarem zu durchstöbern. Um ihnen Magenschmerzen und sich selbst das Chaos zu ersparen, sollten Sie die Säcke so verwahren, daß sie für die Katze nicht zugänglich sind.
Gefährlicher Strom. Viele Katzen spielen gern mit Elektrokabeln – ein potentiell tödliches Spiel.
Ziehen Sie bei allen Geräten, die gerade nicht im Gebrauch sind, den Netzstecker heraus. Die übrigen Kabel sollten hinter Möbelstücken oder unter dem Teppich verlegt werden. Für den kurzzeitigen Schutz vor einem verspielten Kätzchen können Sie die Kabel auch mit einem breiten Klebeband am Boden festkleben oder mit einem Katzen-Fernhaltespray einsprühen, das Sie im Zoofachhandel bekommen.
Gefahr im Swimmingpool. Katzen können zwar schwimmen, doch aus einem Swimmingpool kommen sie aus eigener Kraft oft nicht wieder heraus. Aus diesem Grund sollten Sie Ihre Katze, vor allem, wenn sie noch jung ist, nie unbeaufsichtigt in der Nähe des Pools herumlaufen lassen.

Nützliche Hausapotheke

Katzen sind uns Menschen sehr ähnlich – zumindest, was ihre Krankheiten betrifft. Auch sie leiden unter Verdauungsbeschwerden und Durchfall, Hautjucken und leichteren Infektionen. Außerdem wirken viele der Medikamente, die wir in diesen Fällen nehmen, auch bei ihnen.
Bevor Sie Ihrer Katze jedoch ein Medikament aus Ihrer eigenen Hausapotheke geben, sollten Sie beim Tierarzt nachfragen. Hier einige Hinweise zur Behandlung mit Hausmitteln.

- Aspirin. Falsch dosiert kann es für Katzen sehr gefährlich sein; geben Sie es also nie ohne tierärztliche Anweisung.
- Paracetamol und Ibuprofen. Beide sind giftig für Katzen. Verwenden Sie sie nicht.
- Kaopektat. Dieses frei verkäufliche Medikament zur Beruhigung des Magens können Katzen alle vier Stunden bekommen. Man gibt ihnen etwa einen Teelöffel voll. Die genaue Dosierung erfahren Sie beim Tierarzt.

Die Kastration

Viele Leute bringen die merkwürdigsten Ausreden vor, wenn man sie fragt, warum sie ihre Katze nicht kastrieren lassen. Manche fürchten, sie würde dadurch fett und faul. Andere scheuen das Operationsrisiko oder halten den Eingriff schlichtweg für widernatürlich.

Ihre Bedenken sind grundlos. Die Kastration läßt Katzen nicht fett werden und verändert auch nicht ihre Persönlichkeit. Natürlich ist kein operativer Eingriff vollkommen frei von Risiken, doch eine Kastration birgt keine übermäßige Gefahr. Genaugenommen kann sie das Leben Ihrer Katze sogar verlängern, denn kastrierte Katzen leiden seltener unter bestimmten Tumoren, sie streunen weniger und haben weniger Kämpfe zu bestehen.

Obwohl die meisten Katzenhalter gut auf ihre Tiere aufpassen, werden nach Schätzungen des amerikanischen Tierschutzbundes jedes Jahr rund fünf Millionen Katzen in Tierheimen eingeschläfert. Diese Zahl läßt sich nur verringern, wenn möglichst viele Katzenhalter sich dazu entschließen, ihre Katzen und natürlich auch die Kater kastrieren zu lassen.

Der beste Zeitpunkt für diesen Eingriff ist zwischen dem sechsten und achten Lebensmonat, aber natürlich können Sie auch eine ältere Katze ohne Probleme kastrieren lassen.

Erziehung und Spiel

Im Gegensatz zu Hunden lassen sich Katzen kaum erziehen. Gewisse grundlegende Dinge kann man ihnen jedoch beibringen. Dazu gehören das Benutzen der Katzentoilette oder die Tatsache, daß sie auf dem Tisch nichts zu suchen haben – zumindest, solange Sie daran essen.

Wenn Sie Ihre Katze nicht frei laufen lassen können oder wollen, können Sie versuchen, Sie an der Leine auszuführen. Mit einer Katze spazierenzugehen, hat einige Vorteile. Anders als ein Hund hebt sie nicht ständig das Bein, schnuppert an jedem Laternenpfahl oder zerrt an der Leine. Katzen lieben es, aus dem Haus zu kommen und mit Ihnen spazierenzugehen, vor allem, wenn sie schon in frühester Jugend daran gewöhnt wurden.

Katzen schlüpfen mühelos aus jedem Halsband, verwenden Sie also lieber ein spezielles Katzengeschirr. Legen Sie ihrer Katze zunächst nur das Geschirr an und lassen Sie sie damit im Haus herumlaufen, bis sie sich daran gewöhnt hat. Dann können Sie die Leine befestigen und ein

paar Übungsrunden im Haus drehen. Wenn das gut klappt, steht den ersten Ausflügen in den Garten nichts mehr im Wege.
Erwarten Sie aber nicht, daß Ihre Katze „bei Fuß" geht wie ein Hund. Richten Sie sich vielmehr darauf ein, daß sie mit Ihnen spazierengehen wird.
Neben den Spaziergängen gibt es noch viele andere Arten, eine Hauskatze zu beschäftigen und fit zu halten. Geben Sie ihr verschiedene Spielsachen zur Auswahl; besonders beliebt sind Tischtennisbälle, leere Garnrollen und Papierknäuel.

Aggression

Neun Methoden, eine Katze zu beruhigen

Zu einer Zeit, als das Futter noch nicht in Dosen serviert wurde und das Leben härter war als heute, brauchten Katzen eine gewisse Aggressivität sowie ihre Krallen und Zähne, um zu überleben.
Heutzutage kann es jedoch ziemlich gefährlich werden, wenn eine Katze ihre Waffen einsetzt – bedroht sind nicht nur Sie selbst, sondern auch andere Haustiere.
Es gibt viele Gründe, warum Katzen wütend werden. Eine mögliche Ursache ist Angst, aber auch erlebte Mißhandlungen oder unsachgemäßer Umgang können eine Katze zu einer Rolle Stacheldraht werden lassen.
Lassen Sie Ihrer Katze ihr aggressives Verhalten nicht durchgehen. Es wird sich mit Sicherheit nicht von selbst geben – wahrscheinlich wird es mit der Zeit sogar schlimmer, und früher oder später wird jemand verletzt werden.
Experten empfehlen folgende Maßnahmen, um eine Katze im Zaum zu halten:

Machen Sie ihr klar, wer der Boß ist. Wenn Ihre Katze das nächste Mal faucht, spuckt oder kratzt, sagen Sie streng „Nein!“ Ihre Katze muß merken, daß Sie mit ihrem Verhalten nicht einverstanden sind. Sie soll

Wann muß die Katze zum Tierarzt?

Ein empörtes Fauchen, wenn ein Kleinkind ihren Schwanz packt, oder ein schnelles Krallen, wenn sie jemand berührt, ist noch zu tolerieren. Eine wirklich aggressive Katze zu besitzen ist jedoch, als würde man mit einer geladenen Waffe leben.
In manchen Fällen ist ein schmerzhaftes körperliches Problem wie etwa Arthritis die Ursache für die Aggression. Viel öfter handelt es sich aber um Verhaltensstörungen, die nur schwer zu behandeln sind.
Wenn Ihre Katze auf einmal ungewohnt angriffslustig ist, versuchen Sie nicht, allein damit fertig zu werden, sondern rufen sie sofort Ihren Tierarzt an – es besteht der Verdacht auf Tollwut.

das Gefühl bekommen, so etwas lieber nicht noch einmal machen zu wollen. Achten Sie aber darauf, sie nicht zu sehr zu erschrecken. Der Trick ist, streng, aber nicht zu dominant zu sein. Die Katze wird es bald begreifen.

Reagieren Sie sofort. Genau wie Kinder nutzen auch Katzen oft Gelegenheiten, sich aufzuspielen, wenn Sie zu beschäftigt sind, um etwas dagegen zu unternehmen.

Reagieren Sie trotzdem. Wenn eine Ermahnung fruchten soll, muß sie innerhalb weniger Sekunden erfolgen.

Nehmen Sie eine Auszeit. Eine der besten Methoden, eine wütende Katze zur Ordnung zu rufen, ist, sie von dem zu trennen, was sie am meisten liebt – von Ihnen. Setzen Sie sie für etwa fünf Minuten in ein anderes Zimmer. Katzen schätzen es gar nicht, wenn man sie sich selbst überläßt.

Hände sind nur zum Streicheln da. Oft ist man versucht, seiner fauchenden Katze einen strafenden Klaps zu versetzen, doch diese Reaktion wird das Problem erfahrungsgemäß nur verschlimmern. Irgendwann wird die Katze Sie schon aus Angst vor dem nächsten Schlag kratzen.

Strafe durch Schweigen. Wenn Ihre Katze das nächste Mal zu rabiat wird, schnippen Sie ihr mit einem Finger gegen die Nase und ignorieren Sie sie danach einige Minuten lang, raten Tierärzte. Sie wird schon bald gelernt haben, daß ihre Krallen beim Spiel mit Ihnen nicht gefragt sind.

Anpusten mit Hochdruck. Wenn Ihre Katze zu denen gehört, die ihren Menschen anspringen und kratzen, wenn er gerade nicht hinsieht, können Sie versuchen, ihr dieses Hobby mit einem Schuß Druckluft aus einer dieser Dosen zu verleiden, die man zum Reinigen von Kameras verwendet. Katzen hassen das Zischen und lernen auf diese Weise, daß Sie nicht gern ihre Krallen im Bein haben.

Bewaffnen Sie sich. Eine andere Methode, sich einer „Kampfkatze" zu erwehren, ist, stets eine geladene Wasserpistole griffbereit zu haben. Der Wasserstrahl bringt die Katze schnell zur Vernunft.

Planen Sie voraus. Wenn Sie wissen, wann Ihre Katze angreift – zum Beispiel, immer, wenn Sie mit der Zeitung rascheln –, können Sie den Überfall vermeiden, indem Sie ihr schon vorher ein Spielzeug zuwerfen.

Beschäftigung ist alles. Katzen haben viel Energie, und sie sind wesentlich umgänglicher, wenn Sie ihnen helfen, auf ungefährliche Weise „Dampf abzulassen". Spannendes Spielzeug wie etwa ein Tischtennisball lenkt Ihren Tiger von seiner Angriffslust ab.

Akne

Neun Methoden, die Mitesser zu bekämpfen

Rechnen Sie nicht damit, daß Ihr Siamkater eines Tages mit einer Tube Clearasil in der Pfote mißmutig in den Spiegel starrt. Doch auch, wenn die psychologische Belastung wegfällt, ist die Feline Akne genauso unangenehm und häßlich wie die des Menschen.
Die Pickel, die vorwiegend am Kinn und rund um die Augen entstehen, haben ihre Ursache in der bakteriellen Infektion verstopfter Talgdrüsen. Dazu kann es kommen, wenn durch das Kratzen mit der Hinterpfote Haarfollikel gereizt werden, wodurch sich die Drüsen entzünden. Andere mögliche Ursachen sind Allergien oder Hormonstörungen, aber auch ungenügendes Putzen im Gesicht.
Katzen jeden Alters können Akne bekommen. Tierärzte empfehlen folgende Maßnahmen zu ihrer Behandlung:

Tägliche Reinigung. Vorsichtiges Abwaschen mit einem Lappen und mildem Seifenwasser entfernt die oberflächlichen Bakterien und hilft, die verstopften Poren wieder zu öffnen. Am wirksamsten ist diese Maßnahme, wenn das Wasser etwas wärmer ist als die Körpertemperatur, aber natürlich nicht zu heiß. Reiben Sie das Gesicht der Katze vorsichtig ab und spülen dann mit klarem Wasser nach, um die Seife zu entfernen.
Sie können jede milde Seife benutzen, sich aber auch im Zoogeschäft ein spezielles Katzenshampoo kaufen. Parfümierte Seifen sollten Sie nicht benutzen, denn sie können die Haut reizen.
Wärmepackungen. Eine andere Möglichkeit, die verstopften Poren wieder zu öffnen, ist die Anwendung von Wärme. Tränken Sie einen Waschlappen in warmem (nicht heißem) Wasser und drücken Sie ihn etwa fünf Minuten lang auf die befallenen Stellen. Setzen Sie diese Behandlung solange fort, bis die Mitesser verschwunden sind.
Echinacea. Diese infektionshemmende Heilpflanze kann wie ein mildes Antibiotikum wirken und die Akne von innen bekämpfen. Es gibt allerdings Katzen, die Echinacea nicht vertragen – sprechen Sie also vor der Anwendung mit Ihrem Tierarzt.
Ringelblume. Eine hochkonzentrierte Ringelblumentinktur kann die Hautinfektionen zum Abklingen bringen und die Heilung beschleunigen. Geben Sie sechs Tropfen in 30 Kubikzentimeter warmes Wasser

und tragen Sie die Lösung zweimal täglich mit einem sauberen Gazetupfer auf.

Aloe Vera. Eine dünne Schicht Gel aus der Aloe Vera-Pflanze wirkt lindernd bei schmerzhafter Akne.

Keine Menschenmedizin. Aknemittel für Menschen sind für Katzen tabu. Sie können das Problem nur verschlimmern.

Nicht ausdrücken. Bei einem starken Ausbruch der Akne werden Sie vielleicht in Versuchung geraten, die Mitesser auszudrücken. Tun Sie es nicht. Erstens ist es schmerzhaft und zweitens kann sich das infizierte Material unter der Haut ausbreiten und eine tiefere Infektion verursachen.

Das Gesamtbild betrachten. In der Regel verschwindet die Feline Akne nach ein paar Tagen von selbst; manchmal bleibt sie aber auch bestehen. Dann ist die Ursache möglicherweise etwas, dem die Katze ständig ausgesetzt ist – ein bestimmtes Flohhalsband oder ein Pestizid. Tauschen Sie das Flohhalsband versuchsweise gegen eines mit pflanzlichen Wirkstoffen.

Ursachenforschung. Wie beim Menschen kann die Akne auch bei der Katze durch Hormonschwankungen oder -störungen ausgelöst werden. Wenn das Problem immer wieder auftritt, kann es helfen, die Katze kastrieren zu lassen.

Altersbeschwerden

Elf Methoden, die Katze länger jung zu erhalten

Kommt es Ihnen vor, als wäre es erst gestern gewesen, daß Ihre Katze noch ein kleines Kätzchen war, das versucht hat, Sonnenstrahlen einzufangen?
Genaugenommen ist das auch noch nicht so lange her. Natürlich gibt es immer wieder Katzen, die bis zu zwanzig Jahre alt werden, die Regel ist das jedoch nicht.
Manche Katzen werden glücklich und zufrieden alt, während andere im Alter unter diversen Beschwerden zu leiden haben, von relativ harmlosen Wehwehchen bis hin zu Krebs.
Auch wenn Sie die Zeit nicht zurückdrehen können, gibt es doch einiges, das Sie tun können, um Ihrer Katze ein langes und relativ beschwerdefreies Leben zu ermöglichen.

Wann muß die Katze zum Tierarzt?

Ältere Katzen können unter diversen Beschwerden leiden, von denen einige harmlos, andere aber lebensbedrohlich sein können. Beim Auftreten der folgenden Symptome sollten Sie Ihre Katze zum Tierarzt bringen:

- Wenn Sie einen Knoten fühlen. Jede ungewöhnliche Veränderung der Haut kann ein Anzeichen von Krebs sein. Achten Sie besonders auf Veränderungen im Maul, weil Tumore dort besonders gefährlich sind. Andere Warnzeichen sind ein übler Geruch oder ungewöhnliche Absonderungen oder Blutungen.
- Kurzatmigkeit. Sie kann ein Anzeichen für Herzbeschwerden sein.
- Appetitlosigkeit. Sie tritt nicht nur bei Nierenversagen auf, sondern auch bei anderen schweren Erkrankungen.
- Gewichtsverlust. Wenn Ihre Katze plötzlich dünner wird, müssen Sie den Tierarzt herausfinden lassen, woran es liegt.
- Gesteigerter Durst. Wenn die Katze plötzlich mehr trinkt und häufiger uriniert, kann sie nierenkrank sein oder unter Diabetes leiden.

Regelmäßige Kontrollen. Wenn Ihre Katze ins mittlere Alter gekommen ist – also mit etwa acht bis zehn Jahren –, sollten Sie sie mindestens einmal im Jahr vom Tierarzt durchchecken lassen.
Wenn Sie mit Ihrer Katze zum erstenmal zum Check-Up kommen, wird der Tierarzt sie vermutlich besonders umfassend untersuchen, damit Sie einen Überblick darüber bekommen, wie es ihr geht, wenn sie gesund ist. Wenn sie dann älter wird, können Sie eventuelle Veränderungen mit den ermittelten Werten vergleichen.
Bitten Sie Ihren Tierarzt ruhig auch, den Blutdruck Ihrer Katze zu messen. Ein zu hoher Bludruck kann auf eine Überfunktion der Schilddrüse hindeuten. Unbehandelt kann er außerdem einen Schlaganfall auslösen – es zahlt sich also aus, ihn im Auge zu behalten.
Sorgen Sie für Bewegung. Die tägliche Bewegung hält Ihre Katze schlank und beweglich und hilft, Altersbeschwerden wie Arthritis oder Verdauungsprobleme zu vermeiden. Wir empfehlen, mindestens zweimal täglich etwa zwanzig Minuten mit der Katze zu spielen, wobei nach oben natürlich keine Grenzen gesetzt sind.
Gewichtskontrolle. Das Hauptproblem unserer Haustiere ist Übergewicht. Fettleibigkeit kann bei Katzen Diabetes auslösen. Oft ist diese Krankheit aber schon unter Kontrolle zu bekommen, wenn das Tier seine überflüssigen Pfunde verliert.
Ob Ihre Katze zu dick ist, spüren Sie am besten beim ausgiebigen Streicheln; an den Körperseiten sollten die Rippen zu fühlen und, von oben betrachtet, eine deutliche Taille erkennbar sein. Wenn dies nicht möglich ist, hat sie vermutlich Übergewicht.
Füttern Sie faserreich. Ein Futter mit erhöhten Fasergehalt ist zur Gewichtsreduzierung hervorragend gegeignet. Das faserreiche Futter wirkt zudem einer Verstopfung entgegen und fördert die Verdauung,

Gesundes Futter – gesunde Katze

Die Untersuchungen sind zwar noch nicht abgeschlossen, doch Wissenschaftler vermuten schon jetzt, daß eine eiweiß- und phosphorarme Ernährung dazu beiträgt, das Fortschreiten eines Nierenleidens hinauszuzögern. Nierenversagen ist die dritthäufigste Todesursache unserer Haustiere.
Die Nieren sind für den Eiweißstoffwechsel zuständig, und weniger Eiweiß im Futter bedeutet weniger Arbeit für die Nieren.
Fragen Sie Ihren Tierarzt, ob eine eiweißarme Diät für Ihre Katze sinnvoll ist.

was der alten Katze ermöglicht, die Nährstoffe aus dem Futter besser zu verwerten.

Tierärzte empfehlen den Wechsel zu Fertigfutter speziell für übergewichtige oder alte Katzen. Lassen Sie sich von Ihrem Tierarzt ein entsprechendes Produkt empfehlen. Wenn Sie das Futter wechseln wollen, geben Sie Ihrer Katze Zeit, sich an den neuen Geschmack zu gewöhnen. Mischen Sie zunächst etwa ein Drittel des neuen Futters unter das gewohnte. Fügen Sie jeden Tag etwas mehr neues Futter hinzu. Nehmen Sie sich für den Futterwechsel mindestens zwei Wochen Zeit – am besten sogar noch länger.

Überstürzen Sie nichts. Eine ausgewogene Ernährung ist für alle Katzen wichtig, aber stellen Sie nicht abrupt die Ernährung um, wenn Ihre Katze schlank und gesund ist. Nicht alle alten Katzen haben Übergewicht. Eine gesunde alte Katze darf ruhig ihr gewohntes Katzenfutter fressen.

Werten Sie das Dosenfutter auf. Tierärzte, die nach der ganzheitlichen Methode arbeiten, empfehlen, dem Katzenfutter etwas Gemüse zuzugeben. Frisches Gemüse stärkt das Immunsystem und verhindert viele der Krankheiten, unter denen alte Katzen oft leiden. Katzen sind jedoch wählerisch. Wenn sie das Gemüse verschmähen, können Sie versuchen, ihnen Sprossen ins Futter zu mischen.

Steigen Sie auf gesunde Häppchen um. Seiner Katze ein paar kleine „Häppchen" zwischendurch zuzustecken, scheint ein wichtiger Bestandteil der Beziehung zwischen Katze und Mensch zu sein. Doch

Erleichterung durch Nadelstiche

Altersbeschwerden tun doppelt weh: zum einen Ihrer Katze und zum anderen Ihnen selbst, weil Sie nichts dagegen tun können und mit ihr leiden müssen.

Es gibt zwar Medikamente, die zum Beispiel bei Arthritis die Schmerzen lindern, doch sie sind nicht ohne Nebenwirkungen und zur dauernden Anwendung nicht geeignet. Manche Tierärzte gehen heute andere Wege. Die Akupunktur kann der Jungbrunnen für ältere Tiere sein. Diese alte chinesische Heilmethode – bei der Nadeln in Nervenzentren dicht unter der Haut gestochen werden – hilft vor allem bei schmerzhaften Knochen- und Gelenkerkrankungen.

Auch wenn die Akupunktur solche chronischen Erkrankungen nicht heilen kann, lindert sie doch zumindest für eine Weile die Schmerzen. Sie ermöglicht es dem Tier, sich ein wenig besser zu bewegen.

wenn Ihre Katze schon älter oder übergewichtig ist, kann dieser Liebesbeweis tödlich für sie enden. Versuchen Sie es statt der gewohnten Leckerbissen doch einmal mit einer Vitamintablette für Katzen. Die Tabletten sind kalorienarm und schmecken den meisten Katzen sehr gut. Im Zoofachhandel finden Sie eine große Auswahl. Fragen Sie Ihren Tierarzt, welches Produkt er empfiehlt.

Schützen Sie das Herz. Beim Menschen haben Untersuchungen ergeben, daß die tägliche Einnahme der Vitamine C und E vor Herzkrankheiten schützt. Eine mögliche Dosierung sind 500 mg Vitamin C und 50 Einheiten Vitamin E pro Tag. Fragen Sie Ihren Tierarzt nach der richtigen Dosis für Ihre Katze.

Am einfachsten lassen sich diese Vitamine in flüssiger oder Pulverform verfüttern. Wenn die Katze sich weigert, sie mit dem Futter zu fressen, verrühren Sie das Präparat mit etwas Olivenöl und streichen es ihr auf die Pfote. Sie wird es ablecken.

Für frisches Wasser sorgen. Viele ältere Katzen trinken nicht mehr genug und sind von Austrocknung bedroht. Es ist deshalb nicht verkehrt, mehrere Wassernäpfe im Haus aufzustellen. Das ist besonders wichtig, wenn die Katze sich nicht mehr so gut bewegen kann wie in ihren besten Jahren.

Messen Sie das Wasser morgens und abends ab, damit Sie sicher sein können, daß Ihre Katze trinkt.

Passen Sie gut auf sie auf. Viele Katzen werden im Alter schwerhörig und erleiden deshalb leichter Unfälle. Lassen Sie sie also vorsichtshalber nicht mehr unbeaufsichtigt draußen herumstreunen.

Erklären Sie es Ihren Kindern. Viele alte Katzen sind leicht reizbar. Die Kinder müssen lernen, wann die Katze ihre Ruhe braucht, und respektieren, daß ihr Spielgefährte nicht immer für sie da ist.

Analbeutel-Probleme

Zwei Tips, die für Erleichterung sorgen

Kommt es manchmal vor, daß Ihre Katze mit dem Hinterteil über den Boden rutscht, sich plötzlich nach hinten umsieht, als hätte sie etwas gestochen, oder sich auffallend viel unter dem Schwanz leckt? Die Schuld an diesem Verhalten bekommen gewöhnlich Würmer zugeschoben, obwohl die Katze in Wirklichkeit ein Problem mit ihren Analbeuteln hat.

Ihre Katze hat zwei Analbeutel, die beiderseits des Afters liegen. Diese Beutel enthalten ein stark riechendes Sekret, mit dem Katzen ihr Revier markieren und einander erkennen – deshalb riechen sie sich zur Begrüßung oft am After.

Normalerweise wird durch die Ausführungsgänge dieser Beutel bei jedem Kotabsatz etwas Sekret abgegeben. Wenn die Ausführungsgänge aber verstopft sind oder die Drüsen übermäßig viel Sekret produziert haben, kommt es zu Juckreiz oder einem Druckschmerz, erklären Tierärzte.

Hunde leiden häufiger unter diesem Problem als Katzen, doch es kommt auch bei ihnen vor. Experten empfehlen folgende Maßnahmen:

Keine Essensreste verfüttern. Die Analbeutel sondern nur Sekret ab, wenn sie von relativ festem Kot dazu angeregt werden. Durch die Verfütterung von Essensresten kann der Kot weich werden, wodurch es zu einer Sekretstauung kommt. Um dies zu verhindern, sollten Sie Ihrer Katze keine Reste Ihrer eigenen Mahlzeiten geben.

Die Beutel ausdrücken. Auch wenn es keine angenehme Aufgabe ist, verschafft das Ausdrücken der Analbeutel der Katze doch am schnellsten Erleichterung. Tierärzte leisten hierbei die beste Arbeit, weil sie die verschiedenen Techniken beherrschen, aber es spricht nichts dagegen, daß Sie es zunächst einmal selbst versuchen. Tierärzte empfehlen die folgende Vorgehensweise:

1. Setzen Sie die Katze in die Badewanne. Wenn sie sich weigert, wählen Sie zumindest eine Fläche ohne Teppichboden und decken Sie den Fußboden mit Zeitungspapier ab.
2. Ziehen Sie Gummihandschuhe an. Es empfiehlt sich außerdem, ein paar Papierhandtücher oder einen feuchten Lappen bereitzuhalten, mit denen Sie das Sekret wegwischen können.

Die Analbeutel liegen auf der Vier- und Acht-Uhr-Position neben dem After.

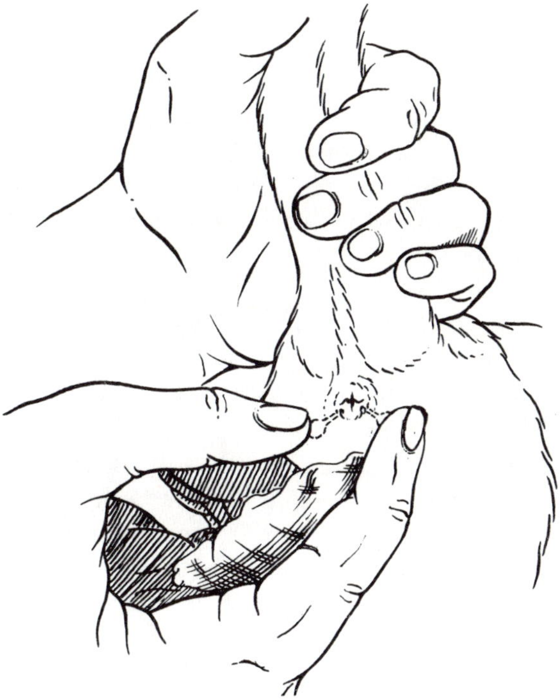

Drücken Sie mit Daumen und Zeigefinger vorsichtig nach innen, bis das Sekret abfließt.

Wann muß die Katze zum Tierarzt?

Manchmal kann die Verstopfung der Analbeutel zuhause behandelt werden, aber es gibt auch Fälle, in denen die Katze fachmännische Hilfe braucht.

Wenn sie bei der Berührung der Analregion offensichtlich Schmerzen hat oder wenn Schwellungen, Wunden oder Tumore zu sehen sind, muß sie zum Tierarzt gebracht werden.

Gehen Sie mit ihr sofort zum Tierarzt, wenn sich die Beutel nicht ausdrücken lassen oder wenn das ausgetretene Sekret Blut, Eiter oder eine breiige, schwarze Substanz enthält. Wenn die Analbeutel Ihrer Katze häufiger verstopfen, wird der Tierarzt vielleicht zu ihrer operativen Entfernung raten. Die Operation ist zwar nicht einfach, aber manchmal unumgänglich.

3. Knien Sie sich neben die Katze (wenn Sie sie nicht auf einen Tisch gesetzt haben), heben Sie mit der einen Hand ihren Schwanz hoch und halten Sie das Papierhandtuch mit der anderen Hand vor den After. (Stellen Sie sich nicht direkt hinter die Katze – Sie könnten in die Schußlinie geraten.)
4. Tasten Sie mit den Fingerspitzen nach den Analbeuteln. Sie liegen rechts und links des Afters, etwa auf der Vier- und Acht-Uhr-Position.

Wenn die Beutel voll sind, müßten Sie sie als erbsengroße Schwellungen fühlen können. Legen Sie Daumen und Zeigefinger der Hand, die das Tuch hält, rechts und links neben die Afteröffnung und drücken Sie sie sanft nach innen.

Achten Sie darauf, den After mit dem Tuch abzudecken. Sie können spüren, wie sich die Beutel beim Drücken entleeren. Die aus dem After austretendende Flüssigkeit kann dünn oder dick sein und in der Farbe von gelblich bis hellgrau oder braun variieren.

Wenn anfangs nichts herauskommt, verändern Sie geringfügig die Position Ihrer Finger und versuchen Sie es erneut. Klappt es trotzdem nicht, lassen Sie sich vorsichtshalber vom Tierarzt zeigen, wie es gemacht wird. Drücken Sie nie zu stark, denn es tut der Katze weh. Außerdem könnten dadurch die Analbeutel beschädigt werden.

Anämie

Sieben Methoden, sie in den Griff zu bekommen

Ihre Katze saust normalerweise wie ein Derwisch im Haus herum, doch in letzter Zeit ist sie sogar zu träge, um sich zum Futternapf zu schleppen?
Vielleicht wird Ihr Tierarzt feststellen, daß sie unter einer Anämie leidet, einem Zustand, bei dem die roten Blutkörperchen nicht genug Sauerstoff transportieren, um sie mit Energie zu versorgen. Anämie ist oft die Folge eines Blutverlusts, wie er zum Beispiel beim starken Befall mit Flöhen oder Hakenwürmern auftritt oder wenn die Katze ein blutendes Geschwür hat.
Da die Anämie nur ein Anzeichen für ein tieferliegendes Problem ist, muß Ihre Katze unbedingt in tierärztliche Behandlung. Es gibt jedoch auch einiges, das Sie zu ihrer Genesung tun können.

Parasiten bekämpfen. Schon junge Kätzchen können von Flöhen attackiert werden oder sind schon bei der Geburt mit Hakenwürmern infiziert, die beide Blut saugen und eine Anämie verursachen. Bei starkem Befall kann die Katze bis zu ein Drittel ihres Blutes an die Schmarotzer verlieren; ihre Bekämpfung ist also von größter Wichtigkeit.
Manche Parasiten wie etwa Flöhe sind leicht zu bekämpfen, bei anderen muß der Tierarzt geeignete Maßnahmen ergreifen.
Medikamente als Ursache. Manche Medikamente können Blutungen im Verdauungstrakt auslösen, und andere bringen das Immunsystem dazu, gesunde Blutzellen anzugreifen, was natürlich die Sauerstoff-Transportfähigkeit des Blutes verringert. Wenn Ihre Katze also einen trägen und lustlosen Eindruck macht, während sie mit irgendwelchen Medikamenten behandelt wird, fragen Sie Ihren Tierarzt, ob ein Zusammenhang denkbar ist.
Fütterungstips. Um sich möglichst schnell von ihrer Anämie zu erholen, braucht Ihre Katze Futtermittel, die viel Eisen und Vitamin B enthalten, zum Beispiel gekochte Leber. Tierärzte empfehlen gewöhnlich etwa 30 Gramm Leber täglich ein bis zwei Wochen lang, oder bis es der Katze besser geht.
Eisenpräparate. Man bekommt sie in der Apotheke. Nehmen Sie aber nicht irgendeines, sondern fragen Sie Ihren Tierarzt nach einem Präparat, das für Katzen geeignet ist.

Wann muß die Katze zum Tierarzt?

Die Symptome mancher Formen der Anämie lassen sich mit Hausmitteln bekämpfen, doch der Auslöser der Krankheit muß vom Tierarzt behandelt werden.
Wenn Sie vermuten, daß Ihre Katze unter einer Anämie leidet, schauen Sie ihr ins Maul – die Schleimhäute sollen von einem gesunden Rosa sein (bei manchen Katzen sind sie allerdings von Natur aus braun oder schwarz). Wenn die Schleimhäute auffallend blaß sind, leidet die Katze vermutlich unter Anämie und muß zum Tierarzt.
Dasselbe gilt für die Schleimhäute der Augen. Ziehen Sie das untere Lid vorsichtig herunter und sehen Sie sich die Lidbindehaut an. Einige Katzen haben zwar auch hier dunkle Haut, doch in der Regel sind diese Bindehäute leuchtend rosa. Wenn das Rosa verwaschen und blaß ist, leidet die Katze wahrscheinlich an einer Anämie.

Vitamine. Dasselbe gilt für Vitamine, die bei manchen Formen von Anämie hilfreich sein können. Vitaminpräparate, die neben Vitamin B auch Eisen enthalten, gibt es im Zoofachhandel und beim Tierarzt. Zerdrücken Sie die Tabletten oder, wenn es Kapseln sind, öffnen Sie sie und mischen Sie das Pulver unter das Futter.
Nur das Beste füttern. Eisenmangel im Futter führt gewöhnlich nur bei sehr jungen Tieren zur Anämie, doch um auch bei einer ausgewachsenen Katze auf Nummer Sicher zu gehen, sollten Sie nur Markenfutter verwenden. Dabei spielt es keine Rolle, ob Sie Dosen- oder Trockenfutter den Vorzug geben. Vermeiden Sie auf jeden Fall No-Name-Produkte aus dem Supermarkt, denn sie können Nährstoffe enthalten, die die Katze nicht verwerten kann.
Sorgen Sie für Ruhe. In der Bewegung erhöht sich der Sauerstoffbedarf des Körpers, der bei anämischen Katzen ohnehin nicht gedeckt wird. Aus diesem Grund sollten Sie Ihre Katze nicht zum Spielen anregen, solange sie krank ist.

Angst

Fünf Methoden, eine Katze zu beruhigen

Ihre Katze heult ununterbrochen, sobald Sie versuchen, sie im Auto zu transportieren? Sie können froh sein, wenn Sie sie in ihren Katzenkorb bekommen, ohne vollkommen zerkratzt zu werden? Ihr Tierarzt ist nicht gerade begeistert, wenn Sie mit Ihrer Katze kommen?
Wie Menschen können auch Katzen Phobien entwickeln – unbegründete Ängste vor fremden Menschen, Orten oder Tieren. Andere schreckliche Dinge sind laute Geräusche wie Feuerwerk, Schüsse oder Donner.
Die folgenden Tips können helfen, die Angst zu besiegen.

Auf Nummer Sicher gehen. Ihr erster Gedanke ist vermutlich, die arme, verschreckte Katze auf den Arm zu nehmen. Tun Sie es nicht. Eine Katze, die vor Angst fast außer sich ist, wird mit Sicherheit um sich kratzen und beißen. Warten Sie lieber ab, bis sie sich etwas beruhigt hat.
Bleiben Sie ruhig. Versuchen Sie, Ihre Katze nicht merken zu lassen, wie sehr ihre Panik Sie aufregt. Bleiben Sie ruhig und reden Sie betont gelassen mit ihr.
Die Angst bekämpfen. Vielleicht sollten Sie versuchen, etwas gegen die Ängste Ihrer Katze zu unternehmen. Wenn Sie zum Beispiel Angst vor Fremden hat, bitten Sie einen Bekannten um Hilfe. Er soll sich zunächst in einer Entfernung aufstellen, die die Katze toleriert. Lassen Sie ihn allmählich immer näher herankommen, und wenn die Katze nicht flieht, belohnen Sie sie mit einem Leckerbissen. Wenn Sie diese Übungen wochenlang wiederholen, wird es Ihrem Bekannten vielleicht irgendwann gelingen, Ihre Katze zu füttern.
Vergnügungsfahrten. Um Ihre Katze ans Autofahren zu gewöhnen, sollten Sie ihr erlauben, immer ins Auto zu springen, wenn Sie dabei sind. Setzen Sie sich zu ihr und streicheln und verwöhnen Sie sie. Irgendwann lassen Sie dann den Motor an. Wenn sie sich daran gewöhnt hat, können Sie auch eine kleine Runde drehen, aber fahren Sie auf keinen Fall zum Tierarzt. Fahren Sie wieder nach Hause, lassen Sie die Katze aussteigen und geben Sie ihr ihre Lieblingsmahlzeit.
Lassen Sie Ängste nicht erst entstehen. Wenn Ihre Katze noch jung ist, können Sie sie an alles gewöhnen, was sie Ihrer Meinung nach ken-

nen muß. Lassen Sie sie von Fremden streicheln, fahren Sie Auto mit ihr und setzen Sie sie gelegentlich auf einen Tisch, um ihr ins Maul zu schauen, ihre Pfoten zu betrachten und ähnliches. Wenn Sie ihr bei diesen Gelegenheiten immer einen Leckerbissen zustecken, wird sie sich schon bald darauf freuen, auf einen Tisch gehoben zu werden.

Arthritis

Acht Wege, die Schmerzen zu lindern

Humpelt Ihre Katze morgens durchs Haus wie ein Kriegsveteran? Dann leidet sie möglicherweise unter Arthritis, also einer Gelenkentzündung.

Es gibt verschiedene Arten von Arthritis, doch Katzen leiden am häufigsten unter der sogenannten Osteoarthritis, die auch degenerative Arthritis genannt wird und nach Jahren harter Beanspruchung auftritt. Wenn eine Katze an Arthritis erkrankt ist, muß sie vom Tierarzt behandelt werden. Er wird entzündungshemmende Medikamente wie Aspirin oder Kortison verschreiben oder eine Akupunkturbehandlung verordnen. Aber auch zuhause können Sie viel dazu beitragen, Ihrer Katze das Leben so angenehm wie möglich zu machen.

Die Last verringern. Übergewichtige Katzen erkranken leichter an Arthritis als ihre leichtgewichtigen Verwandten. Ist die Katze schon erkrankt, muß sie unbedingt auf Diät gesetzt werden, um die Belastung der schmerzenden Gelenke zu verringern. Dazu gehört der Verzicht auf Leckerbissen und Essensreste. Sie können auch auf ein Fertigfutter mit weniger Fett und höherem Faseranteil umsteigen – dann kann die Katze so viel fressen, wie sie gewohnt ist, nimmt aber weniger Kalorien zu sich.

Für Bewegung sorgen. Regelmäßige Bewegung hemmt das Fortschreiten der Arthritis. Wenn Ihre Katze daran gewöhnt ist, können Sie sie an die Leine nehmen und mit ihr spazierengehen. Benutzen Sie dazu ein spezielles Katzengeschirr, denn aus einem einfachen Halsband schlüpfen die meisten Katzen mühelos heraus.

Geht Ihre Katze nicht an der Leine, dann spielen Sie mit ihr – mit einem Ball an einer Schnur, einem Tischtennisball oder einem anderen Spielzeug, das sie in Bewegung hält.

Probieren Sie aus, was ihr gut tut und was nicht. Wenn sie am nächsten Tag stärker lahmt, wissen Sie, daß Sie es übertrieben haben. Wenn Sie Ihre Katze genau beobachten, werden Sie schon bald wissen, was Sie ihr zumuten dürfen.

Ein weiches Bett. Haben Sie Ihre Katze bisher abends immer hinausgelassen und erst morgens wieder hereingeholt? Einer Katze, die unter Arthritis leidet, tun Sie damit keinen Gefallen. Lassen Sie sie wählen, ob sie im Haus oder draußen schlafen möchte, und bieten Sie ihr einen weichen und warmen Schlafplatz an.

Wärmeanwendungen. Feuchtwarme Umschläge um die erkrankten Gelenke bringen der Katze viel Erleichterung. Sie können aber auch eine Wärmflasche mit warmem (nicht heißem) Wasser füllen und an das Gelenk legen.

Wärmen Sie das Gelenk zweimal am Tag morgens und abends etwa 15 Minuten lang gut durch. Es wird Ihrer Katze gut tun, vor allem morgens, wenn die Steifheit am stärksten ist.

Ein Heizkissen sollten Sie nicht verwenden, vor allem dann nicht, wenn die Katze in ihrer Beweglichkeit stark eingeschränkt ist und nicht weggehen kann, wenn es ihr zu warm wird.

Massage. Haben Sie schon einmal unter verspannten Muskeln gelitten, bis eine gute Seele kam und Sie massiert hat? Diese angenehme Erfahrung können Sie an Ihre Katze weitergeben.

Kneten Sie die erkrankten Körperstellen und ihre nähere Umgebung mit weichen, kreisförmigen Bewegungen. Wenn die Katze hinterher entspannter aussieht als vorher, haben Sie es richtig gemacht.

Den Futternapf hochstellen. Wenn Ihre Katze einen steifen Hals hat, stellen Sie ihren Futter- und Wassernapf hoch, damit sie mit erhobenem Kopf fressen kann. Sie können dazu einen Holzklotz oder kleinen Kasten verwenden, oder einen entsprechenden Ständer im Zoogeschäft kaufen.

Hilfe auf der Treppe. Wenn Ihre Katze Schwierigkeiten hat, Ihre Eingangsstufen zu bewältigen, bauen Sie ihr eine Rampe. Auf den Treppen im Haus sollten Sie sie tragen.

Beim Aufstehen helfen. Kommt Ihre Katze morgens schlecht auf die Beine? Es spricht nichts dagegen, ihr beim Aufstehen zu helfen. Wenn die starken Beschwerden allerdings anhalten, sollten Sie mit Ihrem Tierarzt über wirksamere Formen der Behandlung sprechen.

Asthma

Zwölf Tips, die Ihrer Katze das Atmen erleichtern

Kommt es Ihnen vor, als wäre es erst gestern gewesen, daß es in Ihrem Garten nichts gab, das schneller war als Ihre Katze – von einigen Fliegen, die ihr entkommen sind, vielleicht einmal abgesehen? Aber heute leidet sie schon nach kurzen Ausflügen unter Atemnot, keucht und hustet? Das Husten und pfeifende Atmen sind Anzeichen von Asthma. Asthma wird durch herumfliegenden Staub und Pollen ausgelöst. Sie reizen die Atemwege, führen zu Entzündungen und einer Verengung der Bronchien, wodurch die Katze natürlich schlechter Luft bekommt. Die meisten Katzen müssen vom Tierarzt behandelt werden, doch es gibt auch einiges, das Sie tun können, um Ihrer Katze das Atmen zu erleichtern.

Das Gewicht verringern. Übergewicht ist immer schädlich, vor allem aber, wenn die Katze an Asthma leidet, denn die Pölsterchen machen ihr das Atmen noch schwerer.
Wenn Ihre Katze zu den molligen Typen gehört, reduzieren Sie allmählich das Futter, bis sie schlanker wird. Sie können sich aber auch vom Tierarzt einen Diätplan aufstellen lassen.

Wann muß die Katze zum Tierarzt?

Auch wenn Asthma unter tierärztlicher Anleitung zuhause behandelt werden kann, sollten Sie doch nie vergessen, was dabei in den Atemwegen der Katze vorgeht: Sie entzünden sich und ziehen sich zusammen. Das kann im Extremfall zum Ersticken führen.
Wenn Ihre Katze plötzlich anfängt, zu husten und zu keuchen oder wenn sie schon vorher Asthma hatte, die Symptome aber schlimmer werden, sollten Sie kein Risiko eingehen und sie sofort zum Tierarzt bringen.
Fragen Sie ihn auch, ob sie möglicherweise unter der seltenen Herzwurmkrankheit leidet. Manche Katzen reagieren auf die Würmer wie auf jedes andere Allergen wie zum Beispiel Pollen. Ein Befall mit diesen Würmern kann durch eine Blutuntersuchung nachgewiesen werden.

So geben Sie Tabletten ein

Viele Katzen, die unter schwerem Asthma leiden, müssen mit Tabletten behandelt werden, die die Entzündung hemmen sollen.
Um Ihrer Katze eine Tablette zu geben, ohne von ihr gekratzt zu werden, sollten Sie sie in ein Handtuch einwickeln. Dann legen Sie die Hand auf ihren Hinterkopf, die Finger auf der einen Seite und den Daumen auf der anderen. Heben Sie den Kopf vorsichtig an.
Das Maul wird sich reflexartig öffnen; eventuell müssen Sie es mit Daumen und Zeigefinger der anderen Hand offenhalten. Lassen Sie dann die Pille in das geöffnete Maul fallen und schieben Sie sie mit dem Zeigefinger weit in den Rachen.
Bei normaler Kopfhaltung funktioniert diese Methode allerdings nicht, denn es ist fast unmöglich, eine Tablette „bergauf" zu schieben.
Wenn Sie ihr Tropfen ins Maul geben müssen, wischen Sie die Flasche vorher sorgfältig ab, damit die Katze den Medikamentengeschmack nicht wahrnimmt. Lassen Sie die Tropfen direkt in den Rachen fallen, damit die Medizin nicht mit den Geschmacksknospen auf der Zunge in Berührung kommt.
Um sicherzugehen, daß Ihre Katze ihre Tablette schluckt und nicht etwa in der nächsten Ecke wieder ausspuckt, können Sie zu einer List greifen. Wenn Sie die Tablette verabreicht haben und die Katze wieder loslassen, pusten Sie ihr leicht ins Gesicht. Sie wird reflexartig schlucken.

Für feuchte Luft sorgen. Zu trockene Luft reizt die Atemwege und kann Asthmaanfälle auslösen. In Häusern mit Klimaanlage kann die Luftfeuchtigkeit unter 10 Prozent sinken, und im Winter trocknet die Zentralheizung die Luft aus.
Dagegen helfen Luftbefeuchter, die die Luftfeuchtigkeit zwischen 30 und 40 Prozent halten. Mehr sollte es jedoch nicht sein, denn eine höhere Luftfeuchtigkeit begünstigt das Wachstum von Schimmelpilzen und Staubmilben, die ebenfalls Anfälle auslösen können.
Das Rauchen aufgeben. Natürlich wird Ihre Katze nicht rauchen, doch das Passivrauchen bei Ihnen oder Ihren Freunden wird ihr Atemproblem verschlimmern. Tiere leiden viel stärker unter den Folgen des Rauchs als Menschen, und die Qualm-Konzentration am Boden ist viel höher, als man vermuten würde.
Wenn Sie also Raucher sind, tun Sie Ihrer Katze (und sich) einen großen Gefallen, wenn Sie es aufgeben oder Ihrem Laster zumindest nicht mehr im Haus frönen.

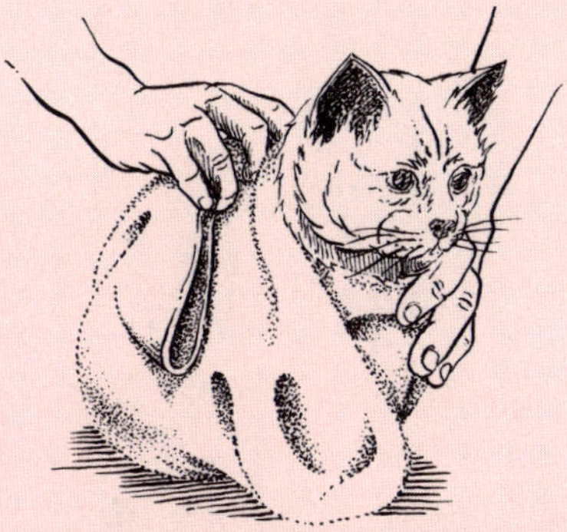

1. Zum Eingeben einer Tablette nehmen Sie die Katze auf den Schoß und wickeln ihren ganzen Körper in ein Handtuch, damit sie nicht kratzt.

2. Heben Sie ihren Kopf an, bis er in einem Winkel von 45 Grad nach oben zeigt.

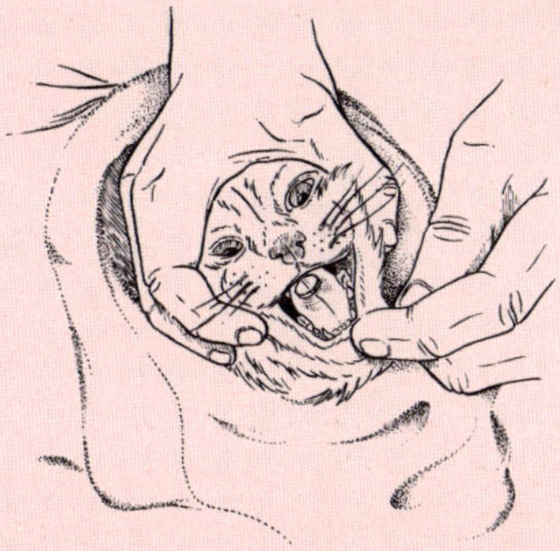

3. Schieben Sie die Tablette tief in den Rachen.

Ausgangssperre verhängen. Wenn Sie vermuten, daß eine Pollenallergie für die Asthmaanfälle verantwortlich ist, kann es helfen, wenn Sie Ihre Katze zur Haupt-Pollenflugzeit im Haus behalten. Am frühen Morgen und am späten Nachmittag ist der Pollenflug am stärksten.

Die richtige Katzenstreu wählen. Die meisten Arten von Katzenstreu stauben, wenn die Katze darin gräbt. Versuchen Sie, eine staubfreie Streu zu bekommen oder verwenden Sie Sand.

Für saubere Luft sorgen. Viele Dinge, die für Sie ganz alltäglich sind, wie etwa Haarspray, Parfüm oder Haushaltsreiniger, können die Atemwege Ihrer Katze reizen und Asthmaanfälle auslösen.

Verwenden Sie statt starker Haushaltsreiniger lieber mildere Produkte wie Essig- oder Neutralreiniger. Wenn wirklich einmal etwas Stärkeres gebraucht wird, spülen Sie hinterher gut nach und halten Sie die Katze fern, bis der Geruch ausgelüftet ist.

Häufiger Hausputz. Selbst geringe Mengen an Staub oder anderen herumfliegenden Partikeln können Asthmaanfälle auslösen, was bedeutet, daß Sie öfter einen Putztag einplanen müssen.
Beim Putzen werden Sie ungeheure Staubmengen aufwirbeln. Sperren Sie Ihre Katze irgendwo ein, bis sich der Staub wieder gelegt hat.
Den Milben den Kampf ansagen. Hausstaubmilben sind winzig kleine Organismen, die in Matratzen und Kissen hausen und sowohl Allergien als auch Asthma auslösen können.
Eine Methode, die Milben zu bekämpfen, ist es, Matratzen und Kissen mit Schutzhüllen aus Kunststoff zu versehen. Außerdem sollten Sie das Katzenkissen einmal wöchentlich waschen. Auf diese Weise läßt sich die Zahl der Milben reduzieren, und Ihre Katze kann besser atmen.
Das Problem ausfiltern. Elektrostatische Filter entfernen einige der Partikel, die in der Luft herumwirbeln. Diese Filter sind zwar teuer, doch ihre Anschaffung kann sich lohnen.
Ursachenforschung. Wenn das Asthma zum ersten Mal aufgetreten ist, kann es sein, daß eine Neuanschaffung dafür verantwortlich ist – vielleicht ein neuer Teppich oder ein neues Sofa. Manche Katzen reagieren auch empfindlich auf ungewohnte Reiniger oder das neue Shampoo des Besitzers. Kehren Sie zur gewohnten Marke zurück und beobachten Sie, ob sich etwas tut.
Schutz durch Vitamine. Einige Tierärzte sind der Ansicht, daß bestimmte Vitamine, die offenbar mithelfen, gefährliche Sauerstoffmoleküle im Körper zu neutralisieren, auch zur Lösung einiger körperlicher Probleme beitragen, von denen Asthma nur eines ist. Wenn Ihr Tierarzt damit einverstanden ist, geben Sie Ihrer Katze einmal wöchentlich Vitamin C oder E ins Futter.
Für Ruhe sorgen. Asthma wird schon seit langer Zeit bei Menschen ebenso wie bei Tieren mit Streß in Verbindung gebracht. Wenn es Ihrer Katze also ohnehin nicht gutgeht, sollten Sie alles meiden, was sie aufregen könnte. Am besten behalten Sie sie im Haus, bis es ihr wieder besser geht.

Augenreizungen

Fünf Wege, den Tränenfluß in den Griff zu bekommen

Verbringt Ihre Katze viel Zeit damit, sich mit der Pfote über die verklebten Augen zu wischen?
Wahrscheinlich hat sie eine Bindehautentzündung. Die Bindehaut überzieht die Innenseiten der Augenlider und den Augapfel. Allergien, Reizungen durch Fremdkörper und Katzenschnupfen können zu verklebten, juckenden Augen führen, die übermäßig tränen oder sogar eitern.
Tierärzte empfehlen folgende Maßnahmen, um die Beschwerden zu lindern:

Die Augen säubern. Um die Heilung zu beschleunigen und es der Katze leichter zu machen, sollten Sie die Absonderungen aus den Augenwinkeln entfernen.
Befeuchten Sie ein weiches, sauberes Tuch oder einen Wattebausch mit warmem Wasser und wischen Sie die Absonderungen weg, so oft es nötig ist.
Augenspülungen. Anstelle von Wasser können Sie zum Entfernen der Absonderungen auch ein mildes Augenbad verwenden. Sie bekommen es im Zoofachhandel oder in der Apotheke.
Künstliche Tränen. Um die Partikel wegzuspülen, die die Augen reizen, können Sie künstliche Tränenflüssigkeit in die Augen träufeln. Fragen Sie Ihren Tierarzt danach.
Warme Umschläge. Eine feuchtwarme Kompresse lindert die Beschwerden. Tauchen Sie ein weiches, sauberes Tuch in warmes Wasser, wringen Sie es aus und legen Sie es für etwa fünf Minuten über die

Wann muß die Katze zum Tierarzt?

Eine Bindehautentzündung ist zwar einfach zu behandeln, doch da jede Entzündung im Bereich des Auges bleibende Schäden nach sich ziehen kann, sollten Sie nicht zögern, Ihre Katze zum Tierarzt zu bringen. Er wird Antibiotika verabreichen und Ihnen vermutlich auch eine Augensalbe mitgeben.

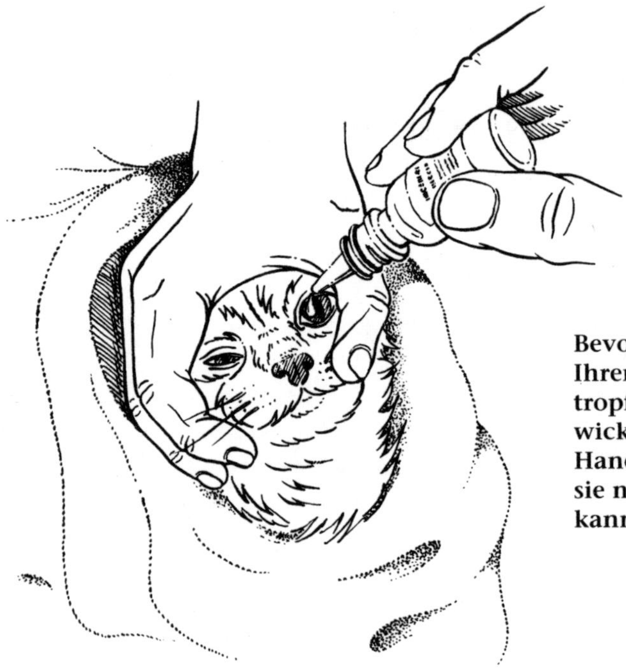

Bevor Sie versuchen, Ihrer Katze Augentropfen zu geben, wickeln Sie sie in ein Handtuch ein, damit sie nicht kratzen kann.

Augen Ihrer Katze. Wenn Sie dabei unruhig wird, versuchen Sie, nur ein Auge zur Zeit abzudecken.

Zugluft vermeiden. Wenn Sie Ihre Katze im Auto mitnehmen, achten Sie darauf, daß sie keiner Zugluft ausgesetzt ist. Ihr könnten Schmutzpartikel in die Augen geraten, und eine Bindehautentzündung ist vorprogrammiert.

Austrocknung

Sechs Wege, den Körper mit Wasser zu versorgen

Man sieht es zwar nicht, doch im Innern Ihrer Katze befinden sich Unmengen von Wasser, das gebraucht wird, um Ionen, Proteine und Nährstoffe durch den Körper zu befördern.
Der Flüssigkeitshaushalt des Körpers muß unter allen Umständen aufrechterhalten werden. Deshalb ist eine Austrocknung – ein Verlust von Körperflüssigkeit durch Erbrechen, Durchfall, Überhitzung oder zu wenig Trinkwasser – sehr gefährlich. Bei Katzen besteht die Gefahr einer Austrocknung vor allem, wenn sie krank sind.
Die Anzeichen dafür sind ein trockenes Maul, eingesunkene Augen, eine Verringerung der Elastizität in der Haut und vollkommene Erschöpfung. Dieser Zustand muß unbedingt vom Tierarzt behandelt werden. Die folgenden Tips sollen Ihnen helfen, eine Austrocknung von vornherein zu verhindern.

Für Wasser sorgen. Katzen schwitzen kaum – sie haben nur einige wenige Schweißdrüsen zwischen den Zehen –, doch sie verlieren viel Flüssigkeit über die ausgeatmete Luft. Stellen Sie sicher, daß Ihrer Katze immer genug Wasser zur Verfügung steht. Am besten stellen Sie zwei oder mehr Wassernäpfe an verschiedenen Orten auf.
Elektrolyte verabreichen. Wenn Ihre Katze austrocknet, verliert sie gleichzeitig wichtige Elektrolyte, also Minerale wie Natrium und Kalium, die elektrische Impulse durch den Körper befördern.

Wann muß die Katze zum Tierarzt?

Durstige Katzen brauchen meistens nicht mehr als etwas Ruhe und so viel Wasser, wie sie möchten. Wenn die Katze aber schon ausgetrocknet ist, können einige ihrer Körperfunktionen versagen. Um festzustellen, ob Ihre Katze ausgetrocknet ist, ziehen Sie eine Hautfalte an ihrem Rücken hoch. Wenn diese sich nach dem Loslassen sofort wieder glättet, ist alles in Ordnung. Bleibt sie aber bestehen, ist die Katze ausgetrocknet und muß sofort zum Tierarzt.

Normales Trinkwasser ersetzt die meisten dieser Elektrolyte, doch ein ausgetrocknetes Tier erholt sich schneller, wenn Sie ihm ein Elektrolytgetränk geben, wie es überall im Handel ist.

Versuchen Sie es mit Gatorade. Wenn Ihre Katze nicht trinken will, können Sie versuchen, sie mit einem elektrolytreichen Sportgetränk wie Gatorade zu locken. Vielleicht mag sie den süßen Fruchtgeschmack – das kommt auf einen Versuch an.

Eiswürfel. Eine Katze, die lange Zeit kein Wasser hatte, wird unter Umständen Mühe haben, Wasser bei sich zu behalten. In diesem Fall ist ein Eiswürfel eine hilfreiche Alternative. Während sie an dem Eis leckt, gelangt langsam wieder Flüssigkeit in ihren Körper.

Ins Maul schauen. Manchmal hören Katzen auf zu trinken, weil ihnen ein Fremdkörper im Maul steckt. Schauen Sie ihr ins Maul. Wenn Sie dort etwas finden, das Sie nicht selbst entfernen können, bringen Sie die Katze zum Tierarzt.

Wasser auf Reisen. Sorgen Sie dafür, daß Ihre Katze Wasser hat, auch während Sie selbst nicht zuhause sind. Auch auf Reisen dürfen Sie das Wasser nicht vergessen. Im Zoofachhandel gibt es eine große Auswahl an Wasser- und Futternäpfen für unterwegs.

Beißen und Kratzen

Acht Wege, die eigene Haut zu retten

Kleine Katzen lieben es, sich an etwas anzuschleichen und sich dann darauf zu stürzen und zuzubeißen. Und da Kätzchen so süß sind, kann wohl niemand widerstehen, die eigene Hand als „Beutetier" anzubieten.
Doch was bei einem Kätzchen noch niedlich und vor allem harmlos ist, kann bei einer ausgewachsenen Katze ziemlich schmerzhaft werden. Zudem schlägt dieses Spiel später leicht in echte Aggression um. Deshalb ist es wichtig, selbst spielerisches Kratzen und Beißen schon im Keim zu ersticken.

Für ausreichend Spielzeug sorgen. Katzen sind nun einmal Jäger. Damit sie ihre Jagdlust aber nicht an Ihnen abreagieren, müssen Sie für geeignete Spielsachen sorgen, zum Beispiel Tischtennisbälle oder Gummimäuse, die man sogar „totbeißen" kann.
Retten Sie Ihre Haut. Katzen fangen alles, was man ihnen anbietet, und wenn es sich dabei zufällig um Ihre Hand handelt, lernen sie ein gefährliches Spiel. Wenn Sie nicht irgendwann böse zerkratzt werden wollen, lassen Sie nicht zu, daß Ihre Katze Ihre Hand als Beute ansieht.
Reagieren Sie „kätzisch". Wenn Ihre Katze Ihnen das nächste Mal Krallen oder Zähne in die Hand schlägt, fauchen Sie sie doch einmal an, wie es eine andere Katze tun würde. Wahrscheinlich wird sie so verdutzt sein, daß sie sofort losläßt.
Den Spieß umdrehen. Wenn Ihre Katze das nächstemal versucht, Sie mit Krallen und Zähnen zu dominieren, sehen Sie ihr direkt in die Augen und sagen laut „Nein!". Dann ignorieren Sie sie ein paar Minuten lang. Irgendwann wird sie begreifen, daß Ihnen ihre Art zu spielen nicht gefällt.
Schlagen Sie Ihre Katze nicht, wenn sie beißt. Dadurch würde sie handscheu und wird in Zukunft vielleicht aus Angst beißen.
Der Wassertrick. Wenn Ihre Katze Sie das nächstemal aus dem Hinterhalt anfällt, geben Sie einen gutgezielten Schuß aus einer Blumenspritze ab. Ist sie erst einmal ein paarmal naß geworden, wird sie sich überlegen, Sie weiterhin als verlockendes Beutetier anzusehen.
Nicht ärgern. Viele Katzen gewöhnen sich das Beißen an, weil sie von einem Familienmitglied ständig geneckt werden. Meistens machen

Spielerei oder bitterer Ernst?

Daß kleine Katzen gelegentlich beißen oder kratzen, ist ganz normal. Mit zunehmendem Alter sollten sie jedoch lernen, ihren Übermut zu zügeln und auch im Spiel ein paar einfache Regeln einzuhalten.
Bei manchen Katzen wird aus den spielerischen Angriffen irgendwann blutiger Ernst. Sie sind aggressiver als normal und wollen ihre Besitzer dominieren.
Das erreichen sie, indem sie fauchen und spucken, wenn man sich ihnen nähert, oder indem sie aus dem Hinterhalt angreifen.
Jede Form der Aggression kann gefährlich werden – nicht nur für Sie und Ihre Familie, sondern letzten Endes auch für die Katze selbst. Wenn Ihre Katze übermäßig aggressiv ist, fragen Sie Ihren Tierarzt, woran es liegen könnte und was Sie dagegen tun können.

demjenigen die Kratzer nichts aus, und er ist zudem stolz auf seine „Kampfkatze". Leider senken die ständigen Kampfspiele die Toleranzschwelle, und die anderen Mitglieder der Familie müssen es ausbaden.
Nicht wegziehen. Fast jeder zieht automatisch die Hand weg, wenn eine Katze sie – aus Angst, Wut oder nur zum Spaß – mit Krallen und Zähnen bearbeitet. Der Instinkt sagt der Katze jedoch, ihre Anstrengungen zu verdoppeln, wenn sie spürt, daß die Beute entkommen will. Es ist also sinnvoller, die Hand vollkommen lockerzulassen und sie erst wegzuziehen, wenn die Katze daraufhin losläßt.

Betteln

Sieben Tips, die Bettelei bei Tisch zu unterbinden

Ihnen geht das Herz über, wenn Sie sehen, wie liebevoll Ihre Katze zu Ihnen hochschaut? Fällt Ihnen auch auf, daß sie nicht Sie ansieht, sondern Ihre Gabel? Lassen Sie sich also nicht täuschen. Hier geht es nicht um Liebe. Es geht um Ihr Essen. Sie möchte es haben – und zwar sofort. Zwar ist es schwer, dem Betteln einer Katze zu widerstehen, aber wenn Sie einmal nachgeben, werden Sie nie mehr in Ruhe essen können. Also beweisen Sie Stärke und verteidigen Sie Ihre Mahlzeiten – die folgenden Ratschläge werden Ihnen dabei helfen.

Füttern Sie sie zuerst. Wenn Ihre Katze satt ist, wird sie vermutlich nicht betteln – verlassen können Sie sich darauf aber nicht.
Werden Sie nicht weich. Egal, wie erwartungsvoll sie zu Ihnen aufschaut, denken Sie immer daran, daß Ihre Katze gut und regelmäßig gefüttert wird und auf Ihr Essen nicht angewiesen ist.
Reste nur aus dem Futternapf. Wenn Sie etwas essen, das der Katze nicht schadet, und beschließen, ihr etwas davon zu geben, bieten Sie es ihr erst nach Beendigung Ihrer Mahlzeit in ihrem eigenen Futternapf an.
Gesetz ist Gesetz. Normalerweise reicht es, wenn Sie Ihre Stimme erheben, sobald das Betteln zu dreist wird. Wenn nicht, besorgen Sie sich eine Fahrradhupe oder benutzen Sie eine Klapperdose. Sie werden sie nur wenige Male brauchen.
Eine Klapperdose können Sie aus einer leeren Getränkedose herstellen. Stecken Sie einige Münzen hinein und kleben Sie danach den Schlitz zu.
Schießen Sie scharf. Manche Katzen sind besonders dreist und springen sogar auf den Tisch, um sich selbst zu bedienen. In solchen Fällen kann ein gutgezielter Schuß aus einer wassergefüllten Blumenspritze Wunder wirken.
Platzverweis. Wenn Ihre Katze Ihnen beim Essen zu sehr auf die Nerven geht, sagen Sie „Nein“, heben sie auf und tragen sie in ein anderes Zimmer. Wahrscheinlich wird sie empört miauen, aber das sollten Sie ignorieren, bis Sie aufgegessen haben. Irgendwann wird sie lernen, daß sie nur ausgesperrt wird, wenn sie bettelt.

Der Klebeband-Trick. Geht Ihre Katze auch auf den Arbeitsplatten der Küche auf Nahrungssuche? Wenn ja, kleben Sie einige Streifen doppelseitiges Klebeband an strategisch wichtige Punkte. Dann ziehen Sie sich zurück und warten. Katzen hassen es, wenn ihnen die Pfoten festkleben, und die meisten werden danach keinen zweiten Versuch machen. Kaufen Sie aber vorsichtshalber eine große Rolle, falls Ihre Katze zu den besonders hartnäckigen Exemplaren gehört.

Bißwunden

Sieben Tips zur Behandlung

Schreckt Sie nächtliches Geschrei aus dem Schlaf? Kommt Ihre Katze morgens zerbissen und zerschunden nach Hause? Doch auch, wenn sie nicht mit einer anderen Katze Krieg geführt hat, kann sie Bißwunden davontragen – beim Sparring mit einer Ratte, einem Eichhörnchen oder einem Hund.
Selbst die kleinste Bißwunde ist nicht als Bagatelle zu betrachten, denn in tierischem Speichel wimmelt es von Bakterien. Außerdem ist oft nicht gleich zu erkennen, wie stark die tieferliegenden Gewebeschichten verletzt sind.
Wenn Ihre Katze von einem anderen Tier gebissen wurde, sollten Sie mit ihr zum Tierarzt gehen. Es gibt jedoch einige Maßnahmen, die Sie vorher durchführen können und die es Ihnen erleichtern, die vom Arzt vorgeschriebene Behandlung zuhause durchzuführen.

Wann muß die Katze zum Tierarzt?

Bißwunden sind wie Eisberge: Was auf der Oberfläche klein und harm los aussieht, kann darunter groß und gefährlich sein.
Folgende Hinweise deuten auf eine schlimme Verletzung hin, die unbedingt vom Tierarzt behandelt werden muß:

- Starke Schmerzen. Wenn der Wundbereich extrem schmerzhaft ist, ist die Wunde vermutlich infiziert.
- Starker Blutverlust. Selbst, wenn äußerlich kein Blut zu sehen ist, kann die Katze innerlich bluten. Drücken Sie mit einem Finger auf das Zahnfleisch. Wenn es seine Farbe nach kurzem Druck nicht wieder von Weiß zu Rosa verändert, hat die Katze wahrscheinlich viel Blut verloren.
- Bisse in Bauch oder Hals. Verletzungen in diesen Bereichen können innere Blutungen auslösen und die Luftröhre gefährden.
- Ein Biß von einem Wildtier. Gehen Sie zur Sicherheit immer davon aus, daß das Tier tollwütig war, und bringen Sie Ihre Katze sofort zum Tierarzt.

Die Katze einwickeln. Es ist ganz natürlich, daß Tiere sich wehren, wenn ihnen etwas wehtut. Um die verletzte Katze gefahrlos anfassen zu können, sollten Sie sie in ein Handtuch einhüllen. Wenn Sie den Kopf mit einwickeln müssen, achten Sie darauf, daß sie genügend Luft bekommt.

Die Wunde freischneiden. Als erstes schneiden Sie rund um die Verletzung die Haare ab, damit sie leichter zu begutachten ist. Außerdem heilen Verletzungen schneller, wenn sie nicht von einer Schicht verklebter Haare bedeckt sind.

Wundreinigung. Um Infektionen zu vermeiden, sollte jede Bißwunde gründlich gereinigt werden. Wenn die Katze es sich gefallen läßt, halten Sie den verletzten Körperteil mindestens fünf Minuten lang unter fließendes warmes Wasser.

Wenn die Verletzung erst entdeckt wird, wenn sie schon 24 Stunden alt ist, haben sich in ihr wahrscheinlich schon Bakterien angesiedelt, gegen die der Tierarzt mit Antibiotika vorgehen muß.

Keine Wundsalben auftragen. Versuchen Sie nicht, die Wunde mit heilenden Salben zu bestreichen – zum einen würde die Katze sie in wenigen Sekunden ablecken, und zum anderen erschweren Sie damit dem Tierarzt die Arbeit. Falls der Tierarzt Ihnen eine Salbe mitgibt, müssen Sie den verletzten Körperteil bandagieren, damit die Salbe wenigstens eine kurze Zeit wirken kann.

Bandagieren. Die meisten Katzen sind wahre Entfesselungskünstler, wenn es darum geht, sich lästiger Verbände zu entledigen. Der Tierarzt

Schlangenbisse

Schlangenbisse sind bei Katzen glücklicherweise sehr selten. Wenn eine Katze aber gebissen wird, sind gewöhnlich das Gesicht oder die Vorderbeine betroffen.

Der Biß einer Kreuzotter muß nicht tödlich enden – vorausgesetzt, die Katze wird möglichst schnell zum Tierarzt gebracht.

Bei einer Katze, die von einer Schlange gebissen wurde, kann die Bißwunde stark anschwellen, möglicherweise leidet sie auch unter Atemnot. Außerdem wirkt sie niedergeschlagen und bewegt sich kaum. Eventuell ist auch der Blinzelreflex der Augen verlangsamt.

Der Tierarzt wird die Katze mit Steroiden behandeln, um dem Schock entgegenzuwirken, und mit Antihistaminen, die die Wirkung des Giftes mindern. Vielleicht wird er auch Antibiotika verabreichen, um einer Infektion der Wunde vorzubeugen.

Tollwutgefahr

Da immer mehr Tierhalter ihre Katzen und Hunde impfen lassen, kommt es bei Haustieren kaum noch zu Ausbrüchen dieser tödlichen Krankheit. Bei den Wildtieren ist dies jedoch ganz anders.
In Amerika ist der Waschbär der Hauptüberträger, doch auch Füchse, Dachse und alle anderen Fleischfresser können an Tollwut erkranken.
Fassen Sie niemals ein Wildtier an, warnen Tierärzte. Rechnen Sie mit dem Schlimmsten, wenn ein wildes Tier Sie an sich heranläßt, ohne wegzulaufen. Wenn Ihnen ein ungewöhnlich „zahmes" Wildtier begegnet, melden Sie es dem Forstamt oder der Polizei.
Impfungen nicht vergessen. Tollwut ist eine Viruserkrankung, die unbehandelt fast immer tödlich endet – bei Tieren ebenso wie beim Menschen. Lassen Sie Ihre Katze also unbedingt gegen Tollwut impfen und denken Sie auch an die Termine für die Wiederholungsimpfungen.

wird Ihnen also entweder Verbandmaterial mitgeben oder Sie bitten, die Katze erneut in die Praxis zu bringen, sobald sie den Verband abgestreift hat.

Letzte Möglichkeit: Halskrause. Wenn die Katze sich den Verband absolut nicht gefallen läßt oder übermäßig an der Wunde herumleckt, kann der Tierarzt ihr eine Halskrause anlegen. Sie besteht aus steifem Plastik und verhindert, daß die Katze den Wundbereich mit dem Maul erreicht. Solange die Katze diesen Kragen trägt, sollte sie im Haus gehalten werden.

Belecken der Wunde. Mit fortschreitender Heilung sollten Sie das Lecken an der Wunde nicht mehr verhindern. Es hält die Verletzung sauber und fördert die Heilung.

Blindheit

Sechs Wege, einer blinden Katze zu helfen

Ihre Katze ist bisher immer durchs Haus geflitzt, doch seitdem Sie die Möbel umgestellt haben, bewegt sie sich auffallend langsam und vorsichtig.

Es könnte sein, daß sie schlecht sieht, vielleicht sogar schon erblindet ist. Mögliche Ursachen sind fortschreitender Netzhautschwund, Linsentrübungen (Katarakte) oder eine Erhöhung des Augeninnendrucks (Glaukom). Es gibt jedoch eine Reihe von Therapien für diese Erkrankungen.

Einige dieser Behandlungsmethoden sind genauso weit entwickelt wie in der Humanmedizin.

Doch auch wenn es zu spät ist, die volle Sehschärfe Ihrer Katze wiederherzustellen, gibt es einiges, das Sie tun können, um ihr das Leben zu erleichtern.

Keine „Reise nach Jerusalem“. Vermeiden Sie es, die Möbel umzustellen, denn damit erschweren Sie Ihrer Katze die Orientierung und riskieren, daß sie sich verletzt.

Zeigen Sie ihr den Weg. Wenn Sie die Möbel umgestellt haben oder umgezogen sind, sperren Sie Ihre blinde Katze zunächst in einem oder zwei Zimmern ein, bis sie sich in diesen gut zurechtfindet. Dann können Sie täglich ein neues Zimmer zur Erforschung freigeben. Blinde Katzen suchen die Nähe ihrer Menschen – wählen Sie also anfangs Räume, in denen Sie sich häufig aufhalten.

Nichts verändern. Lassen Sie Futter- und Wassernäpfe und auch das Katzenklo am gewohnten Platz stehen. Diese Fixpunkte im Leben Ihrer Katze geben ihr ein gewisses Maß an Sicherheit.

Die Gefahren der Wildnis. Eine blinde oder in ihrem Sehvermögen eingeschränkte Katze sollten Sie nicht draußen herumstreunen lassen. Wenn sie auf ihre gewohnten Ausflüge besteht, könnten Sie ihr im Garten ein Gehege errichten, in dem sie vor Gefahren sicher ist.

Vorsicht, Swimmingpool! Für eine blinde Katze ist ein Swimmingpool eine Todesfalle. Wenn sie unbemerkt hineinfällt, wird sie unweigerlich ertrinken.

Eine „Blindenkatze“. Eine Katze mit gesunden Augen kann eine große Hilfe für eine blinde Katze sein.

Wann muß die Katze zum Tierarzt?

Für Menschen ist der Verlust des Sehvermögens ein schwerer Schlag, doch Katzen sind in dieser Hinsicht anpassungsfähiger. Ihre anderen Sinne sind so scharf, daß manchmal gar nicht auffällt, daß die Katze erblindet ist.

Manche Katzen können sogar hören, ob eine Tür offen oder geschlossen ist. Probleme treten meistens erst auf, wenn die Katze in eine neue Umgebung gebracht wird. Dort wird sie sich deutlich unsicherer bewegen und vielleicht auch gegen Möbel oder Wände laufen. Besonders großen Gefahren ist sie im Freien ausgesetzt – zum Beispiel im Straßenverkehr.

Bei jeder Art von Augenproblemen sollten Sie Ihre Katze zum Tierarzt bringen. Doch woran merkt man, daß eine Katze schlecht sieht? Achten Sie vor allem auf die Pupillen. Wenn sie sich unter Lichteinfluß nicht verändern, müssen Sie davon ausgehen, daß Ihre Katze bereits erblindet ist. Auch wenn sie nicht mehr so viel auf Möbel springt, wie sie es früher getan hat, müssen Sie mit dem Schlimmsten rechnen.

Wenn sie zum Beispiel immer in Ihrem Bett geschlafen hat und dies jetzt nicht mehr tut, kann es sein, daß Blindheit die Ursache dafür ist.

Eine Methode, das Sehvermögen zu überprüfen, ist der Watte-Test. Stellen Sie sich in etwa einem Meter Entfernung vor Ihrer Katze auf und lassen Sie einen Wattebausch fallen. Wenn Ihre Katze auch nach mehrmaliger Wiederholung keinen Blick darauf wirft, sieht sie wahrscheinlich schlecht und sollte vom Tierarzt untersucht werden.

Mit der Anschaffung einer zweiten Katze sollten Sie jedoch vorsichtig sein. Wenn die neue Katze die alte angreift, wird diese furchtbar erschrecken. In der Regel funktioniert das Prinzip der „Blindenkatze“ nur, wenn die Tiere sich seit langem kennen.

Blutende Wunden

Zehn Wege, eine Blutung zu stillen

Schnittwunden treten bei Katzen meistens an den Pfoten auf, und wenn sie stark bluten, müssen Sie Erste Hilfe leisten, bevor Sie zum Tierarzt fahren. Kleinere Wunden können Sie selbst versorgen – zunächst müssen Sie die Blutung zum Stillstand bringen.

Auf die Wunde drücken. Drücken Sie ein Taschentuch, ein Handtuch oder ein anderes sauberes Stück Stoff direkt auf die Wunde. Wenn Sie stark genug drücken, wird die Blutung innerhalb weniger Minuten zum Stillstand kommen.

Den Blutdruck senken. Bei starken Blutungen sollten Sie nicht auf die Wunde drücken, sondern auf die dazugehörige Arterie. Folgende drei Punkte eignen sich für eine solche Aderpresse:

- Weit oben an der Innenseite der Vorderbeine. Druck an dieser Stelle verringert Blutungen an den Vorderbeinen.
- Weit oben an der Innenseite der Hinterbeine. Hier ausgeübter Druck verringert die Blutung an den Hinterbeinen.
- Die Unterseite des Schwanzes. Wenn Sie hier drücken, können Sie eine Blutung am Schwanz unter Kontrolle bringen.

Wann muß die Katze zum Tierarzt?

Viele kleine Schnitt- und Schürfwunden können zuhause behandelt werden, doch tiefe und stark blutende Wunden sind ein Fall für den Tierarzt.

Tiefe Wunden, bei denen auch Sehnen und Muskeln verletzt sind, bluten stark und infizieren sich leicht. Sie müssen unter Narkose genäht werden, und eventuell ist auch eine Bluttransfusion nötig.

Nicht immer sind Blutungen äußerlich zu erkennen. Es besteht immer die Gefahr einer inneren Blutung, bei der die Katze viel Blut verliert, ohne daß man es sieht – bis es zu spät ist.

Anzeichen für eine innere Blutung sind Blut im Erbrochenen oder im Urin, hellrosafarbene oder weiße Maulschleimhäute und Teilnahmslosigkeit. Riskieren Sie nichts. Wenn Sie das Gefühl haben, Ihre Katze sei schwer verletzt, dann ist sie es vermutlich auch, und Sie sollten sie sofort zum Tierarzt bringen.

Nicht abbinden. Versuchen Sie nicht, eine blutende Gliedmaße abzubinden – wenn Sie etwas falsch machen, kann ein Bein absterben.

Die Wunde freischneiden. Wenn die Blutung zum Stillstand gekommen ist, schneiden Sie rund um die Wunde die Haare weg. Dadurch ist sie leichter sauberzuhalten und heilt auch schneller.

Schützen Sie sich. Eine verletzte Katze hat Angst. Wenn Sie fürchten, von ihr gekratzt oder gebissen zu werden, hüllen Sie sie als erstes in einen Kissenbezug, ein Handtuch oder eine Decke. Achten Sie aber darauf, sie nicht so fest einzuwickeln, daß sie keine Luft mehr bekommt.

Verbinden. Wenn die Blutung nicht zum Stillstand kommt, können Sie die Wunde bandagieren – aber nicht zu eng. Wenn die erste Bandage durchtränkt ist, entfernen Sie sie nicht, denn damit würden Sie den Prozeß der Blutgerinnung stören. Wickeln Sie stattdessen eine zweite Bandage über die erste. Kommt die Blutung trotzdem nicht zum Stillstand, müssen Sie zum Tierarzt.

Die Wunde säubern. Die größte Gefahr bei Verletzungen ist nicht die Blutung, sondern eine drohende Infektion. Frische Wunden sollten mindestens fünf Minuten lang mit fließendem warmem Wasser gespült werden.

Keine Wundsalben verwenden. Benutzen Sie nicht irgendeine Wundsalbe, die zufällig noch in Ihrem Medizinschränkchen liegt. Sie kann der Katze schaden, wenn sie sie ableckt – was sie zweifellos tun wird.

Einen schützenden Verband anlegen. Um die Wunde sauber zu halten, können Sie versuchen, einen Verband anzulegen. Achten Sie darauf, daß er nicht zu eng sitzt, und rechnen Sie damit, daß die Katze alles tun wird, um ihn wieder loszuwerden.

Sockenschutz. Verletzungen der Pfoten brechen leicht wieder auf und bluten dann erneut. Um die Wunde und Ihren Fußboden sauber zu halten, können Sie eine Kleinkindersocke über die verletzte Pfote streifen.

Depressionen

Vierzehn Methoden, eine Katze wieder fröhlich zu machen

Niemand begrüßt Sie an der Tür. Das Lieblingsspielzeug bleibt unbeachtet, und selbst das Geräusch des Dosenöffners zeigt keine Wirkung. Depressionen sind bei Katzen keine Seltenheit. Verursacht werden sie durch Krankheit, Einsamkeit, mangelnde Bewegung oder auch die Dunkelheit des Winters.
Auch Veränderungen in ihrem Leben können Katzen depressiv machen. Dazu gehören Dinge wie der Tod eines langjährigen Freundes oder der Umzug in ein neues Haus. Katzen können schon Depressionen bekommen, wenn man nur die Möbel umstellt.
Die folgenden Maßnahmen können helfen, sie wieder munter zu machen.

Tägliche Spielstunden. Ausgiebiges Spielen mit Ihrer Katze bringt sie wahrscheinlich schnell auf andere Gedanken. Machen Sie Jagdspiele mit ihr oder legen Sie sich zu ihr auf den Boden und kitzeln Sie sie durch.
Gesellschaft aus dem Spiegel. Wenn Sie einen Spiegel auf den Boden stellen, in dem die Katze sich sehen kann, wird Sie das Gefühl haben, nicht mehr allein zu sein.
Die Depression nicht belohnen. Das Schlimmste, was Sie tun können, ist der Versuch, eine depressive Katze zu „trösten“. Wenn Sie sie für ihr Verhalten auch noch belohnen, wird es wahrscheinlich schlimmer werden.
Natürlich sollten Sie ihr Zuwendung geben, aber auf eine fröhliche, aufmunternde Art. Auf diese Weise wird sie selbst ebenfalls wieder fröhlicher.
Beziehen Sie Freunde mit ein. Oft werden Katzen depressiv, wenn jemand Neues in ihr Leben tritt – Ihr neuer Partner oder ein neues Haustier. Katzen hängen sehr an ihrem Menschen und sind nicht bereit, ihn mit irgendjemandem zu teilen.
Um die Katze an das neue Gesicht zu gewöhnen, können Sie folgende Strategie anwenden: Ignorieren Sie sie eine kurze Zeit, während Sie mit ihr allein sind. Wenn der neue Partner (oder das neue Haustier) dann kommt, kümmern Sie sich besonders um Ihre Katze. Spielen Sie mit ihr oder verwöhnen Sie sie mit Leckerbissen. Sie wird schon bald das Er-

scheinen des „Neuen“ mit Spaß verbinden und sich wieder besser fühlen.

Familienzuwachs. Ein Baby in der Familie macht viele Katzen eifersüchtig und deprimiert. Versuchen Sie, sie nicht unvorbereitet mit dem Baby zu überraschen. Benutzen Sie schon während der Schwangerschaft Babypuder und Babyöl, damit die Katze sich an den Geruch gewöhnen kann. Sie können auch Kassetten mit Babygeschrei abspielen, damit sie sich auch an die Geräusche gewöhnt.

Lassen Sie sie teilhaben. Wenn Sie der Katze den Zutritt zum Kinderzimmer verwehren, sich nur noch um das Baby kümmern und die Katze links liegenlassen, brauchen Sie sich nicht zu wundern, wenn es Probleme gibt. Lassen Sie Ihre Katze ruhig gelegentlich unter Aufsicht das Kinderzimmer inspizieren.

Ein Stück Heimat mitnehmen. Der Umzug in ein neues Haus oder eine neue Wohnung kann sehr deprimierend auf Katzen wirken. Um ihnen den Umzug zu erleichtern, benutzen Sie den gewohnten Katzenkorb mit ihrer Lieblingsdecke. Das Gefühl, einen sicheren Zufluchtsort zu haben, gibt der Katze in der neuen Wohnung mehr Selbstvertrauen.

Für angenehme Überraschungen sorgen. Katzen fühlen sich dort zuhause, wo es vertraut riecht (und schmeckt). Sie können die neue Wohnung so mit Spielzeug oder Leckerbissen präparieren, daß die Katze sie auf ihrer Entdeckungsreise finden muß.

Rufen Sie zuhause an. Viele Katzen fühlen sich einsam, wenn Sie den ganzen Tag nicht zuhause sind. Rufen Sie doch zwischendurch zuhause an und hinterlassen Sie für Ihre Katze eine Nachricht auf dem Anrufbeantworter.

Wann muß die Katze zum Tierarzt?

Normalerweise gehen Depressionen bei Katzen schnell wieder vorüber; sie können allerdings auch ein Warnsignal sein.

Eine Katze, die teilnahmslos herumliegt, nicht frißt und niedergeschlagen wirkt, kann auch ein körperliches Problem haben, zum Beispiel eine Schilddrüsenerkrankung, eine Bauchspeicheldrüsenentzündung oder innere Verletzungen.

Doch auch, wenn das Problem tatsächlich seelisch bedingt ist, kann das Verweigern des Futters die Katze wirklich krank machen. Gehen Sie kein Risiko ein. Länger als 36 Stunden sollten Sie auf keinen Fall warten, bevor Sie die Katze zum Tierarzt bringen.

Eine andere Möglichkeit ist, die eigene Stimme auf Kassette aufzunehmen und im Laufe des Tages abzuspielen.

Versuchen Sie es mit Musik. Viele Katzen lieben Musik. Klassische Musik – vor allem Flöten und Streichinstrumente – haben eine beruhigende Wirkung.

Geben Sie ihr Zeit zum Trauern. Es ist nicht ungewöhnlich, daß Katzen trauern, wenn ein Gefährte wegläuft oder stirbt. Katzen können genauso an ihren Artgenossen hängen wie Menschen. Respektieren Sie die Trauer Ihrer Katze und versuchen Sie, ihr mit viel Liebe durch diese schwere Zeit zu helfen.

Sorgen Sie für Ersatz. Manche Katzen fühlen sich besser, wenn Sie ein neues Kätzchen ins Haus holen. Andere, vor allem ältere, lehnen diesen „Ersatz" allerdings kategorisch ab.

Zimmer mit Aussicht. Wenn Katzen nichts zu sehen bekommen, werden sie träge und lethargisch. Sorgen Sie für Unterhaltung, indem Sie ihr eine Fensterbank zugänglich machen, von der aus sie Vögel, Schmetterlinge oder auch nur vorübergehende Menschen beobachten kann.

Showtime. Wenn der Blick aus dem Fenster zu langweilig ist, installieren Sie ein Vogelfutterhäuschen davor. Viele Katzen verbringen Stunden damit, den an- und abfliegenden Vögeln zuzusehen.

Diabetes

Sieben hilfreiche Tips

Wie Menschen produzieren auch Katzen das Hormon Insulin, das es den Zellen ermöglicht, den Blutzucker (Glukose) aufzunehmen, den sie als Brennstoff brauchen. Bei Diabetes wird entweder nicht genug Insulin produziert oder das produzierte Insulin kann seine Aufgabe nicht erfüllen. In beiden Fällen bekommen die Körperzellen nicht genügend Brennstoff.
Bei Katzen hängt Diabetes oft mit Übergewicht zusammen, und der Zustand bessert sich manchmal schon, wenn die Katze ein paar Pfund abnimmt.
Diabetes ist immer ein Fall für den Tierarzt, doch es gibt einiges, das Sie auch zuhause tun können, um die Krankheit unter Kontrolle zu halten.

Auf die schlanke Linie achten. Übergewicht erschwert die Behandlung von Diabetes. Im Körper einer acht Kilo schweren Katze wird zwar vielleicht Insulin produziert, doch die Menge reicht nicht, um das massige Tier ausreichend zu versorgen.
Um Ihrer Katze die schlanke Linie zu erhalten oder wiederzugeben, sollten Sie ihr Futter abwiegen, denn nur so können Sie sicher sein, nicht zu viel zu füttern. Außerdem darf sie keine Dickmacher wie Essensreste zwischendurch bekommen.
Füttern Sie faserreich. Eine faserreiche Ernährung kann dafür sorgen, daß der Brennstoff gleichmäßiger in die Zellen transportiert wird, wodurch der Blutzuckergehalt relativ konstant bleibt.
Viele kleine Mahlzeiten. Anstatt einer oder zwei großer Mahlzeiten sollten Sie Ihrer Katze mindestens vier kleinere geben, damit möglichst häufig Glukose in den Blutkreislauf gelangt. Stellen Sie einen Futterplan auf und versuchen Sie, sich daran zu halten.
Bewegung ist alles. Regelmäßige Bewegung hält die Katze nicht nur schlank, sie führt auch dazu, daß weniger Insulin gebraucht wird, weil in der Bewegung Glukose verbrannt wird.
Fragen Sie Ihren Tierarzt, wieviel Bewegung Ihre Katze haben darf, und halten Sie sich dann daran. Hetzen Sie sie nicht einen Tag mit einem an einer Schnur befestigten Papierknäuel durchs Haus, um dann am nächsten Tag gar nicht mit ihr zu spielen, denn jeder dieser Wechsel wirkt sich auf den Insulinbedarf aus.

Wann muß die Katze zum Tierarzt?

Diabetes ist oft schwer zu erkennen. Die Krankheit entwickelt sich allmählich, und es können Monate vergehen, bis die Symptome – wie Gewichtsverlust oder Schwäche – auffallen.
Es gibt drei klassische Anzeichen für Diabetes: ständiger Durst, Heißhunger und häufiges Urinieren. Bei manchen Katzen riecht auch der Atem süßlich – ein Zeichen dafür, daß der Blutzuckerspiegel zu hoch ist.
Wenn Ihnen eines dieser Symptome auffällt oder Ihre Katze zittert, schwach und müde wirkt oder immer mehr Gewicht verliert, zögern Sie nicht, mit ihr zum Tierarzt zu gehen.

Medikamente regelmäßig geben. Der wichtigste Aspekt bei der Behandlung von Diabetes ist, starke Schwankungen des Blutzuckerspiegels zu vermeiden. Aus diesem Grund empfehlen Tierärzte, das Insulin jeden Tag zur gleichen Zeit zu verabreichen. Katzen müssen in der Regel zweimal täglich ihre Spritze bekommen. Ändern Sie die vom Tierarzt verordnete Behandlung auf keinen Fall ohne Rücksprache ab.
Gutes Benehmen belohnen. Niemand bekommt gern Spritzen – auch Ihre Katze nicht. Versuchen Sie, so sanft und geduldig vorzugehen wie nur möglich. Wenn Sie fertig sind, loben und streicheln Sie sie ausgiebig und stecken Sie ihr eventuell auch einen kleinen Leckerbissen zu.
Süßes griffbereit haben. Nach der Verabreichung von Insulin sinkt der Blutzuckerspiegel manchmal bedrohlich ab. Diesen Zustand nennen Tierärzte Hypoglykämie. Wer eine an Diabetes erkrankte Katze hat, sollte daher immer etwas Süßes zur Hand haben.
Geeignet sind Honig oder Sirup. Eine kleine Menge davon wird auf das Zahnfleisch aufgetragen, bis die Katze aufhört, zu zittern.
Danach muß sie sofort zum Tierarzt. Eine Hypoglykämie ist ein Notfall, bei dem manchmal nur die intravenöse Verabreichung von Glukose hilft.

Durchfall

Sieben Wege, das Problem zu stoppen

Ist Ihre Katze ständig im Galopp zum Katzenklo unterwegs – und erreicht es vielleicht nicht immer rechtzeitig? Katzen beklagen sich zwar gewöhnlich nicht, aber Durchfall kann ziemlich schmerzhaft sein.
Zu Durchfall kommt es gewöhnlich, weil die Tiere etwas fressen, das ihnen nicht bekommt, weil sie sich einen Virus eingefangen haben oder weil sie einen plötzlichen Futterwechsel nicht verkraften. Der Durchfall ist eine wirksame Verteidigungsmaßnahme des Körpers, der sich auf diese Weise schädliche Stoffe möglichst schnell vom Hals schafft.
Doch was für Ihre Katze gut ist, ist nicht unbedingt auch gut für Ihre Teppiche. Deshalb hier ein paar Tips, die die Genesung beschleunigen können.

Eine heilsame Fastenkur. Wenn Sie merken, daß Ihre Katze Durchfall hat, entziehen Sie ihr für 24 Stunden das Futter. Bessert sich der Zustand daraufhin nicht, ist die Katze vermutlich ernsthaft krank und muß zum Tierarzt.
Vorsichtig anfüttern. Als erste Mahlzeit nach dem Fasten eignet sich Reis, gemischt mit etwas weißem Hühnerfleisch. Geben Sie ein Teil Fleisch auf zwei Teile Reis und füttern Sie die nächsten zwei Tage alle vier Stunden eine kleine Portion.
Wenn Ihre Katze keinen Reis mag (was oft der Fall ist), können Sie ihr Nudeln oder Kartoffelbrei anbieten.
Wieder zur normalen Fütterung übergehen. Nach zwei Tagen können Sie anfangen, wieder das gewohnte Futter zu geben. Stellen Sie die

Wann muß die Katze zum Tierarzt?

Normalerweise ist Durchfall nur die Quittung für begangene Sünden – zum Beispiel einen Ausflug zum Mülleimer –, er kann aber auch ein Anzeichen für eine schwere Erkrankung wie Diabetes oder eine Entzündung der Bauchspeicheldrüse sein.
Wenn der Durchfall länger als 24 Stunden anhält oder mit Fieber, Erbrechen, Bauchschmerzen oder gesteigertem Durst einhergeht, müssen Sie Ihre Katze sofort zum Tierarzt bringen.

Fütterung aber nicht abrupt um, denn das könnte erneut Durchfall auslösen. Mischen Sie einige Tage lang einen Teil des Dosenfutters unter die Diätkost.

Ausreichend Wasser anbieten. Mit dem Durchfall wird viel Wasser ausgeschieden. Um einer Austrocknung des Körpers vorzubeugen, muß die Katze unbedingt Wasser zur Verfügung haben. Sie können auch einen zweiten Napf bereitstellen, in den Sie Gatorade oder ein anderes Sportgetränk geben, denn es ersetzt verlorengegangene Mineralien wie Natrium und Kalium. Viele Katzen mögen den Fruchtgeschmack dieser Getränke.

Die Milch entziehen. Viele ausgewachsene Katzen haben Schwierigkeiten bei der Verdauung von Milch, weil ihnen das Enzym Laktase fehlt, das zur Verdauung des Milchzuckers benötigt wird. Wenn Sie Ihrer Katze Milch geben und sie Durchfall bekommt, streichen Sie die Milch wieder vom Speiseplan. Schon wenige Tage später müßte sich der Erfolg einstellen.

Streßvermeidung. Eine Fahrt zum Tierarzt, ein Umzug oder die Ankunft eines neuen Haustiers können eine Katze so aufregen, daß sie Durchfall bekommt. Versuchen Sie in solchen Situationen, sie durch viel Zuwendung und Liebe zu beruhigen.

Keine Medikamente geben. Es gibt zwar eine Reihe von frei verkäuflichen Mitteln gegen Durchfall, doch viele Tierärzte raten davon ab. Sie empfehlen, der Natur ihren Lauf zu lassen, denn in der Regel gibt es einen Grund für den Durchfall. Geben Sie Ihrer Katze also nur Medikamente, die der Tierarzt verordnet hat.

Eifersucht

Fünfzehn Wege, einer Katze zu zeigen, wie wichtig sie ist

Bisher war das Leben mit Ihrer Katze problemlos, doch seit jemand Neues – ein Freund, eine Freundin, ein Baby oder ein neues Haustier – in Ihr Leben getreten ist, benimmt sie sich einfach unmöglich.
Katzen empfinden Eifersucht zwar nicht genauso wie wir, doch sie sind trotzdem nicht bereit, ihren kostbarsten Besitz – Sie – mit jemandem zu teilen.
Katzen zeigen ihren Unmut über eine bestimmte Situation deutlich, zum Beispiel, indem sie sich verstecken, an ungewöhnlichen Stellen urinieren oder die Couchgarnitur in Fetzen kratzen.
Katzen müssen das Gefühl haben, daß sie geliebt werden. Mit Hilfe der folgenden Tips können Sie ihrer Katze dieses Gefühl zurückgeben.

Beachtung schenken. Niemand mag das Gefühl, plötzlich „abgemeldet" zu sein. Spielen Sie viel mit Ihrer Katze und lassen Sie sie all das tun, was Sie schon immer tun durfte.
Den Tagesablauf beibehalten. Auch wenn es in Ihrem Leben jemand Neues gibt, sollten Sie versuchen, die gewohnte Routine aufrechtzuerhalten.

Wann muß die Katze zum Tierarzt?

Ihre Katze war bisher immer stubenrein, doch in letzter Zeit hat sich das geändert. Sie sind ziemlich sicher, daß es an Ihrem neuen Freund liegt, also warten Sie ab und hoffen, daß sich das Problem von selbst gibt.
Das könnte ein Fehler sein. Eifersucht und Streß können zwar dazu führen, daß Katzen ihre Manieren vergessen, doch dasselbe gilt für medizinische Probleme wie zum Beispiel eine Harnwegsinfektion.
Gehen Sie kein Risiko ein und bringen Sie Ihre Katze zum Tierarzt. Dasselbe gilt, wenn sie sich einem neuen Menschen oder Haustier gegenüber ungewöhnlich aggressiv verhält. Wenn der Tierarzt keine organische Ursache findet, können Sie immer noch darauf hoffen, daß sich ihr Verhalten mit der Zeit ändert.

Füttern Sie Ihre Katze zur gewohnten Zeit, halten Sie Ihre gemeinsamen Spielstunden ein und vergessen Sie auch nicht die abendlichen Streicheleinheiten. Dieser gewohnte Ablauf gibt Ihrer Katze Sicherheit, und wenn er gestört wird, bedeutet das erheblichen Streß für das Tier.

Die älteren Rechte wahren. Wenn Sie ein neues Haustier haben, achten Sie darauf, die Rechte des älteren nicht zu verletzen. Auch wenn der Neuankömmlimg noch so süß ist, füttern Sie Ihre alte Katze zuerst. Dasselbe gilt für die Verteilung der Streicheleinheiten.

Kummerspeck. Katzen, die eifersüchtig sind oder unter Streß stehen, neigen dazu, mehr zu fressen als bisher. Um dies zu verhindern, sollten Sie ihr das Futter zuteilen und darauf achten, daß sie sich nicht an den Näpfen Ihrer anderen Tiere bedient.

Taktvoll vorgehen. Sie vermuten zwar, daß Ihre Katze eifersüchtig auf Ihren neuen Lebensgefährten ist, doch es kann auch sein, daß sie schlicht Angst vor ihm hat.

Bitten Sie Ihren Partner, der Katze jedesmal gut zuzureden, wenn er sie sieht. Lassen Sie die Katze den ersten Schritt machen; Katzen kann man eine Freundschaft nicht aufzwingen.

Die richtige Gedankenverbindung herstellen. Die Katze soll lernen, den neuen Menschen in Ihrem Leben mit etwas Angenehmen zu verbinden.

Lassen Sie Freund oder Freundin die Katze füttern und mit ihr spielen. Die beiden werden sich schon bald anfreunden. Überstürzen Sie aber nichts. Lassen Sie Ihrer Katze Zeit.

Bevor das Baby kommt. Katzen brauchen Zeit, um sich an Anblick, Geruch und Geräusch all jener Dinge zu gewöhnen, die ein Baby braucht – Wiege, Wickeltisch, Kinderwagen usw. Warten Sie nicht, bis die Katze schon durch das neue Baby gestreßt ist, sondern holen Sie die Babysachen schon einige Zeit vorher ins Haus. Je früher Sie das Kinderzimmer einrichten, desto besser ist es.

Platz im Bett schaffen. Wenn Ihre Katze bisher im Bett schlafen durfte, Sie das aber nicht mehr wollen, sobald das Baby da ist, tun Sie diesen Schritt schon ein paar Wochen vor der Entbindung. Dann brauchen Sie nicht zu fürchten, daß die Katze sich wegen des Kindes zurückgesetzt fühlt.

Ein Probelauf. Das Schreien eines Baby kann sehr an den Nerven einer Katze zerren. Warum laden Sie nicht Freunde mit ihren Kindern ein, damit sie sich daran gewöhnen kann? Dann ist sie zumindest vorgewarnt, wenn Sie mit Ihrem eigenen Baby nach Hause kommen.

Oder spielen Sie ein Tonband ab. Wenn Sie niemanden mit kleinen Kindern kennen, besorgen Sie sich eine Kassette mit Babygeschrei. Spielen Sie es in normaler Lautstärke ab. Ergreift die Katze daraufhin

Auf ihrem Kratzbaum kann sich die Katze vor dem Trubel am Boden in Sicherheit bringen.

die Flucht, stellen Sie es etwas leiser. Irgendwann wird sie begreifen, daß sie sich auch entspannen kann, wenn das Baby schreit.

Den Geruch vorausschicken. Bevor Sie mit Ihrem Baby aus dem Krankenhaus kommen, sollten Sie jemanden bitten, ein paar vom Baby getragene Sachen bei Ihnen zuhause vorbeizubringen. Mit ihrer Hilfe kann sich die Katze schon einmal an den Geruch gewöhnen, der bald das ganze Haus erfüllen wird.

Unterhaltung zu dritt. Viele Leute machen den Fehler, sich nur um ihre Katze zu kümmern, wenn das Baby schläft. Wenn es dann wach ist, schicken sie sie weg.

Viel sinnvoller ist es, der Katze besonders viel Aufmerksamkeit zu schenken, während Sie das Baby auf dem Arm haben. Geben Sie ihr ein paar Leckerbissen, während Sie das Kleine stillen, und spielen Sie mit ihr, wenn es in seinem Laufstall liegt. Sorgen Sie dafür, daß sie die Anwesenheit des Babys mit etwas Angenehmem verbindet.

Lassen Sie Ihr Baby aber niemals mit der Katze allein, denn Unfälle passieren schneller, als man denkt.

Ein kleiner Helfer. Wenn Ihre Katze ruhig genug ist, sollten Sie Ihrem Kleinkind erlauben, ihr Leckereien zu geben. Schon bald wird Ihre Katze den kleinen Futterspender abgöttisch lieben.

Für Rückzugsmöglichkeiten sorgen. Als Katze hat man es nicht leicht in einem Haus voller Kinder. Sie machen Lärm, ziehen einem am Schwanz und stören einem beim Schlafen. Geben Sie Ihrer Katze eine Ecke im Schrank oder in einem ruhigen Zimmer als Zufluchtsort. Verbieten Sie den Kindern, die Katze dort zu stören, denn sie braucht diesen Ort, um sich zurückzuziehen, wenn es ihr zuviel wird.

Errichten Sie ein Podest. Denken Sie immer daran, daß Katzen sich sicherer fühlen, wenn sie hoch oben sitzen können. Geben Sie Ihrer Katze also eine Möglichkeit, irgendwo hinaufzuspringen, von wo aus sie neue Situationen und neue Menschen beobachten kann.

Wenn Sie keine geeigneten Möbel haben, sollten Sie ihr einen Kratzbaum kaufen, einen mit Sisalschnur umwickelten Pfahl, der vom Boden bis zur Decke reicht und mehrere gepolsterte Plattformen hat. Einen solchen Kratzbaum bekommen Sie in jeder Zoohandlung.

Neue Katzen langsam eingewöhnen. Lassen Sie Ihre neue Katze nicht gleich durchs ganze Haus streifen, denn das würde Ihre alte Katze mit Recht empören. Halten Sie die Tiere ein paar Tage getrennt und tauschen Sie danach die Reviere, damit sich beide mit dem Geruch der anderen vertraut machen können. Nach ein paar Tagen können Sie sie zusammenlassen. Wenn sie sich sofort anfauchen, halten Sie sie noch einige Tage länger getrennt.

Erbrechen

Vier Methoden, den Magen zu beruhigen

Normalerweise ist es kein Grund zur Beunruhigung, wenn Ihre Katze gelegentlich erbricht. Vielleicht hat sie Gras gefressen, das ihr hilft, beim Putzen verschluckte Haare wieder auszuwürgen.
Es kann aber auch sein, daß sie zu schnell oder zu viel gefressen hat, daß das Futter zu kalt war oder daß ihr Magen gegen etwas rebelliert. Wenn sie ihr Futter erbricht, sollten Sie versuchen, ihren Magen wieder zu beruhigen. Die folgenden Tips können dazu beitragen, dieses Ziel zu erreichen.

Für Erleichterung sorgen. Wenn Ihre Katze ihr Futter erbricht, braucht ihr Magen eine Auszeit. Geben Sie ihr für den Rest des Tages kein Futter mehr. Wenn sie nach dieser Fastenzeit erneut das Futter erbricht, bringen Sie sie zum Tierarzt.

Wann muß die Katze zum Tierarzt?

Ihre Katze hat sich in der Vergangenheit öfters mal erbrochen, aber so schlimm wie heute war es noch nie? Sie stolpert orientierungslos herum, schwankt wie ein Betrunkener und erbricht fast pausenlos?
Rufen Sie sofort Ihren Tierarzt an. Es besteht die Gefahr, daß Ihre Katze sich an einer Pflanze wie Dieffenbachie oder Philodendron oder einer Chemikalie wie etwa Frostschutzmittel vergiftet hat. Wenn der Verdacht auf eine Vergiftung besteht, zählt jede Minute.
Häufiges Erbrechen kann aber auch auf eine andere schwere Erkrankung hindeuten, zum Beispiel einen Gehirntumor, Geschwüre oder Nieren- oder Lebererkrankungen.
Auch wenn es unangenehm ist, sollten Sie sich das Erbrochene genau ansehen, damit Sie es dem Tierarzt beschreiben können. Achten Sie auf Blut, gelblich-grüne Flüssigkeit, eine braune Masse, die aussieht wie Kaffeesatz oder kotähnliche Brocken. Die Ursachen für Erbrechen sind so vielfältig, daß es dem Tierarzt die Diagnose erleichtert, wenn die Tierhalter genaue Angaben zur Beschaffenheit des Erbrochenen machen können.

Gras als Leckerbissen?

Niemand weiß genau warum, doch alle Katzen fressen von Zeit zu Zeit ein paar Grashalme. Manche Tierärzte vermuten, daß sie dazu dienen, den Magen von Dingen zu befreien, die ihn belasten. Andere gehen davon aus, daß den Katzen das Gras einfach schmeckt.
Für uns sieht Gras nicht besonders appetitanregend aus, doch wir kämen auch nie auf die Idee, eine Maus zu verspeisen.
Solange das Gras nicht chemisch behandelt ist und die Katze nicht so viel davon frißt wie ein Kaninchen, sollten Sie sie gewähren lassen – wer weiß, vielleicht schmeckt es ihr ja tatsächlich?

Wasser hinstellen. Bei jedem Erbrechen geht Flüssigkeit verloren. Entziehen Sie Ihrer Katze auf keinen Fall das Wasser, sonst droht eine Austrocknung ihres Körpers.
Eiswürfel. Um Ihre Katze zum Trinken zu verlocken, können Sie ihr einen Eiswürfel geben. Manche Katzen spielen gern damit und nehmen dabei gleichzeitig kleine Mengen Wasser auf.
Legen Sie den Eiswürfel in den Futternapf oder auf den Fußboden – an eine Stelle, die naß werden darf.
Diät. Nach einigen Stunden des Fastens wird Ihre Katze Hunger haben. Geben Sie ihr etwas Leichtverdauliches, denn wenn Sie gleich wieder Katzenfutter in den Napf kippen, geht das Spiel womöglich von vorn los.
Tierärzte empfehlen eine Mischung aus gekochtem Reis und Hüttenkäse oder weißem Hühnerfleisch. Füttern Sie anfangs nur alle paar Stunden eine kleine Portion. Wenn alles gutgeht, können Sie am nächsten Tag wieder zum gewohnten Futter übergehen. Dazu mischen Sie zunächst ein Viertel Katzenfutter unter die Diätnahrung und erhöhen den Katzenfutteranteil von einer Fütterung zur nächsten.

Erziehung zur Sauberkeit

Sieben Tips, eine Katze stubenrein zu machen

Generell verdienen Katzen bei der Erziehung zur Sauberkeit die Bestnote. Nach acht Wochen an der Seite ihrer Mutter sind die kleinen Kätzchen so stubenrein, wie man es sich nur wünschen kann. Es kommt jedoch vor, daß Katzen ihre Erziehung scheinbar vergessen. Die folgenden Tips sollen Ihnen helfen, sie wieder auf den rechten Weg zu führen.

Betrachten Sie es als Unfall. Jeder Katze kann einmal ein Mißgeschick passieren, und es hilft nicht, wenn Sie schimpfen oder sie mit der Nase hineinstoßen. Damit würden Sie Ihre Katze nur verschrecken und das Problem wahrscheinlich noch verschlimmern.

Den Geruch überdecken. Katzen riechen, an welchen Stellen sie sich schon einmal „verewigt" haben und kehren gern an den Ort ihres Verbrechens zurück. Das können Sie verhindern, indem Sie die betroffenen Ecken gründlich saubermachen.

Geben Sie eine Vierteltasse Essig und einen Spritzer Spülmittel in etwas warmes Wasser. Mit dieser Mischung bearbeiten Sie den Fleck und tragen hinterher noch etwas auf, das den Geruch überdeckt – zum Beispiel ein paar Tropfen Pfefferminzöl.

Wann muß die Katze zum Tierarzt?

Bisher war Ihre Katze perfekt sauber, doch auf einmal scheint sie ihre Erziehung vergessen zu haben. Vielleicht hat sie sich nur den Magen verdorben – wenn sie sich aber häufiger „danebenbenimmt", kann auch eine ernste Erkrankung dahinterstecken.

Es gibt Erkrankungen, bei denen solche Mißgeschicke unvermeidbar sind. Dazu gehören Entzündungen des Dickdarms oder der Harnwege oder Tumore. Wenn Ihre Katze also auf einmal nicht mehr sauber ist und außerdem matt und fiebrig wirkt, blutigen Stuhlgang hat oder verstopft erscheint, zögern Sie nicht, mit ihr zum Tierarzt zu gehen.

Ursachenforschung

Haben Sie das schon erlebt? Sie lassen sich abends erschöpft aufs Sofa plumpsen und müssen feststellen, daß Ihre Katze schon vor Ihnen da war – und Ihnen ein kleines Andenken hinterlassen hat.
Krankheiten können dazu führen, daß eine Katze Darm oder Blase nicht mehr kontrollieren kann, doch wesentlich häufiger will sie Ihnen auf diese Weise zeigen, daß ihr etwas mißfällt – schließlich hat sie keine andere Möglichkeit, Sie darauf hinzuweisen.
Ein schmutziges Katzenklo kann die Ursache sein oder die Tatsache, daß es zu dicht neben dem Futternapf oder an einem zu belebten Ort, zum Beispiel auf dem Flur, steht. Selbst ein Wechsel der Katzenstreusorte veranlaßt manche Katzen, ihre Toilette fortan zu meiden.
Vielleicht ist auch eine neue Katze in der Nachbarschaft aufgetaucht – dann würde Ihre sich direkt hinter der Haustür verewigen. Katzen reagieren mit Unsauberkeit auf alle möglichen Veränderungen.
Achten Sie darauf, wo die Katze sich erleichtert. Eine Katze hat zum Beispiel immer den Schminktisch ihrer Besitzerin mit ihrem Urin besprüht. Es stellte sich schließlich heraus, daß sie deren neues Parfüm nicht leiden konnte. Die Dame trennte sich von dem Fläschchen, und alles war wieder in Ordnung.

Früh übt sich. Tragen Sie Ihr kleines Kätzchen oft zu seiner Toilette. Wenn es erst einmal weiß, wo sein Katzenklo ist, wird es von selbst begreifen, welchem Zweck es dient.
Etwas Nachhilfe. Um sicherzugehen, daß Ihr Kätzchen seine Toilette nicht mit Ihrer antiken Überdecke verwechselt, sollten Sie es – zusammen mit dem Katzenklo – nach den Mahlzeiten im Badezimmer einsperren. Wenn es dann seine Toilette benutzt, loben Sie es und lassen es wieder heraus.
Diese Erziehungsmaßnahme verstehen kleine Kätzchen sehr schnell. Um Mißverständnisse zu vermeiden, sollten Sie jedoch die Badematten rechtzeitig entfernen.
Manche Katzen ziehen die Badewanne ihrem Katzenklo vor. Das können Sie ihnen leicht abgewöhnen: Lassen Sie einfach ein bis zwei Zentimeter Wasser einlaufen.
Machen Sie es ihr leichter. Einer kleinen Katze mehrere Kistchen hinzustellen, kann dazu beitragen, unliebsame Überraschungen zu vermeiden. Wenn ein Kätzchen muß, dann muß es und schafft es viel-

Wenn Ihre Katze plötzlich unsauber wird, ist wahrscheinlich etwas passiert, das ihr mißfällt – zum Beispiel eine fremde Katze in ihrem Garten. In diesem Fall kann es helfen, wenn Sie die Fenster mit dunklem Papier abdecken. Aus den Augen, aus dem Sinn!

leicht nicht mehr durchs ganze Haus oder die Treppe hinunter. Je mehr Katzenklos Sie aufstellen, desto besser.

Sie sollten mindestens eine Katzentoilette in jedem Stockwerk haben. Wenn Sie mehrere Katzen haben, sollten Sie eine für jede Katze aufstellen und zur Sicherheit noch eine extra.

Auf die Höhe achten. Wenn Ihre Katze noch klein ist, müssen Sie darauf achten, daß die Seitenwände des Katzenklos nicht zu hoch sind. Wenn es dem Kätzchen zu mühsam ist, jedesmal die hohen Wände zu überklettern, haben Sie ein Problem.

Sauberkeit ist alles. Manche Katzen sind wählerischer als andere, doch wenn Sie das Katzenklo regelmäßig säubern, ist damit allen gedient. Nehmen Sie Kot und nasse Stellen mindestens einmal am Tag heraus und wechseln Sie die gesamte Einstreu bis zu dreimal wöchentlich. Viele Katzen weigern sich, ihr Katzenklo zu benutzen, wenn es schmutzig ist, und gehen dann woanders hin.

Fieber

Vier Tips zur Temperatursenkung

Ihre Katze liegt teilnahmslos herum, frißt nicht und fühlt sich heiß an? Wahrscheinlich hat sie sich einen Virus eingefangen. Die normale Körpertemperatur einer Katze liegt zwischen 38 und 39 Grad. Wenn sie höher steigt, ist das Tier krank, und Sie sollten es zum Tierarzt bringen. Das Fieber an sich ist relativ ungefährlich und verschwindet, sobald die Krankheit besiegt ist. Sie können jedoch etwas dazu beitragen, daß die Temperatur sinkt und sich Ihre kranke Katze wohler fühlt.

Kühle Kompressen. Tauchen Sie einen Waschlappen in kaltes Wasser, wringen Sie ihn aus und legen Sie ihn der Katze auf den Bauch.
Sie können ihren Bauch auch mit einem Waschlappen betupfen, den Sie zuvor in Isopropyl-Alkohol getaucht haben. Der Alkohol verdunstet schneller und kühlt dabei die Haut.
Kühlende Wickel. Eine andere Methode ist das Einhüllen in ein feuchtes Tuch. Die meisten Katzen lassen sich die Kühlung gern gefallen, vor allem, wenn Sie das Tuch immer feucht und kühl halten.
Für Trinkwasser sorgen. Bei Fieber besteht die Gefahr, daß der Körper austrocknet – achten Sie also darauf, daß Ihre Katze Zugang zu frischem Wasser hat. Wenn sie nicht trinken will, können Sie ihr Eiswürfel anbieten.
Keine Menschenmedizin. Geben Sie Ihrer Katze kein Aspirin oder andere fiebersenkende Mittel aus Ihrer eigenen Hausapotheke.

Was verrät die Nase?

So, wie wir bei Kindern die Temperatur an der Stirn fühlen, berühren viele Menschen die Nase von Hund und Katze, wenn diese sich nicht wohl fühlen.
Es stimmt jedoch nicht immer, daß fiebernde Katzen eine heiße, trockene Nase haben. Die Schleimhäute in der Nase halten den Nasenspiegel kühl und feucht, und daran ändert sich auch bei Fieber nicht unbedingt etwas.
Vertrauen Sie also nicht auf Ihre Hände zur Temperaturmessung – verlassen Sie sich lieber auf das Thermometer.

Wann muß die Katze zum Tierarzt?

In der Regel ist Fieber ein Hinweis auf eine harmlose Virusinfektion, es kann aber auch im Zusammenhang mit gefährlichen Erkrankungen wie einer Leber- oder Lungenentzündung auftreten.
Um die Temperatur zu messen, machen Sie die Spitze eines Rektalthermometers mit einer dünnen Schicht Vaseline gleitfähig. (Ein Thermometer für Menschen ist durchaus geeignet; allerdings sollten Sie eines extra für Ihre Katze anschaffen.) Halten Sie mit einer Hand den Schwanz der Katze hoch und führen Sie mit der anderen Hand die Spitze des Thermometers in den After ein. Lassen Sie es zwei bis drei Minuten dort. Wenn die Temperatur mehr als 39 Grad Celsius beträgt, sollten Sie Ihre Katze vorsichtshalber zum Tierarzt bringen.

Zum Fiebermessen führen Sie das Thermometer zwei bis drei Zentimeter tief ein.

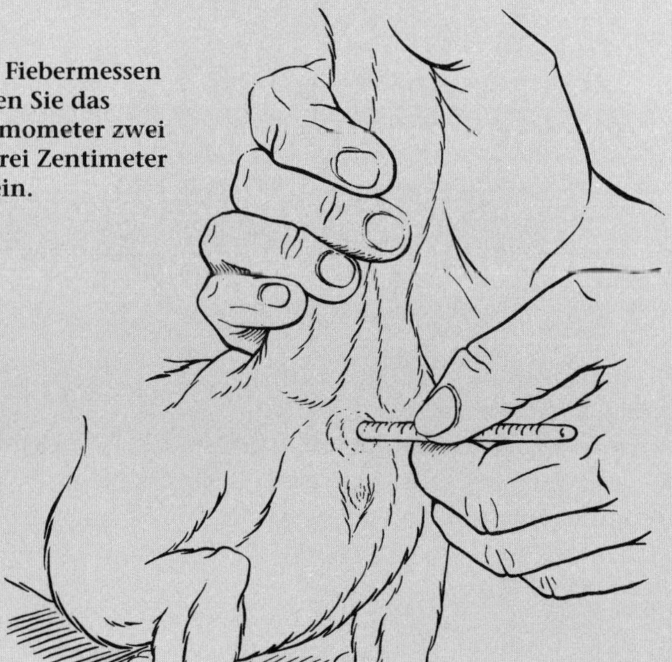

Flöhe

Siebzehn Wege, die Plagegeister loszuwerden

Sie haben einen Floh im Fell Ihrer Katze entdeckt? Das ist noch gar nichts. Dieser eine Floh wird es im Laufe des nächsten Monats (mit Hilfe einiger Flohdamen) auf ungefähr 250 000 Nachkommen bringen. Außerdem können Sie davon ausgehen, daß auf jeden Floh, den Sie auf Ihrer Katze entdecken, noch rund 100 weitere kommen, die nicht auf der Katze sitzen, sondern in Ihrem Garten, Ihrem Haus und Ihrem Bett.

Die kleinen Plagegeister sind schwer zu bekämpfen. Rechnen Sie nicht damit, sie jemals vollkommen loszuwerden. Sie können jedoch zumindest dazu beitragen, ihre Zahl in Grenzen zu halten. Die folgenden Maßnahmen können Ihnen dabei helfen.

Eine Katze baden

Eine Katze in die Badewanne zu bekommen – zur Flohbekämpfung oder aus anderen Gründen –, ähnelt oft dem Versuch, eine Rolle Stacheldraht zu bändigen.

Eine Katze, die nicht baden will, wird auch nicht davor zurückschrecken, an Ihnen hochzuklettern, nur um die Wanne zu verlassen.

Tierärzte empfehlen folgende Maßnahmen, damit es beim Bad der Katze ohne Blutvergießen abgeht:

Vorausplanen. Katzen hassen das Geräusch von fließendem Wasser; füllen Sie also erst die Wanne und holen dann die Katze.

Den Kopf trockenlassen. Fast jede Katze flippt aus, wenn ihr Kopf naß wird. Setzen Sie sie also langsam ins Wasser und versuchen Sie, jegliches Spritzen zu vermeiden.

Geschirr und Leine. Um die Katze besser unter Kontrolle zu halten, können Sie ihr Geschirr und Leine anlegen. Ein Saugnapf am Ende der Leine kann an der Wand befestigt werden – dann haben Sie beide Hände frei.

Für guten Halt sorgen. Eine Getränkekiste, eine Gummimatte oder ein ähnlicher Gegenstand in der Wanne gibt Ihrer Katze die Möglichkeit, sich an etwas anderem festzukrallen als an Ihnen.

Beginnen Sie mit einem Vollbad. Falls Ihre Katze mitspielt, waschen Sie sie mit einem milden Tiershampoo. Dabei wird die erste Ladung Flöhe ertrinken. Achten Sie aber darauf, ein spezielles Katzenshampoo zu verwenden, denn viele Hundeshampoos sind giftig für Katzen.

Trockenreinigung. Eine Alternative zum Bad ist die Verwendung von Trockenshampoo, das auch ohne Wasser schäumt. Achten Sie auch hierbei darauf, daß es sich um ein Produkt handelt, das Katzen nicht schadet.

Mit Kräutern gegen Flöhe. Ein paar Tropfen Flohkraut- oder Eukalyptusöl im Shampoo helfen, die Flöhe zu vertreiben. Flohkrautöl ist allerdings giftig – es darf also nie unverdünnt angewendet werden.

Fellpflege. Ziehen Sie einmal am Tag einen Flohkamm durchs Fell. Tauchen Sie ihn nach jedem Strich in Seifenwasser, damit die im Kamm hängenden Flöhe ertrinken.

Verderben Sie den Flöhen den Geschmack. „Igitt!" sollen die Flöhe denken, wenn sie Ihre Katze beißen. Das können Sie erreichen, wenn Sie etwas Knoblauch und Bierhefe ins Katzenfutter mischen. Viele Kat-

Wenn Sie nicht gekratzt werden wollen, geben Sie Ihrer Katze etwas, an dem sie sich festhalten kann.

Die Katze mit Geschirr und Leine anzubinden, erleichtert die Prozedur. Achten Sie aber darauf, die Leine so kurz zu verschnallen, daß die Katze nicht aus der Wanne springen und sich erwürgen kann.

zen haben dagegen nichts einzuwenden, und mit etwas Glück vertreibt der Geschmack die Flöhe.

Flohhalsbänder. Die gewöhnlichen, mit einem Insektizid imprägnierten Flohhalsbänder reichen bei starkem Befall oft nicht aus. Außerdem können sie die Haut reizen. Sinnvoller ist ein Halsband mit einem Wirkstoff wie Methopren, einem synthetischen Hormon. Es ist für Säugetiere praktisch ungiftig und sterilisiert die Floheier, so daß sie sich nicht weiterentwickeln.

Von den elektronischen Flohhalsbändern, die die Plagegeister mit Ultraschall vertreiben sollen, kann nur abgeraten werden. Zum einen sind sie nicht sehr wirksam, und zum anderen kann nicht ausgeschlossen werden, daß die Katze den Ultraschall hört und durch ihn belästigt wird.

Flohspray. Ein gutes Flohspray macht allen Untermietern im Fell der Katze den Garaus. Achten Sie beim Kauf darauf, daß das Produkt für Katzen geeignet ist.

Sorgen Sie beim Sprühen dafür, daß kein Gift in Augen, Ohren, Nase und Mund gelangt. Den Kopf behandeln Sie am besten, indem Sie ein Stück Stoff einsprühen und ihn damit abreiben. Katzen, die das Zischen der Sprühflasche nicht vertragen, können Sie am ganzen Körper auf diese Weise behandeln.

Flohpuder. Sie sind gewöhnlich weniger wirksam als Sprays, spielen bei der Flohbekämpfung aber trotzdem eine wichtige Rolle. Stäuben Sie Ihre Katze von Kopf bis Fuß damit ein und vergessen Sie auch den Schwanz nicht. Dann befördern Sie den Puder mit Kamm oder Bürste bis auf die Haut.

Um das Gesicht zu behandeln, nehmen Sie etwas Puder auf die Fingerspitzen und massieren es vorsichtig ein. Augen und Nase sollten Sie dabei großzügig aussparen.

Ein Flohbad. Effektiver als Puder oder Sprays ist ein Flohbad – eine Insektizidlösung, in die Sie Ihre Katze eintauchen. Bei besonders starkem Flohbefall kann ein solches Bad nötig sein. Sie sollten dabei allerdings äußerst vorsichtig sein und die Packungsbeilage aufmerksam lesen. Flohbäder, die Hunden nicht schaden, können eine Katze umbringen.

Blasen Sie zum Großangriff. Wenn Ihr Haus mit Flöhen verseucht ist, müssen Sie jeden einzelnen Raum aussprühen. Dafür eignen sich Produkte, die Methopren oder Fenoxycarb enthalten. Wirksam sind aber auch die handelsüblichen pyrethrinhaltigen Sprays.

Die Flöhe wegsaugen. Eine überaus wirksame und zudem ungiftige Methode, die Zahl der Flöhe zu reduzieren, ist das Staubsaugen – mindestens einmal wöchentlich.

Die Flöhe programmieren

Mittlerweile ist die Geburtenkontrolle auch bei Flöhen ein Thema. Es gibt ein neues Medikament mit dem Namen „Program", das neue Wege bei der Flohbekämpfung eröffnet.
Im Gegensatz zu Puder und Spray enthält Program kein Insektengift. Seine Funktion beruht auf dem Wirkstoffkomplex Lufenuron, der das Heranreifen der Floheier verhindert.
Wenn ein weiblicher Floh Blut von einer mit Program behandelten Katze aufnimmt, wird er dadurch unfruchtbar. Natürlich müssen Sie auch weiterhin die erwachsenen Flöhe bekämpfen, doch Sie können zumindest davon ausgehen, daß diese keinen Nachwuchs mehr bekommen.

Konzentrieren Sie sich vor allem auf die Stellen, an denen sich Ihre Katze häufig aufhält, und saugen Sie alle Spalten, Ritzen und Ecken besonders gründlich aus.

Der vernichtende Schlag. Um zu verhindern, daß die hungrigen Flöhe aus Ihrem Staubsauger wieder heraushüpfen, knoten Sie den Staubbeutel in eine Plastiktüte ein und legen Sie sie in den Gefrierschrank oder in die pralle Sonne. Die extremen Temperaturen kann kein Floh überleben.

Keine Verstecke bieten. Je mehr Dinge bei Ihnen auf dem Fußboden herumliegen, desto besser können sich die Flöhe verstecken. Räumen Sie also Kartons, Spielsachen oder Bücher weg, sobald Sie sie nicht mehr brauchen.

Eine Falle aufstellen. Wenn die Flöhe zum Problem werden, können Sie nachts eine kleine Lampe brennen lassen, unter der Sie eine flache Schale mit etwas Wasser plazieren. Die Flöhe werden von der Wärme der Lampe angezogen, springen darauf zu und fallen ins Wasser. Dadurch wird das Flohproblem natürlich nicht gelöst, aber in einem Krieg zählt jede Leiche.

Lassen Sie die Katze nicht in jedes Zimmer. Je weniger Räume Ihre Katze betritt, desto weniger Arbeit haben Sie. Ein paar verschlossene Türen werden sie wahrscheinlich nicht stören, aber sie halten einen Großteil der Flöhe fern.

Legen Sie einen Waschtag ein. Gewöhnen Sie sich an, die Decke Ihrer Katze mindestens einmal pro Woche zu waschen.

Wenn Ihre Katze ein Kissen bevorzugt, das schwer zu waschen ist, überziehen Sie es mit einer Hülle oder einem Handtuch. Achten Sie beim Abziehen darauf, das Tuch sorgfältig zusammenzurollen, damit darauf liegende Floheier nicht herunterfallen. Wenn das passiert, ist die ganze Mühe umsonst.

Pflegen Sie Ihr Auto. Wenn Sie Ihre verflohte Katze im Auto transportieren müssen, wird Ihnen nichts anderes übrigbleiben, als den Innenraum gründlich auszusaugen oder gleich mit einem Flohspray auszusprühen, denn es gibt kaum etwas Schlimmeres als ein Auto voller Flöhe.

Futterallergien

Neun Methoden, die verhindern, daß Essen krank macht

Frißt Ihre Katze ihr Futter, um es gleich darauf wieder von sich zu geben? Kommt ihr Hinterbein aus der „Kratzhaltung“ gar nicht mehr heraus?
Katzen, die allergisch gegen ihr Futter sind, leiden unter den verschiedensten Beschwerden, die von Erbrechen über Durchfall bis hin zu unerträglichem Juckreiz reichen.
In den meisten Fällen sind solche Allergien jedoch leicht zu behandeln. Hören Sie einfach auf, das gewohnte Futter zu geben und finden Sie eines, das Ihre Katze verträgt.
Um Ihrer Katze die Freude am Fressen zurückzugeben, können Sie folgende Maßnahmen ergreifen:

Keine Häppchen vom Tisch. Es gibt einige Lebensmittel, die viele Katzen nicht vertragen. Leckereien wie Käse, Wurst, Thunfisch aus der Dose und das Weiße vom Ei können Allergien auslösen.
Die Milch streichen. Viele Katzen vertragen weder Milch noch Käse, weil ihnen das Enzym Laktase fehlt, das zur Verdauung von Milchzucker gebraucht wird. Wenn das der Fall ist, verursachen Milchprodukte Durchfall.
Futterwechsel. Wenn Sie herausfinden wollen, welches Futter oder welche Zutat die Katze nicht verträgt, bleibt Ihnen nichts anderes übrig, als für einen Zeitraum von bis zu 12 Wochen das Futter zu wechseln. Füttern Sie so lange etwas anderes, bis die Allergie verschwunden ist. Dann geben Sie wieder die alten Futtersorten, eine nach der anderen, bis die Symptome wieder auftreten und Sie den Verursacher gefunden haben.
Etwas ganz Neues füttern. Um mit dem Futterwechsel Erfolg zu haben, müssen Sie ein neues Futter wählen, dessen Zutaten der Katze vollkommen unbekannt sind. Einfach nur die Sorte zu wechseln, hat keinen Sinn, weil viele Hersteller dieselben Inhaltsstoffe verwenden. Das ideale Futter enthält eine Proteinquelle, die die Katze bisher nicht genutzt hat.
Lesen Sie das Etikett Ihres bisherigen Katzenfutters. Zu den Zutaten können Nahrungsmittel wie Rindfleisch, Fisch, Huhn, Ei, Milch, Weizen, Soja oder Mais gehören. Jetzt wissen Sie, welchen Zutaten Ihre

Katze bisher ausgesetzt war, und müssen versuchen, ein Futter zu finden, das keine davon enthält.

Kochen Sie selbst. Wenn Sie das Katzenfutter selbst zubereiten, können Sie am besten kontrollieren, was die Katze in dieser Versuchsphase frißt.

Eine gute Wahl ist zum Beispiel Reis gemischt mit einer Babynahrung, die Lamm enthält (vorausgesetzt, Sie haben nicht bisher Katzenfutter mit Lamm verwendet). Wenn Ihre Katze keinen Reis mag, geben Sie ihr nur die Babynahrung.

Neue Sorten ausprobieren. Wenn Sie nicht selbst kochen wollen, können Sie auch Dosenfutter verwenden, müssen aber darauf achten, daß es „ungewöhnliche" Proteinquellen enthält wie zum Beispiel Kaninchen oder Wild.

Keine Zwischenmahlzeiten. Solange Sie herauszufinden versuchen, was die Allergie auslöst, sind die Katzendrops, die lecker schmeckende Vitaminpaste und alle anderen Snacks vom Speiseplan gestrichen. Bevor Sie wissen, was der Auslöser ist, darf über die Lippen Ihrer Katze nichts kommen außer dem gewählten Futter und möglichst destilliertem Wasser.

Die Umkehrprobe. Wenn die Allergiesymptome verschwunden sind, können Sie wieder anfangen, die gewohnten Futtersorten zu verwenden, aber immer nur eine zur Zeit. Geben Sie ihr jede Sorte etwa fünf Tage lang.

Um herauszufinden, ob Ihre Katze zum Beispiel gegen Soja allergisch ist, geben Sie ihr etwas Tofu. Andere Nahrungsmittel, die in Frage kommen, sind Rind, Huhn, Weizen, Mais und Eier. Die meisten Katzen reagieren nur auf einen oder zwei dieser Inhaltsstoffe.

Eine Allergie kommt selten allein

Die Ursache für eine Futterallergie ist oft schwer zu finden, zumal manchmal noch eine Überempfindlichkeit gegen andere Dinge wie Flöhe oder Pollen dazukommt. Manche Katzen zeigen auch nur Symptome, wenn sie allen Auslösern ihrer Allergie gleichzeitig ausgesetzt sind.

Diese Überempfindlichkeit ist zwar schwer nachzuweisen, aber dafür ziemlich leicht zu behandeln. Die Lösung von nur einem der Probleme – zum Beispiel die Bekämpfung des Flohbefalls – bringt vielfach auch die Futterallergie zum Verschwinden.

Sie sollten irgendwann in der Lage sein, die Futterallergie an- und abzuschalten wie einen Lichtschalter. Immer, wenn die Symptome auftreten, gilt das Prinzip von Ursache und Wirkung.

Die Auswahl nutzen. Wenn Sie herausgefunden haben, was Ihre Katze verträgt, kaufen Sie nur noch die entsprechenden Futtersorten. Bei der großen Auswahl an Katzenfutter dürfte das kein Problem sein.

Futterverweigerung

Sechs appetitanregende Vorschläge

Sie geben sich alle Mühe, das Feinste und Beste zu kaufen, und trotzdem rümpft Ihre Katze die Nase?
Machen Sie sich deswegen keine Sorgen. Es schadet einer Katze nicht, wenn sie gelegentlich eine Mahlzeit ausfallen läßt. Außerdem gibt es ein paar Methoden, eine Katze zum Fressen zu bewegen. Versuchen Sie doch einmal eine der folgenden:

Niemals betteln. Wenn Sie eine Katze wären, würde es Ihnen doch sicher auch gefallen, wenn sich Ihr Mensch vor Ihrem Napf auf Hände und Knie niederläßt, Sie streichelt und liebkost und Sie anfleht, doch bitte Ihr leckeres Futter zu fressen? Sie würden die Zuwendung genießen und diesen Moment bestimmt nicht damit verderben, daß Sie sofort anfangen, Ihr Futter zu verschlingen. Statt Ihre Katze anzuflehen, sollten Sie ihr das Futter hinstellen und dann weggehen. Allmählich wird sie lernen, ihr Futter auch ohne Streicheleinheiten zu fressen.
Ein Zeitlimit setzen. Wenn Ihre Katze nach einer Stunde immer noch nicht aufgefressen hat, nehmen Sie den Napf weg. Geben Sie ihn ihr später wieder, aber lassen Sie ihr erneut nur eine Stunde Zeit. Katzen, die ständig Futter zur Verfügung haben, sind meistens besonders wählerisch. Macht man ihnen aber klar, daß sie entweder fressen oder hungern müssen, entscheiden sich die meisten von ihnen fürs Fressen.
Keine Essensreste füttern. Natürlich freut sich Ihre Katze, wenn Sie Reste von Ihren Speisen bekommt oder bei Tisch etwas ergattert, doch diese Leckereien verderben ihr den Appetit und können sie krank machen. Außerdem – würden Sie Katzenfutter essen, wenn Sie wissen, daß es abends Steak gibt?
Manche mögen's heiß. Wenn Ihre Katze Trockenfutter verschmäht, lassen Sie es in etwas warmem Wasser aufquellen. Dadurch wird es weicher und so lecker wie ein selbstgekochter Eintopf.
Das Dosenfutter können Sie portionsweise in die Mikrowelle geben und leicht erwärmen, denn auch Katzen nehmen gern einmal eine warme Mahlzeit zu sich.
Den Gaumen kitzeln. Geben Sie etwas Ungewohntes über das Katzenfutter – etwas, das das Interesse Ihrer Katze weckt. Übertreiben Sie es aber nicht – etwas Bratensoße ist in Ordnung, aber zuviel davon kann aus Ihrer Katze eine Tonne auf Beinen werden lassen.

Wann muß die Katze zum Tierarzt?

Ihre Katze rührt ihr Futter nicht an, obwohl es ihre Lieblingssorte ist? Es kann also nicht daran liegen, daß sie es nicht mag. Aber woran liegt es dann?

Im Regelfall ist es nichts, worüber Sie sich Sorgen machen müßten. Selbst die besten Fresser lassen manchmal eine Mahlzeit aus – zum Beispiel, weil sie Bauchschmerzen haben oder noch mit einer neuen Situation wie einem Umzug oder Besuchern im Haus fertigwerden müssen. Allzulange dürfen Katzen jedoch nicht hungern, weil dadurch ihre Leber geschädigt wird. Wenn Ihre Katze länger als einen Tag nicht frißt, sollten Sie sie zum Tierarzt bringen.

Den Geruchssinn reizen. Achten Sie beim Einkauf auf Futtersorten, die besonders stark riechen. Je stärker der Geruch, desto begeisterter sind Katzen. Die meisten von ihnen bevorzugen Futtersorten mit Fischgeschmack.

Geschwülste und andere Neubildungen

Sechs Wege, mit ihnen umzugehen

Ihre Katze war immer glatt und schlank, doch seit kurzem ertasten Ihre Finger eine Schwellung unter ihrer Haut. Woher kommt sie?
Leider erkranken ältere Katzen manchmal an Krebs, und die Tumore können sich im Körper, aber auch auf der Haut bilden. Wenn Sie bei Ihrer Katze eine Geschwulst entdecken, müssen Sie jedoch nicht gleich das Schlimmste annehmen, denn es ist gut möglich, daß das, was Sie für eine Krebsgeschwulst halten, nur ein relativ harmloser Abszeß ist. Lassen Sie die Neubildung auf jeden Fall vom Tierarzt untersuchen.

Keine Angst vor Zysten. Wenn Ihr Tierarzt bei der Routineuntersuchung Zysten feststellt, brauchen Sie sich keine Sorgen zu machen. Diese mit Flüssigkeit gefüllten Blasen sind fast immer harmlos und brauchen nicht entfernt zu werden.
Gelegentlich bilden sich diese Zysten allerdings an Stellen, an denen sie stören und ständigen Reizungen ausgesetzt sind, zum Beispiel am After. In diesem Fall wird der Tierarzt zur operativen Entfernung raten.
Für Sauberkeit sorgen. Manchmal platzt eine Zyste von selbst, und die Haut entzündet sich. Halten Sie die Stelle mit Wasser und Seife sauber oder betupfen Sie sie mehrmals am Tag mit Alkohol. Er stoppt die Infektion und lindert den Juckreiz.
Regelmäßige Untersuchungen. Wenn Sie Ihre Katze regelmäßig ausgiebig streicheln, werden Sie mögliche Neubildungen rechtzeitig entdecken – und machen gleichzeitig Ihre Katze glücklich. Nehmen Sie diese sorgfältige Streichel-Untersuchung mindestens einmal im Monat vor.

Wann muß die Katze zum Tierarzt?

Der Großteil aller Neubildungen ist harmlos, doch das kann nur der Tierarzt feststellen. Ihre Aufgabe ist es, die Geschwulst rechtzeitig zu entdecken und die Katze dann zum Tierarzt zu bringen. Er wird entscheiden, ob eine Behandlung erforderlich ist.

Darauf sollten Sie achten

Nur der Tierarzt kann feststellen, ob eine Geschwulst gut- oder bösartig ist, doch es gibt einiges, auf das Sie achten sollten.

- Gleichmäßige Form. Gutartige Neubildungen sind meistens glatt und rund und eindeutig abgegrenzt.
- Beweglichkeit. Geschwülste, die sich unter der Haut verschieben lassen, sind gewöhnlich harmlos. Lipome zum Beispiel fühlen sich an wie Fettkügelchen unter der Haut.
- Lage. Die Geschwulst sollte sich anfühlen wie eine feste, auf einen Ort beschränkte Masse. Wenn sie sich auszubreiten scheint und einen größeren Bereich einnimmt, muß die Katze zum Tierarzt.
- Wachstum. Bösartige Tumore wachsen schnell und bluten manchmal auch. In diesem Fall muß die Katze sofort zum Tierarzt.

Vorsicht, Sonne. Nicht nur zweibeinige Sonnenanbeter riskieren Hautkrebs, gefährdet sind auch Katzen mit hellem Fell. Achten Sie darauf, daß Ihre weiße Katze nicht stundenlang in der prallen Sonne liegt.
Abszesse. Eine Neubildung, die schnell wächst, muß kein Krebs sein. Zu einem Abszeß kommt es, wenn die Katze von einer anderen gekratzt oder gebissen wird. Die kleinen Einstichwunden von Krallen oder Zähnen verheilen schnell, doch der eingedrungene Schmutz führt zu einer eitrigen Infektion unter der Haut. Bringen Sie Ihre Katze zum Tierarzt. Er wird den Abszeß öffnen, damit der Eiter abfließen kann.
Ins Maul schauen. Das Maul zu kontrollieren, ist nicht sehr vergnüglich, vor allem, wenn die Katze in letzter Zeit überwiegend Leber oder Fisch gefressen hat. Sie sollten sich aber trotzdem dazu überwinden, denn Neubildungen im Maul sind öfter bösartig als die an anderen Körperteilen. Also schauen Sie Ihrer Katze regelmäßig ins Maul, damit Sie mögliche Geschwülste im Anfangsstadium entdecken.
Betrachten Sie die Zunge, die Lippen und die Innenseite des Mauls. Sehen Sie genau hin – manchmal sind die Neubildungen kaum größer als eine Bleistiftspitze. Wenn Sie etwas entdecken, das Sie sich nicht erklären können, fragen Sie Ihren Tierarzt um Rat.

Haarballen

Sieben Wege, sie wieder loszuwerden

Nur wenige Tiere sind so sauber wie Katzen. Sie verbringen Stunden damit, sich zu putzen, und wenn sie damit fertig sind, fangen sie noch einmal von vorn an. Daß sie dabei ein paar Haare verschlucken, scheint sie nicht zu stören – das gehört eben dazu.

Manchmal ballen sich diese Haare, die eigentlich auf natürlichem Wege wieder ausgeschieden werden sollten, im Magen zusammen. Wenn immer mehr Haare dazukommen, bildet sich schließlich ein unangenehmer Klumpen, und wenn das passiert, würgt die Katze so lange, bis sie ihn herausgebrochen hat.

Das Erbrechen eines Haarballen sieht zwar qualvoll aus, stellt aber meistens kein ernstes Problem dar. Die folgenden Tips sollen helfen, die verschluckten Haare leichter wieder loszuwerden.

Speiseöl. Wenn Ihre Katze zu würgen beginnt, können Sie versuchen, ihr einen halben Teelöffel Speiseöl einzugeben. Mit etwas Glück geht der Haarballen dann über den Verdauungstrakt ab, anstatt auf Ihrem Teppich zu landen. Wenn die Katze das Öl nicht mit dem Futter frißt, träufeln Sie es ihr auf die Pfote, von der sie es ablecken wird. Wiederholen Sie die Behandlung etwa vier Tage lang einmal täglich.

Butter als leckere Alternative. Eines der wirksamsten Mittel gegen Haarballen ist Butter, die alle Katzen gern fressen. Sie wirkt nicht nur als Gleitmittel, sondern sorgt auch dafür, daß sich die Gallenblase zu-

Wann muß die Katze zum Tierarzt?

Die meisten Haarballen werden problemlos ausgeschieden, doch manchmal funktioniert das nicht. Ein Tierarzt aus Virginia berichtet zum Beispiel von einem Haarklumpen, der 25 cm lang war und von der Speiseröhre bis weit in den Darm reichte.

Gelegentlich können aber auch Haarballen von normaler Größe die Därme verstopfen. Aus diesem Grund sollten Sie Ihre Katze zum Tierarzt bringen, wenn sie länger als drei Tage vergeblich versucht, die Haare auszuwürgen, und schon nach einem Tag, wenn sie verstopft ist und das Futter verweigert. Ein Haarballen, der die Därme verstopft, kann tödlich sein – zögern Sie also nicht zu lange.

sammenzieht und Galle, ein mildes Abführmittel, in den Verdauungstrakt abgibt. Dadurch werden die Haarballen ausgeschieden, bevor sie zum Problem werden können. Geben Sie bis zu eine Woche lang täglich einen halben bis ganzen Teelöffel voll Butter. Auf die Dauer sollten Sie aber keine Butter verfüttern, wenn Sie nicht wollen, daß Ihre Katze zur Kugel wird.

Faserreiches Futter. Manchmal reicht schon ein Futter mit höherem Faseranteil aus, um den Haarballen durch die Därme zu befördern. Achten Sie beim Einkauf auf einen Faseranteil von 3,5 bis 10 Prozent.

Die Flöhe bekämpfen. Wenn Ihre Katze Flöhe hat, wird sie sich stärker als gewöhnlich putzen und dabei auch mehr Haare verschlucken. Wenn Sie den Flöhen zu Leibe rücken, müßte sich das Haarballenproblem von selbst lösen.

Helfen Sie beim Putzen. Tägliches Kämmen und Bürsten wirkt Wunder bei der Vorbeugung von Haarballen. Katzen geben jeden Tag Hunderte von Haaren ab, vor allem im Frühjahr und Sommer. Wenn Sie diese Haare auskämmen, wird die Katze nicht mehr so viele von ihnen schlucken.

Nachpolieren. Nach dem Kämmen wischen Sie das Fell mit einem feuchten Waschlappen ab – er nimmt auch die losen Haare mit, die Ihrem Kamm entgangen sind.

Sorgen Sie für Unterhaltung. Es gibt Katzen, die kaum etwas anderes tun, als sich zu putzen. Das kann an ihrer Persönlichkeit liegen, aber auch streßbedingt sein. Zur Ablenkung sollten Sie viel mit Ihrer Katze spielen. Wenn es Ihnen gelingt, ihre Aufmerksamkeit von der übersteigerten Fellpflege abzulenken, müßte auch das Haarballenproblem verschwinden.

Haarwechsel

Neun Wege, der Flut von losen Haaren Herr zu werden

Ob Sie nun eine ganz gewöhnliche Hauskatze oder einen langhaarigen Stubentiger Ihr eigen nennen – wenn der Sommer kommt, wird mehr durch die Luft fliegen als nur Blütenpollen.
Wenn Ihre Katze ihr Winterfell abstößt, verliert sie täglich Tausende von Haaren. Haare, die Sie auf Teppichen, Möbeln und in Ihrem Essen wiederfinden.
Katzen, die nur im Haus gehalten werden, haaren das ganze Jahr über, solche, die den Gang ins Freie gewohnt sind, verlieren die meisten Haare im Frühjahr.
Die folgenden Maßnahmen erleichtern Ihrer Katze den Haarwechsel und halten Ihr Haus relativ sauber.

Bürsten, bürsten, bürsten. Die größten Erfolge lassen sich mit regelmäßigem Bürsten erzielen.
Nicht jede Bürste eignet sich für Ihre Katze. Lassen Sie sich im Zoogeschäft beraten.
Ob Sie Ihre Katze täglich oder nur einmal in der Woche bürsten müssen, hängt davon ab, wie stark sie haart.
Alle Schichten bürsten. Damit das Bürsten Wirkung hat, müssen Sie mit leichtem Druck arbeiten. Kurze Striche sind besser als lange, weil sie die Bürste tiefer ins Fell eindringen lassen. Nur das Deckhaar glattzubürsten, ohne in die tieferen Schichten vorzudringen, hat wenig Sinn und trägt nicht dazu bei, die Flut von Haaren einzudämmen.
Gegen den Strich. Viele Katzen haben nichts dagegen, wenn man sie auch gegen die Haarrichtung bürstet. Dabei erwischt man auch die Haare, die der Bürste im ersten Durchgang entwischt sind. Abschließend wird noch einmal mit dem Strich gebürstet, damit das Fell wieder glatt liegt.
Vorsicht, Elektrostatik! Beim Kämmen gegen den Strich kann es passieren, daß Sie und Ihre Katze einen elektrischen Schlag bekommen. Das Fell lädt sich elektrostatisch auf, und bei Berührung entlädt sich die Spannung. Um dies zu verhindern, benutzen Sie eine antistatische Bürste, die eine Aufladung unmöglich macht.

Wann muß die Katze zum Tierarzt?

Ihre Katze hat in den wärmeren Monaten immer stark gehaart, doch in diesem Jahr sieht es aus, als wollte sie ihr gesamtes Fell ausziehen – man sieht sogar schon die Haut durchscheinen.
Es gibt eine ganze Reihe von Hautproblemen, die mit Haarausfall einhergehen, unter ihnen Pilzinfektionen, Parasitenbefall und Hormonstörungen. Wenn Sie also das Gefühl haben, daß der Haarwechsel Ihrer Katze nie dagewesene Ausmaße annimmt, bringen Sie sie vorsichtshalber zum Tierarzt.

Ein Stielkamm. Im Zoofachhandel gibt es Metallkämme mit einem Handgriff, die aussehen wie Miniatur-Harken. Mit ihnen läßt es sich gut arbeiten, und sie sind perfekte Waffen im Kampf gegen die Haare.
Gummistriegel. Pferdeleute benutzen Striegel aus weichem Gummi zum Entfernen der losen Haare. Das funktioniert auch bei Katzen, allerdings sollten Sie keinen normalgroßen Striegel nehmen, sondern einen, der für Kinderhände gedacht ist – schließlich ist Ihre Katze etwas kleiner als ein Pferd! Mit dem Striegel wird nur in Haarrichtung gearbeitet.

Bei Katzen, die weder Kamm noch Bürste dulden, ist ein Putzhandschuh das ideale Werkzeug zum Entfernen loser Haare.

Noch ein Pferdetrick. Ein anderes Hilfsmittel, das eigentlich aus dem Pferdestall stammt, ist das Schweißmesser, ein biegsames Stück Metall mit einer gezahnten Seite und Handgriffen an jedem Ende. Wenn Sie damit arbeiten, wird das Ergebnis Sie überwältigen.
Wenn Sie eine Langhaarkatze besitzen, machen Sie sich auf einen wahren Schneesturm von Haaren gefaßt.
Putzhandschuh. Katzen, die die Fellpflege mit Bürste oder Kamm ablehnen, haben gegen einen Putzhandschuh meistens nichts einzuwenden.
Diese Handschuhe sind mit kleinen Zähnchen aus Gummi oder Plastik besetzt und eignen sich hervorragend zum Entfernen loser Haare. Ihre Katze wird glauben, daß Sie sie nur streicheln, und gar nicht merken, daß sie gleichzeitig eine Menge Fell loswird.
Kein Tropenklima schaffen. Haben Sie es gern warm? Ihre Katze wird das ganze Jahr über haaren, wenn Sie die Thermostaten Ihrer Heizung voll aufdrehen.
In überheizten Räumen haaren Katzen im Winter ebenso stark wie im Frühjahr. Versuchen Sie, Ihre Heizung so einzustellen, daß es für Sie und Ihre Katze gleichermaßen angenehm ist. Stand Ihr Katzenkörbchen bisher direkt neben der Heizung? Bringen Sie es an einen kühleren Ort.

Harnblasenschwäche

Drei Methoden, den Fußboden trocken zu halten

Entdecken Sie zunehmend mehr nasse Stellen auf Teppich oder Fußboden? Dann kann es sein, daß Ihre Katze inkontinent ist – daß sie ihren Harn nicht halten kann.
Junge Kätzchen machen Fehler, doch wenn Ihre ausgewachsene Katze plötzlich unsauber wird, kann eine Erkrankung der Nerven, der Nieren, der Harnwege oder anderer Organe dahinterstecken. Eine andere mögliche Ursache ist ein psychisches Problem – viele Katzen reagieren mit Unsauberkeit, wenn sie mit Veränderungen in ihrem gewohnten Tagesablauf fertigwerden müssen.

Abends weniger Wasser geben. Bei einer inkontinenten Katze kann es helfen, wenn Sie ihr abends nur wenig Wasser hinstellen. Dann besteht die Hoffnung, daß sie zumindest nachts „dichthält".
Etwas Wasser muß ihr aber immer zur Verfügung stehen, denn sonst besteht die Gefahr der Austrocknung.
Mehrere Katzentoiletten aufstellen. Wenn es Ihrer Katze schwer fällt, den Urin zu halten, nützt ihr eine weit entfernt stehende Katzentoilette nichts. Bieten Sie ihr in jedem Stockwerk Ihres Hauses mindestens ein Kistchen an.
Sauberkeit ist wichtig. Selbst verzweifelte Katzen sind oft wählerisch, und wenn die Streu nicht sauber ist, weigern sie sich, die Katzentoilette zu benutzen. Machen Sie es sich zur Gewohnheit, die Katzentoilette(n) mindestens einmal am Tag zu säubern.

Wann muß die Katze zum Tierarzt?

Natürlich kann auch der saubersten Katze einmal ein Mißgeschick passieren, doch wenn es häufiger vorkommt, ist sie vermutlich krank.
Wenn sie häufiger und an ungewöhnlichen Plätzen uriniert, kann sie unter einer Blasenentzündung, Diabetes, einer Hormonstörung oder sogar Nierenversagen leiden.
Wenn die Verhaltensänderung bei Ihrer Katze länger als zwei Tage anhält, sollten Sie sie zur Untersuchung zum Tierarzt bringen.

Harnwegsinfektionen

Zwei Wege, ihnen vorzubeugen

Normalerweise finden Sie ein oder zwei feuchte Stellen in der Katzentoilette, doch in letzter Zeit scheint Ihre Katze einen Großteil ihrer Zeit an diesem Ort zu verbringen.
Entzündungen von Harnleiter oder Blase treten nicht nur bei Menschen auf, auch Katzen können sich solche Leiden zuziehen. Bei einer solchen Infektion ist der Harnabsatz erschwert und zudem schmerzhaft.
Tierärzte empfehlen folgende Maßnahmen, um die Infektion unter Kontrolle zu bringen und Rückfälle zu verhindern.

Fruchtsaft. Er ist ein altes Hausmittel, das auch bei Katzen wirkt. Preiselbeer-, Orangen- oder andere Zitrussäfte machen den Urin sauer, was einen Teil der Bakterien absterben läßt.
Das Problem ist nur, eine Katze zum Safttrinken zu bewegen. Stellen Sie probeweise eine Schale Saft hin und warten Sie, was passiert. Sie können aber auch einen Teelöffel voll Saft unter das Futter rühren.
Ein Katzenklo aufstellen. Wenn der Urin zu lange in der Blase bleibt, können sich eventuell darin befindliche Bakterien vermehren und schließlich eine Entzündung verursachen. Geben Sie Ihrer Katze unbedingt die Möglichkeit, sich irgendwo zu erleichtern, während Sie nicht

Wann muß die Katze zum Tierarzt?

Manche Harnwegsinfektionen heilen von selbst, doch es kommt auch vor, daß die Bakterien bis in die Nieren vordringen und dort eine Entzündung hervorrufen.
Anzeichen für eine Nierenentzündung sind häufiges oder erschwertes Urinieren und vielleicht auch Blut im Urin. Manche Katzen bekommen auch Fieber.
Gehen Sie kein Risiko ein, wenn Ihnen etwas Ungewöhnliches auffällt. Der Tierarzt wird Antibiotika verschreiben, die verhindern sollen, daß aus einer kleinen Infektion ein lebensgefährliches Problem wird.
Wenn der Tierarzt Ihnen Antibiotika mitgibt, sollten Sie Ihre Katze immer dann damit behandeln, wenn sie uriniert hat. Auf diese Weise verhindern Sie, daß das Medikament schnell wieder ausgeschieden wird.

zuhause sind. Rechtfertigen Sie sich nicht mit dem Gedanken, „Ach, ich lasse sie in den Garten, wenn ich nach Hause komme". Wenn Ihre Katze daran gewöhnt ist, ihre Geschäfte draußen zu verrichten und aus irgendeinem Grund längere Zeit im Haus bleiben muß, braucht sie ein Katzenklo, auch wenn Sie dadurch zusätzliche Arbeit haben.

Hautpilz

Zehn Methoden, ihn in den Griff zu bekommen

Wenn Ihre Katze plötzlich kahl wird, sollten Sie nicht automatisch annehmen, daß es am Alter liegt. Ganz im Gegenteil – wenn ihr Pelz auf einmal aussieht wie ein Golfplatz mit achtzehn Löchern, leidet sie vermutlich unter einer Pilzerkrankung, die Glatz- oder Scherpilzflechte genannt wird.

An Hautpilz können Katzen jeden Alters erkranken. Es entstehen runde, schuppende und haarlose Stellen am Kopf, den Ohren, den Pfoten und auf dem Rücken. Außerdem kann der Pilz sich in den Krallenbetten einnisten.

Gewöhnlich heilt die Pilzinfektion nach ein bis drei Monaten von selbst, doch bis dahin wird Ihre Katze sehr häßlich aussehen. Außerdem ist die Krankheit ansteckend, und zwar auch für Menschen. Die folgenden Maßnahmen tragen dazu bei, den Pilz schnell zu besiegen.

Befallene Stellen freischneiden. Wenn das Haar um die erkrankten Hautpartien entfernt wird, kann sich der Pilz nur schwer ausbreiten; außerdem sind die Stellen dann leichter zu behandeln.

Abhängig davon, wie schnell das Haar Ihrer Katze wächst, werden Sie alle ein bis zwei Wochen nachschneiden müssen. Sie können dazu eine Schere verwenden, eine elektrische Schermaschine ist jedoch vorzuziehen, weil sie die Verletzungsgefahr verringert.

Die Haare entsorgen. Die Pilze überleben auch auf den abgeschnittenen Haaren. Achten Sie also darauf, sie sorgsam zu entfernen.

Für Sauberkeit sorgen. Um die haarlosen Stellen sauber und keimfrei zu halten, waschen Sie sie täglich mit einer antiseptischen Seife. Ihr Tierarzt kann Ihnen sagen, mit welchem Produkt Sie am besten verhindern, daß aus einer relativ harmlosen Pilzinfektion eine wesentlich gefährlichere bakterielle Infektion wird.

Die Pilze töten. Es gibt eine ganze Reihe von Salben, Cremes und Tinkturen, die gegen Pilze wirken. Lassen Sie sich vom Tierarzt beraten, welche davon für Katzen geeignet sind. Reiben Sie die befallenen Stellen zweimal täglich mit dem Pilzmittel ein.

Vorbeugung. Um die Pilze loszuwerden und ihre Verbreitung zu stoppen, waschen Sie Ihre Tiere mit einem pilztötenden Shampoo. Auch wenn nur eines befallen ist, müssen Sie Ihre anderen Haustiere ebenfalls behandeln. Achten Sie beim Kauf des Shampoos darauf, daß es für Katzen geeignet ist, und lassen Sie den Schaum beim Baden einige Minuten einwirken, bevor Sie ihn wieder abspülen.

Fellpflege. Regelmäßiges Kämmen oder Bürsten kann die Ausbreitung einer Pilzinfektion verhindern, denn es entfernt die Pilzsporen, bevor sie die Haut angreifen.

Um die Katze mit Kamm oder Bürste nicht immer wieder neu zu infizieren, müssen diese nach jeder Benutzung gründlich gereinigt und desinfiziert werden. Lassen Sie die Bürsten ruhig einige Minuten in dem Desinfektionsmittel liegen, bis sie vollkommen durchweicht sind.

Vorsicht, ansteckend! An den meisten Katzenkrankheiten können Menschen sich nicht anstecken, doch die Glatzflechte gehört zu den Ausnahmen. Solange die Behandlung andauert, sollten Sie den Kontakt zu Ihrer Katze auf ein Minimum beschränken und Ihre Hände stets desinfizieren, wenn Sie sie angefaßt haben.

Andere Haustiere schützen. Da die Pilze auch auf andere Tiere übertragen werden, sollten Sie Ihre erkrankte Katze von den anderen absondern, bis die haarlosen Stellen verschwunden sind oder der Tierarzt sie für gesund erklärt.

Häufig staubsaugen. Die Pilze überleben sogar auf abgestoßenen Haaren. Häufiges Staubsaugen verhindert, daß sich Ihre Katze an diesen Haaren immer wieder neu infiziert.

Die Schlafplätze abdecken. Breiten Sie ein altes Laken oder eine Decke über die Lieblingsplätze Ihrer Katze, damit Ihnen keines der ausgefallenen Haare entgeht.

Weichen Sie die Decke alle ein bis zwei Tage in einer Desinfektionslösung ein und stecken Sie sie danach in die Waschmaschine.

Wann muß die Katze zum Tierarzt?

In der Regel äußert sich eine Pilzerkrankung nur in einem oder zwei kahlen Flecken, doch manchmal breitet sich die Infektion über den ganzen Körper aus und hinterläßt große, nässende Hautpartien.

In diesem Fall muß die Katze sofort zum Tierarzt. Er wird vermutlich Griseofulvin verschreiben, ein Pilzmittel zum Eingeben, das den Pilzbefall von innen bekämpft.

Griseofulvin tötet jedoch nicht nur die Pilze ab. Es dringt auch in die nachwachsenden Haare ein und beugt damit einer erneuten Infektion vor.

Hautschäden durch Belecken

Zehn Methoden, die gereizte Haut zu beruhigen

Am Morgen entdecken Sie bei Ihrer Katze eine etwa pfenniggroße kahle Stelle am Schwanzansatz. Mittags ist sie dann schon so groß wie ein Markstück und hat am selben Abend schon die Größe eines Fünfmarkstücks. Sie haben Angst, daß Ihre Katze bald vollkommen wund und kahl sein wird. Was ist mit ihr los?
Wahrscheinlich hat sie sich wundgeleckt. Meistens beginnt es mit etwas, das die Haut reizt, wie zum Beispiel einem Flohbiß, den die Katze ausgiebig beleckt, was den Juckreiz noch verstärkt.
So entsteht ein Teufelskreis, denn je stärker der Juckreiz, desto mehr wird die Katze die Stelle kratzen oder lecken.
Die folgenden Tips sollen helfen, den Teufelskreis zu unterbrechen.

Beginnen Sie mit einem Haarschnitt. Da die wunden Stellen behandelt werden müssen, sollten Sie zunächst die sie umgebenden Haare wegschneiden.
Wenn die Wundstelle schon zu schmerzhaft ist und die Katze die Berührung nicht duldet, schieben Sie den Haarschnitt erst einmal auf.
Die Wunde gründlich reinigen. Wenn die wundgeleckte Stelle nicht übermäßig schmerzt, waschen Sie sie mit einer pH-neutralen, unparfümierten Seife ab.
Lindernde Umschläge. Um die Schmerzen zu lindern und gleichzeitig die Stelle sauberzuhalten, legen Sie mehrmals am Tag eine feuchte Kompresse auf. Sie weicht eventuelle Verklebungen auf.
Tauchen Sie ein sauberes, weiches Tuch in kaltes Wasser. Wringen Sie es gut aus und legen Sie es 10 bis 15 Minuten auf die wunde Stelle.
Ein stärkeres Gebräu. Um die Heilung zu beschleunigen, können Sie die Wundstellen mit schwarzem oder grünem Tee abwaschen. Tee enthält Tannin, das die Wunde austrocknet. Lassen Sie den Tee vor der Anwendung aber unbedingt auf Körpertemperatur abkühlen.
Burowsche Lösung. Eine andere Möglichkeit, die nässenden Stellen abzutrocknen, ist das Auftragen von stark verdünnter Burowscher Lösung dreimal täglich. Burowsche Lösung bekommen Sie in der Apo-

Wann muß die Katze zum Tierarzt?

Das Schlimmste an wundgeleckten Stellen ist nicht ihre Schmerzhaftigkeit, sondern die Geschwindigkeit, mit der sie sich ausbreiten. Es kommt gar nicht selten vor, daß diese warmen, geschwollenen Stellen, aus denen übelriechender Eiter sickert, ihre Größe in wenigen Stunden verdoppeln oder sogar verdreifachen.
Manchmal verschwinden die Wunden von selbst wieder, es kann aber auch zu gefährlichen bakteriellen Infektionen kommen.
Wenn sich die Wunde im Laufe von 24 Stunden nicht deutlich gebessert hat, sollten Sie Ihre Katze zum Tierarzt bringen, der dann mit Antibiotika gegen die Infektion vorgehen wird.

theke. Sie können sie entweder als Kompresse anwenden oder sie in eine Sprühflasche geben und aufsprühen.

Die Entzündung hemmen. Um Schwellung und Schmerzen zu verringern, können Sie eine Hydrokortisonsalbe dünn auftragen.
Hydrokortisonsalbe bekommen Sie in der Apotheke. Achten Sie darauf, daß es die einprozentige ist, und tragen Sie sie zweimal täglich auf. Die Salbe wird zwar schnell von der Haut aufgenommen, doch Sie sollten Ihre Katze nach der Behandlung eine Zeitlang ablenken, damit die Salbe wirken kann, bevor sie sie wieder ableckt. (Wenn sie sie später ableckt, ist das nicht schlimm; die Salbe schadet der Katze nicht.)

Vitamin E äußerlich angewandt. Vitamin E-Kapseln aus der Apotheke eignen sich hervorragend zur Beruhigung der gereizten Hautpartien. Öffnen Sie einfach eine der Kapseln und streichen Sie das Gel ein- oder zweimal am Tag auf die Wunden.

Die pflanzliche Lösung. Auch der Saft der Aloe Vera-Pflanze lindert die Schmerzen und beschleunigt die Heilung.

Zwangsmaßnahmen. Wenn Ihre Katze nicht aufhört, die wunde Haut zu belecken, müssen Sie ihr eine Halskrause aus Plastik anlegen, die es ihr unmöglich macht, die verletzten Stellen zu erreichen.

Die Flöhe vernichten. In der Regel wird das Wundlecken durch Flohbefall ausgelöst. Sprühen oder pudern Sie Ihre Katze mit einem speziell für Katzen entwickelten Flohbekämpfungsmittel ein, damit es nicht zu weiteren Verletzungen kommt.

Mögliche Ursache: Eine Allergie. Manchmal wird das selbstzerstörerische Lecken auch durch eine Futterallergie ausgelöst. In diesen seltenen Fällen dauert es rund einen Monat, bis sich der Zustand nach einer Umstellung des Futters bessert.

Herzkrankheiten

Sechs Tips zu einem gesunden Leben

Katzen bekommen keine verkalkten Arterien – egal, wieviel fette Speisen sie verzehren.
Trotzdem können sie Herzkrankheiten bekommen, zum Beispiel Herzklappenschäden, die die Leistungsfähigkeit des Herzens mindern. Herzkrankheiten müssen natürlich vom Tierarzt behandelt werden, doch es gibt auch einiges, das Sie tun können, um Ihrer kranken Katze das Leben leichter zu machen.

Die Verdauung entlasten. Eine große Mahlzeit am Tag belastet den Körper stärker als mehrere kleine. Verteilen Sie die Tagesration auf zwei bis drei Fütterungen – das bekommt nicht nur dem Magen besser, sondern auch dem Herzen.
Mit Fischölen gegen Herzinfarkt. Untersuchungen haben ergeben, daß die Verfütterung von Omega-3-Fettsäuren an Tiere den Blutdruck senkt und das Risiko von Blutgerinnseln, die schließlich zum Herzinfarkt führen, verringert.
Es ist zwar ein teurer Spaß, aber wenn Sie Ihrer Katze mehrmals in der Woche Fisch wie Hering, Makrele, Lachs oder Thunfisch – frisch oder aus der Dose – füttern, ist sie ausreichend mit Omega-3-Fettsäuren ver-

Wann muß die Katze zum Tierarzt?

Bei Katzen kommt es nicht so häufig zu Herzinfarkten wie beim Menschen, doch auch bei ihnen muß jedes Herzproblem so schnell wie möglich behandelt werden.
Anzeichen für ein Herzleiden sind Atemnot, Husten, Anschwellen des Bauchraums und eine bläuliche Verfärbung an der Innenseite der Lippen, die auf Sauerstoffmangel hinweist.
Auch das Tempo, in dem das Herz schlägt, verrät viel. Zum Pulsfühlen legen Sie Ihre Hand direkt hinter dem linken Ellenbogen auf den Brustkorb. Zählen Sie die Herzschläge 15 Sekunden lang mit und multiplizieren Sie das Ergebnis mit vier.
Das Herz einer Katze schlägt gewöhnlich rund 120 mal pro Minute. Ein schnellerer, langsamerer oder unregelmäßiger Puls ist ein Warnsignal, das Sie nicht auf die leichte Schulter nehmen dürfen.

Herzkrankheiten einfach wegbürsten

Es heißt, daß der Weg ins Herz einer Katze über ihren Magen führt. Im Falle einer Herzkrankheit kann es jedoch sein, daß ihre Zähne für eine gefährliche Abkürzung gesorgt haben.
Schlechte Zähne gehen oft mit einer Herzkrankheit einher. Bakterien dringen ins Zahnfleisch ein, geraten von dort in den Blutkreislauf und siedeln sich mit Vorliebe an den Herzklappen an. Nach spätestens fünf bis sechs Jahren kommt es dort zur Bildung von Narbengewebe.
Die einzige Möglichkeit, diesem verhängnisvollen Kreislauf vorzubeugen, ist regelmäßiges Zähneputzen. Geben Sie Ihrer Katze zusätzlich Trockenfutter, denn es wirkt ebenfalls reinigend auf die Zähne.

sorgt. Eine einfachere Lösung ist die Verabreichung von Fettsäurekapseln, die Sie in der Apotheke bekommen. Fragen Sie aber vorher Ihren Tierarzt, zu welchem Produkt er Ihnen rät.

Übergewicht vermeiden. Übergewicht belastet das Herz ungemein und ist natürlich auch für Knochen und Gelenke nicht gerade gesund. Ihre Katze sollte so schlank sein, daß Sie die Rippen fühlen, wenn Sie ihr über die Seiten streicheln. Wenn dort nur Fett zu fühlen ist, sollten Sie sich vom Tierarzt einen Diätplan aufstellen lassen.

Salzarm füttern. Gesunde Katzen vertragen normale Salzmengen im Futter, doch bei herzkranken Katzen ist Vorsicht geboten.
Die meisten Katzenfutter enthalten zwar relativ wenig Salz, doch das kann für eine herzkranke Katze immer noch zu viel sein. Wechseln Sie vorsichtshalber zu einem besonders salzarmen Diätfutter.

Für Bewegung sorgen. Die regelmäßige Bewegung hält Herz und Lunge in Form. Wenn Ihre Katze allerdings schon herzkrank ist, sollten Sie den Tierarzt fragen, wieviel sie noch herumtollen darf.

Vitamine beugen vor. Untersuchungen haben ergeben, daß eine tägliche Gabe von Vitamin C, E oder Beta-Karotin dazu beiträgt, gefährliche Sauerstoffmoleküle in den Zellen unschädlich zu machen, die andernfalls das Herz schädigen würden. Die Vitamine, die auch als Antioxydantien bekannt sind, verlangsamen das Fortschreiten des Herzschadens. Fragen Sie Ihren Tierarzt nach der richtigen Dosierung.

Husten

Sechs Strategien, ihn zu stoppen

Menschen husten, um Staubpartikel, Bakterien, Haare und all die anderen Dinge loszuwerden, die tagein tagaus in Rachen und Luftröhre eindringen.

Wenn Ihre Katze hustet, sollten Sie es jedoch nicht auf die leichte Schulter nehmen. Einen einmaligen Huster können Sie ignorieren, doch wenn sie mehrmals am Tag hustet, ist sie vermutlich krank. Am ersten Tag können Sie versuchen, den Husten selbst in den Griff zu bekommen, doch wenn das nicht funktioniert, muß die Katze zum Tierarzt.

Schutz vor Reizstoffen. Auch Katzen werden durch Pollen, Staub und die Dämpfe, die von Reinigungsmitteln aufsteigen, zum Husten gereizt. Bringen Sie Ihre Katze versuchsweise in ein anderes Zimmer, wenn Sie staubsaugen oder -wischen. Wenn Sie starke Reinigungsmittel verwenden müssen, öffnen Sie die Fenster. Halten Sie Ihre Katze in den Sommermonaten frühmorgens und spätnachmittags im Haus, damit sie weitgehend vor herumfliegenden Pollen geschützt ist.

Nehmen Sie Rücksicht. Sie wissen längst, daß das Rauchen Ihnen schadet, doch für Ihre Katze kann es noch gefährlicher sein als für Sie, weil die schweren Bestandteile des Rauchs zu ihr nach unten sinken.

Die Luft befeuchten. Trockene Luft trocknet die Schleimhäute in Mund und Nase aus, was zum Husten reizt. Nehmen Sie Ihre Katze mit ins Badezimmer, wenn Sie baden oder duschen. Ein Luftbefeuchter oder Vernebler hilft, die Luft in den anderen Räumen feuchter zu halten.

Hustensaft. Geben Sie Ihrer Katze auf keinen Fall Ihren eigenen Hustensaft, weil viele der Präparate Substanzen enthalten, die Katzen nicht vertragen. Wenn Sie Ihrer Katze einen vom Tierarzt verschriebe-

Wann muß die Katze zum Tierarzt?

Wenn Katzen husten, ist dies gewöhnlich ein Anzeichen für eine ernste Krankheit wie Lungenentzündung, Asthma, Bronchitis oder sogar einen Herzanfall. Wenn Ihre Katze häufiger hustet, muß sie unbedingt zum Tierarzt.

nen Saft eingeben müssen, halten Sie ihr den Kopf hoch und geben Sie den Saft mit einem Löffel ins geöffnete Maul.

Gewichtskontrolle. Bei älteren Tieren, die chronisch husten, scheint das Gewicht eine bedeutende Rolle zu spielen. Wenn es Ihnen gelingt, das Übergewicht Ihrer Katze zu reduzieren, werden zukünftig viele Huster ausbleiben.

Für Ruhe sorgen. Streßsituationen können Hustenanfälle auslösen. Deshalb sollten Sie dafür sorgen, daß Ihre kranke Katze möglichst wenig gestört wird und viel Zuwendung von Ihnen bekommt.

Insektenstiche

Vier Methoden, den Schmerz zu lindern

Vor Mücken und anderen Blutsaugern sind Katzen durch ihr dichtes Fell recht gut geschützt, doch die Stacheln von Wespen, Hornissen oder Bienen können auch den dicksten Pelz durchdringen.
Stiche am Körper sind in der Regel ungefährlich, können aber sehr wehtun. Es gibt verschiedene Methoden, den Schmerz zu lindern.

Den Stachel entfernen. Wenn Ihre Katze von einer Biene gestochen wurde, können Sie davon ausgehen, daß der Stachel noch in der Haut sitzt. Scheiteln Sie vorsichtig das Haar und ziehen Sie ihn mit den Fingern oder einer Pinzette heraus.
Wenn er an einer leicht zugänglichen Stelle sitzt, ist es noch besser, wenn Sie ihn mit dem Fingernagel oder der Kante einer Kreditkarte herausschieben. So vermeiden Sie, zusätzliches Gift in die Einstichstelle zu drücken.
Essig zur Linderung. Drücken Sie einen mit Essig getränkten Wattebausch auf die Einstichstelle.
Pflanzliche Hilfe. Eine dünne Schicht Aloe Vera-Gel lindert den Schmerz und fördert die Heilung. Wenn Sie keine Aloe Vera-Pflanze besitzen, können Sie das Gel in der Apotheke kaufen.

Wann muß die Katze zum Tierarzt?

Normalerweise sind Insektenstiche nur schmerzhaft und lästig, doch in seltenen Fällen können sie tödlich enden.
Katzen erkunden ihre Welt mit der Nase und werden deshalb oft ins Gesicht oder ins Maul gestochen. Wenn Nase oder Rachen daraufhin anschwellen, kann die Katze ersticken.
Achten Sie sorgfältig darauf, ob sich die Schwellung in Grenzen hält oder gefährliche Ausmaße annimmt. Wenn Ihre Katze beispielsweise um 14 Uhr gestochen wurde und um 14.30 Uhr eine leicht geschwollene Lippe hat, besteht keine Gefahr. Wird sie aber um 14 Uhr gestochen und hat schon um 14.05 Uhr eine enorme Schwellung, reagiert sie sehr stark und sollte sofort zum Tierarzt gebracht werden.

Für Kühlung sorgen. Eine kalte Kompresse verringert das Anschwellen der Einstichstelle. Geben Sie einige Eiswürfel in einen Waschlappen und drücken Sie ihn mindestens fünf Minuten lang auf den Stich. Das Eis macht die Haut unempfindlicher und dämpft dadurch den Schmerz.

Katzenkämpfe

Elf Methoden, die Kampfhandlungen zu unterbrechen

Ist Ihre Katze jede Nacht auf dem Kriegspfad und kommt morgens gerupft und zerschunden nach Hause?
Ein Kampf zwischen zwei Katzen sieht gefährlich aus – das ist er auch.
Leider sind Katzen, und vor allem Kater, die geborenen Kämpfer.
Es gibt jedoch Wege, einen Kampf zu beenden, bevor eines der Tiere ernsthaft verletzt wird.

Hände weg. Kämpfenden Katzen ist es egal, wen sie erwischen. Viele Katzenhalter sind schon böse zerkratzt worden, als sie versuchten, ihre Katze zu retten.
Wenn Sie eingreifen müssen, werfen Sie eine schwere Decke über die Kampfhähne. Sie schützt Ihre Hände, wenn Sie nach Ihrer Katze greifen.
Den Kampf verbieten. Wenn Sie merken, daß ein Kampf bevorsteht, unterbrechen Sie schon das Vorgeplänkel mit dem tiefsten, lautesten „Nein", zu dem Sie fähig sind.
Katzen empfinden eine tiefe Stimme als drohendes Knurren und nehmen es eher ernst als ein helleres Kommando.
Sorgen Sie für Abkühlung. Wenn der Katzenkrieg zufällig in Reichweite eines Gartenschlauchs stattfindet, können Sie ihn benutzen, um die Kampfhandlungen augenblicklich zu beenden. Alternativ können Sie auch einen Eimer Wasser über die Tiere schütten.
Harmlose Streitereien erkennen. Wenn sich zwei Katzen begegnen, werden sie vielfach fauchen, knurren, einen Buckel machen oder einander einen schnellen Hieb versetzen. In den meisten Fällen ist dies nur ihre Art, sich miteinander bekannt zu machen, und der vermeintliche Kampf endet schon nach ein oder zwei Minuten.
Planen Sie Zusammenkünfte im voraus. Wenn Sie zwei (oder mehr) Katzen miteinander bekannt machen wollen, nutzen Sie dazu eine Tageszeit, zu der die Tiere gewöhnlich besonders schläfrig sind – zum Beispiel direkt nach dem Füttern.
Früh kastrieren lassen. Kastrierte Kater verlieren viel von ihrer Kampfeslust, und auch bei Katzen verschwindet ein Teil des aggressiven Verhaltens. Die besten Erfolge erzielen Sie, wenn Sie den Eingriff vornehmen lassen, bevor die Tiere sechs Monate alt sind.

Für räumliche Trennung sorgen. Wenn Sie eine neue Katze ins Haus bringen, wird es zwischen ihr und der alten unweigerlich zu Spannungen kommen.

Um Kämpfe auf ein Minimum zu reduzieren, sollten Sie für die neue Katze eine zweite Katzentoilette aufstellen und sie auch in einem separaten Raum füttern.

Einen Fluchtweg offenhalten. Wenn Sie Ihre Katzen zum ersten Mal zusammenlassen, sorgen Sie für einen Fluchtweg. Fühlt sich keines der Tiere gefangen, wird es vielleicht nicht zum Kampf kommen.

Den Geruchssinn nutzen. Bevor Sie zwei Katzen zusammenlassen, können Sie versuchen, sie zunächst über den Geruchsinn miteinander bekannt zu machen. Legen Sie eine Decke oder ein Spielzeug der einen in den Bereich der anderen und umgekehrt. Wenn die beiden sich dann schließlich begegnen, werden sie sich vorkommen wie alte Bekannte.

Nehmen Sie zwei. Wenn Sie sich zwei Katzen anschaffen wollen, holen Sie beide gleichzeitig ab – am besten sind Wurfgeschwister. Zwischen Katzen, die zusammen aufgewachsen sind, kommt es gewöhnlich nicht zu Kämpfen.

Halten Sie sie im Haus. Wenn Sie Ihre Katze lieben, halten Sie sie im Haus. So ersparen Sie ihr nicht nur Kämpfe, sondern verlängern auch ihr Leben. Die durchschnittliche Lebenserwartung einer „Draußenkatze" beträgt ein bis zwei Jahre, die einer Hauskatze 12 bis 14 Jahre.

Katzenschnupfen

Acht Wege, das Leiden zu lindern

Sie werden Ihre verschnupfte Katze sicher nicht dabei erwischen, wie sie Grippetabletten frißt oder mit einem Thermometer im Mund im Bett liegt, doch selbst die robusteste Katze kann sich eine Infektion der oberen Atemwege einfangen, die als Katzenschnupfen bekannt ist.
Genau wie die gewöhnliche Erkältung des Menschen wird auch der Katzenschnupfen durch Viren ausgelöst und macht sich mit tränenden Augen, einer laufenden Nase und Niesattacken bemerkbar. Erwachsene Katzen überwinden diese hochansteckende Krankheit gewöhnlich innerhalb von einer Woche bis zehn Tagen. Die hier aufgeführten Maßnahmen sollen ihnen helfen, diese sieben bis zehn Tage besser zu überstehen.

Gutes Futter. Kranke Katzen haben keinen Appetit; Sie müssen also alles mögliche versuchen, um sie zum Fressen zu überreden. Gutes Futter stärkt das Immunsystem und hilft der Katze, die Erreger zu bekämpfen.
Vielleicht können Sie den Appetit Ihrer Katze mit einer warmen Mahlzeit anregen. Verrühren Sie das Katzenfutter mit warmem Wasser zu einem Brei oder stellen Sie es kurz in die Mikrowelle.
Wohlriechende Versuchung. Wahrscheinlich leidet Ihre Katze unter einer verstopften Nase – wählen Sie also Futtermittel aus, die besonders stark und verführerisch duften. Eine Möglichkeit ist Thunfisch aus der Dose, den Sie entweder allein verfüttern oder unter das Futter mischen können.

Wann muß die Katze zum Tierarzt?

Manche Katzen schütteln Katzenschnupfen ab wie gesunde Menschen eine Erkältung. Es kommt aber auch vor, daß die Erreger länger ihr Unwesen treiben und die Krankheit einen schweren Verlauf nimmt.
In schweren Fällen können sich Komplikationen wie Lungenentzündung, Blutarmut und Austrocknung einstellen. Junge Katzen sind besonders gefährdet. Wenn Ihre Katze also sehr krank zu sein scheint oder die Absonderungen aus Nase oder Augen sehr dickflüssig oder verfärbt sind, sollten Sie sofort Ihren Tierarzt anrufen.

Katzen fressen auch gern eiweißreiche Nahrungsmittel wie Hüttenkäse, Rührei und Huhn. Sie können zum Beispiel ein Hähnchenbrustfilet kochen und dann sehr klein schneiden. Die Chancen, daß Ihre kranke Katze davon frißt, stehen recht gut.

Überredungskünste. Wenn Ihre Katze über allem, was Sie ihr anbieten, die Nase rümpft, streichen Sie ihr etwas Futter auf die Nase oder die Pfoten. Sie wird es ablecken und kommt dadurch vielleicht auf den Geschmack.

Versuchen Sie es mit Suppe. Wenn Ihre Katze gar nichts fressen will, zerkleinern Sie ihr Fressen in der Küchenmaschine und bieten Sie es ihr in flüssiger Form an. Selbst Katzen, die eigentlich keinen Appetit haben, lassen sich manchmal durch eine leckere und nahrhafte Suppe überzeugen.

Die Nase putzen. Bei verschnupften Katzen sind Nase und Augen oft stark von Schleim verklebt. Um die Atmung zu erleichtern und das Wohlbefinden zu steigern, sollten Sie die Krusten regelmäßig entfernen.

Zum Eingeben von Nasentropfen kippen Sie mit einer Hand den Kopf der Katze nach hinten und halten die Pipette in der anderen Hand.

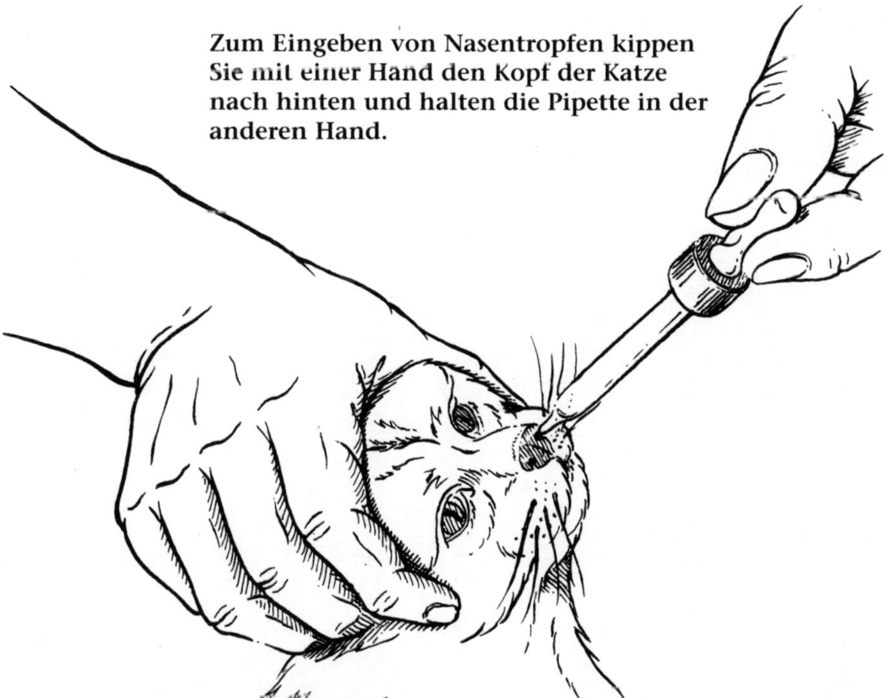

Wischen Sie das Sekret mit einem feuchten Waschlappen oder einem Wattebausch ab. Sie können aber auch feuchte Babypflegetücher verwenden, die gewöhnlich pflegende Substanzen wie Lanolin oder Aloe Vera enthalten.

Nasentropfen. Wenn Ihre Katze Schwierigkeiten beim Atmen hat, fragen Sie Ihren Tierarzt nach Nasentropfen, die den Schleim verdünnen und die Nase wieder frei machen.

Nehmen Sie die Pipette in eine Hand und heben Sie mit der anderen den Kopf der Katze an. Geben Sie einen oder zwei Tropfen in jedes Nasenloch und halten Sie den Kopf noch eine Minute lang hoch, damit die Tropfen wirken können. Wiederholen Sie die Behandlung mindestens zweimal am Tag.

Augentropfen. Sie können Ihren Tierarzt auch um Augentropfen bitten, die die geröteten und tränenden Augen Ihrer Katze beruhigen. Geben Sie drei- bis fünfmal am Tag einen oder zwei Tropfen in jedes Auge.

Luftfeuchtigkeit erhöhen. Der Einsatz eines Luftbefeuchters hilft, den zähen Schleim zu lösen, und erleichtert damit die Atmung. Eine andere Möglichkeit ist es, die Katze mit ins Badezimmer zu nehmen, wenn Sie baden oder duschen.

Schutzimpfungen. Auch wenn die Impfung gegen Katzenschnupfen keinen hundertprozentigen Schutz bietet, verringert sie die Wahrscheinlichkeit einer Erkrankung doch enorm. Und wenn eine geimpfte Katze erkrankt, verläuft die Infektion weitaus harmloser als bei nicht geimpften Tieren.

Kletterprobleme

Elf Wege, eine Katze vom Baum zu holen

Katzen klettern gern auf Bäume, sei es, um Vögeln nachzustellen, sich vor einem Hund in Sicherheit zu bringen oder einfach nur zum Spaß. Aufwärts können alle Katzen gut klettern, doch das Hinuntersteigen fällt einigen von ihnen deutlich schwerer. Manchmal wagen sie den Abstieg nicht, weil sie Angst vor einem Sturz haben oder weil ihnen das, was sie unten erwartet, nicht geheuer ist – zum Beispiel Sie und Ihre zwanzig Freunde, die unter dem Baum stehen und aus Leibeskräften „Komm, Miez, komm!“ rufen.
Eine Katze, die lange Zeit auf einem Baum festsitzt, kann austrocknen. Manchmal rutschen Katzen auch ab, stürzen und verletzen sich dabei schwer.
Die folgenden Maßnahmen sollen helfen, Ihre Katze wieder sicher auf den Boden zu bekommen oder von vornherein zu verhindern, daß sie zu hoch steigt.

Nicht im Weg stehen. Wenn Ihre Katze auf einem Baum sitzt, bedeutet das noch lange nicht, daß sie Ihre Hilfe braucht. Wahrscheinlich wird sie es sogar vorziehen, wenn Sie weggehen und sie ihre Entscheidung selbst treffen lassen.
Geben Sie ihr Zeit. Natürlich kommt es vor, daß Katzen tatsächlich auf einem Baum festsitzen, aber Sie sollten zunächst davon ausgehen, daß Ihre Katze einfach noch nicht bereit ist, vom Baum zu steigen. Die meisten Katzen sind durchaus in der Lage, den Rückweg allein zu finden.
Geben Sie ihr ruhig den ganzen Tag Zeit dazu. Nur wenn sie verletzt ist oder Halsband und Leine trägt, an denen sie sich aufhängen könnte, sollten Sie früher eingreifen.
Mit Futter locken. Auf einem Baum zu sitzen, macht hungrig. Stellen Sie das Lieblingsfutter Ihrer Katze so auf, daß sie es sehen und riechen kann. Wenn Sie Glück haben, kommt sie dann wie der Blitz von ihrem Baum.
Rettungsaktion. Wenn Ihre Katze zu verängstigt (oder verletzt) ist, müssen Sie selbst auf den Baum klettern und sie holen.
Ist der Baum kein guter „Kletterbaum“, brauchen Sie eine Leiter. Eine Teleskopleiter steht sicherer als eine Trittleiter.

Schutzkleidung. Eine Katze, die auf einem Baum festsitzt, hat Angst, und bei dem Versuch, eine Katze zu retten, sind schon viele Leute böse zerkratzt worden. Ziehen Sie stabile Arbeitshandschuhe und eine dicke Jacke an, damit Ihnen nicht dasselbe passiert.

Das Nackenfell packen. Wenn Sie eine verängstigte Katze packen wollen, greifen Sie am besten ins Nackenfell. Diese Stelle benutzt auch eine Katzenmutter, wenn sie ihre Jungen trägt, und die meisten Katzen wehren sich nicht mehr, wenn Ihr Griff sitzt.

Gezielt zugreifen. Sie müssen Ihre Katze unbedingt beim ersten Versuch erwischen, denn wenn das nicht klappt, wird sie garantiert noch höher steigen.

Die Kavallerie rufen. Wenn Ihre Katze schon mehr als einen Tag auf dem Baum sitzt und Sie nicht zu ihr hochsteigen können, müssen Profis ans Werk. Rufen Sie die Feuerwehr an oder bitten Sie beim örtlichen Tierschutzverein um Hilfe.

Eine Treppe bauen. Sitzt Ihre Katze immer wieder auf demselben Baum fest? Nageln Sie ein paar kurze Holzlatten an den Stamm, an denen sie sicheren Halt findet, und das Problem ist gelöst.

Die Katze fernhalten. Wenn Ihrer Katze das Mißgeschick immer wieder am selben Baum passiert, zäunen Sie ihn mit Maschendraht ein. Die Umzäunung muß so hoch sein, daß die Katze sie nicht mit einem Sprung überwinden kann.

Den Abstieg trainieren. Ob Sie es glauben oder nicht – Sie können einer Katze tatsächlich beibringen, wie man vom einem Baum steigt.

1. Anfangs setzen Sie sie auf einen Ast in etwa einem Meter Höhe. Von ihm wird sie mühelos herunterspringen. Dann steigern Sie die Höhe auf etwa drei Meter. Sie wird wahrscheinlich zögern, dann aber doch den Abstieg wagen.
2. Setzen Sie sie von einer Leiter aus täglich ein Stück höher, bis Sie eine Höhe erreicht haben, die Ihre Katze eindeutig nervös macht.
3. Wenn sie sich nicht mehr bewegen will, nehmen Sie sie auf und setzen sie weiter unten wieder ab – am besten an der letzten Stelle, von der sie allein hinuntergeklettert ist. Lassen Sie sie die Übung mehrmals wiederholen, denn das stärkt ihr Selbstvertrauen. Dann setzen Sie sie wieder weiter oben ab. Irgendwann wird sie auch aus dieser Höhe mühelos herunterklettern können.

Wahrscheinlich werden Sie die Übung im Laufe von mehreren Wochen öfters wiederholen müssen, bis Ihre Katze die Technik des Abwärtskletterns sicher beherrscht.

Krallenprobleme

Neun Tips zur Krallenpflege

Klick, klick, klick – ist das das Geräusch, das Ihre Katze macht, wenn sie über den Küchenfußboden läuft? Oder ist das ratsch, ratsch, ratsch an Ihren Vorhängen das einzige, was Sie von ihr hören?
Viele Katzenbesitzer merken gar nicht, wie lang die Krallen ihrer Katze geworden sind. Doch spätestens, wenn sie damit beim Gehen im Teppich hängenbleibt, sind sie eindeutig zu lang.
Freilaufende Katzen nutzen ihre Krallen auf natürlichem Wege ab, doch bei Hauskatzen ist diese Abnutzung nicht gegeben, so daß sie bei ihnen leichter einreißen, ausreißen oder sogar einwachsen wie Fußnägel. Außerdem können sich Infektionen einstellen, und auch Fehler bei der Krallenpflege sind für die Katze sehr schmerzhaft.
Tierärzte empfehlen folgende Maßnahmen, um die Krallen in Topform zu halten:

Häufig schneiden. Die Krallen einer Hauskatze sollten einmal im Monat gekürzt werden; bei einer Katze, die Auslauf im Freien hat, reichen Intervalle von sechs bis acht Wochen.
Mit leichtem Druck arbeiten. Üben Sie während des Krallenschneidens leichten Druck auf die jeweilige Zehe aus. Das verhindert, daß die Katze ihre Kralle im falschen Moment einzieht und Sie sie versehentlich verletzen.

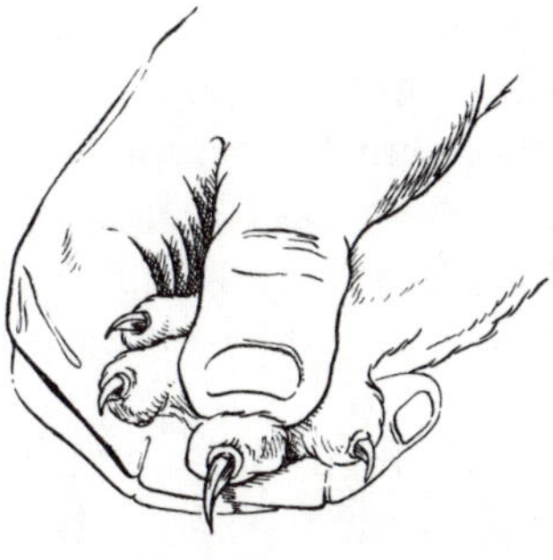

Sanfter Druck auf die Zehe läßt die Kralle hervortreten.

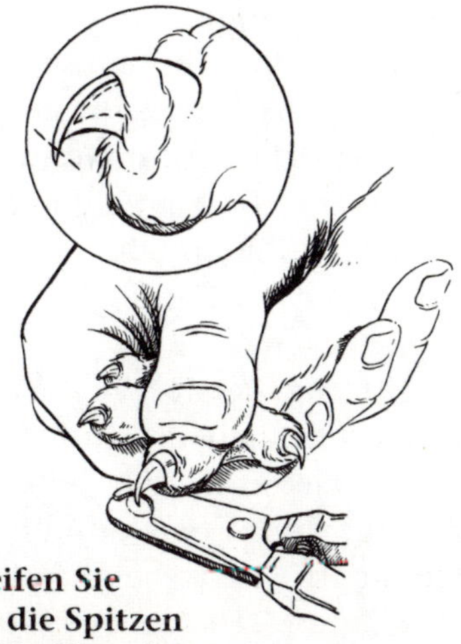

Kneifen Sie nur die Spitzen der Krallen ab.

Wann muß die Katze zum Tierarzt?

Die meisten Krallenprobleme sind harmlos und können zuhause behandelt werden, doch manchmal reicht das Problem tiefer – bis in die Pfote oder sogar den Knochen.

Wie Menschen leiden auch Katzen gelegentlich unter eingewachsenen Zehennägeln – nur daß sich bei der Katze die scharfe Krallenspitze ins Fleisch bohrt. Es kommt auch vor, daß eine Kralle irgendwo hängenbleibt und losgerissen wird. In beiden Fällen muß die Kralle operativ entfernt werden. Wenn die Blutung an einer verletzten Kralle nicht innerhalb von zehn Minuten aufhört, bandagieren Sie die Pfote und rufen Sie den Tierarzt an. Krallenverletzungen bluten meistens stark.

Nicht alle Krallenprobleme werden durch Unfälle hervorgerufen. Bakterielle Infektionen und auch innere Erkrankungen können dazu führen, daß einzelne Krallen verkrümmt wachsen.

Wenn die Kralle normal aussieht, die dazugehörige Nagelhaut aber geschwollen ist, handelt es sich um eine Infektion, die vom Tierarzt behandelt werden muß.

Früh genug anfangen. Üben Sie schon mit einer kleinen Katze, daß sie zum Krallenschneiden stillhalten muß.

Überfallen Sie Ihre Katze nicht damit. Gewöhnen Sie sie zunächst daran, daß Sie ihre Pfoten anfassen. Erst wenn sie das nicht mehr beunruhigt, können Sie anfangen, mit der Krallenzange zu arbeiten.

Vorsichtig arbeiten. Um sicherzugehen, daß Sie nicht ins „Leben", also den durchbluteten und schmerzempfindlichen Teil der Kralle, schneiden, sollten Sie immer im Hinterkopf behalten, daß Sie die Krallen nicht kürzen, sondern nur die Spitzen abstumpfen wollen.

Nicht alles auf einmal. Wenn Ihre Katze die Prozedur nur ungern über sich ergehen läßt, schneiden Sie nur eine Kralle am Tag. Viele Leute glauben, sie müßten alles auf einmal machen, obwohl es viel sinnvoller ist, einmal am Tag gewissermaßen im Vorbeigehen eine Krallenspitze abzuzwicken.

Der Griff zum Rasierzeug. Wenn Sie versehentlich zu viel von einer Kralle entfernt haben, können Sie die Blutung mit einem Alaunstift betupfen, wie er auch bei kleinen Verletzungen durch das Rasiermesser verwendet wird. Das Alaun brennt einen Moment lang in der Wunde; halten Sie Ihre Katze beim Auftragen also gut fest.

Eine andere Methode. Die Blutung aus einer Kralle kommt auch zum Stillstand, wenn Sie sie in Mehl tauchen und es in die Wunde drücken.

Schutz für verletzte Krallen. Wenn sich Ihre Katze eine Kralle ausgerissen oder verletzt hat, müssen Sie die Wunde reinigen, damit sie sich nicht entzündet.
Waschen Sie die Wunde gründlich mit Wasser und Seife, trocknen Sie sie vorsichtig ab und tupfen dann etwas antibiotische Salbe auf.
Bandagieren. Um die Verletzung sauber zu halten, legen Sie einen Gazetupfer um die Pfote und streifen eine Kleinkindersocke darüber. Der Verband muß täglich gewechselt werden.

Zerkratzen von Möbeln

Ihr Sofa sieht aus, als käme es direkt vom Sperrmüll? Ihre antike Kirschholzkommode ist mit hieroglyphenähnlichen Kratzspuren übersät? Sie lieben Ihre Katze, aber wenn sie so weitermacht, könnte sich dies bald ändern?
In Amerika begegnen viele Katzenhalter diesem Problem durch die operative Entfernung der Krallen, doch das ist eine unverantwortliche Tierquälerei. Versuchen Sie stattdessen lieber, Ihre Katze umzuerziehen.
Geben Sie ihr einen Kratzbaum. Katzen können der groben Sisalschnur nicht widerstehen, und das bedeutet, daß ein Kratzbaum die Rettung für Ihre Möbel sein könnte. Für welche Ausführung Sie sich auch entscheiden, werfen Sie ihn auf keinen Fall weg, wenn er anfängt, gerupft auszusehen. Das bedeutet nämlich nur, daß die Katze ihn tatsächlich benutzt und daß er jetzt ihren Geruch angenommen hat.
Achten Sie darauf, daß der Kratzbaum hoch genug ist, damit sich die Katze daran aufrichten kann. Außerdem muß er absolut sicher stehen – wenn er wackelt, wird die Katze ihn nicht benutzen.
Stellen Sie den Kratzbaum an die gefährdetste Stelle, zum Beispiel direkt neben das Sofa oder wo immer Ihre Katze bisher gekratzt hat. Wenn sie anfängt, den Kratzbaum zu benutzen, können Sie ihn zentimeterweise entfernen, bis er schließlich dort steht, wo Sie ihn haben wollen.
Die Duftmarken vernichten. Katzen kratzen unter anderem, um ihr Revier mit einer Duftmarke zu kennzeichnen. Ein Katzenfernhaltespray, das Sie im Zoogeschäft bekommen, verleidet der Katze die Freude an der eigenen Duftmarke.
Sie können aber auch den Geruch von Zitrusfrüchten einsetzen, denn Katzen hassen ihn. Verstecken Sie Stücke von getrockneten Orangen- oder Zitronenschalen unter den Sofakissen. Verwenden Sie Möbelpolitur mit Zitrusduft oder stellen Sie einen Lufterfrischer mit Zitrusduft in die Nähe der bevorzugten Kratzobjekte.

Lahmheit

Sieben Wege, einer Katze wieder auf die Beine zu helfen

Sie wissen nicht, ob sich Ihre Katze etwas in die Pfote getreten oder sich auf andere Art verletzt hat, aber auf jeden Fall humpelt sie durchs Haus wie John Wayne in seinem Film „Der Marshal".
Lahmheiten werden oft durch harmlose Zerrungen oder wunde Pfoten verursacht, die nach wenigen Ruhetagen von selbst heilen. Tierärzte empfehlen folgende Maßnahmen, um die Heilung zu beschleunigen und der Katze ihre Zwangspause so angenehm wie möglich zu machen.

Unten anfangen. Sehen Sie als erstes nach, ob Ihre Katze eine verletzte Pfote hat. Achten Sie auf Schnittwunden, ausgerissene Krallen und eingetretene Dornen, Glasscherben oder ähnliches.
Vorsicht bei Fremdkörpern. Wenn die Katze sich einen Dorn, einen Nagel oder einen Glassplitter eingetreten hat, können Sie ihn vorsichtig herausziehen. Rechnen Sie aber damit, daß die Wunde stark blutet, vor allem, wenn der Fremdkörper sehr tief eingedrungen ist.
Ein Bein schienen. Befürchten Sie, daß sich Ihre Katze ein Bein gebrochen hat? Dann müssen Sie es schienen, bevor Sie zum Tierarzt fahren. Rollen Sie Zeitungspapier zu einer Röhre, die auf Beinlänge abgeschnitten wird. Streifen Sie die Röhre über das verletzte Beine und sichern Sie sie mit Klebeband.
Sie können das Bein aber auch dick mit Verbandwatte einwickeln und dann mit einer elastischen Binde oder einer selbsthaftenden Bandage

Wann muß die Katze zum Tierarzt?

Manchmal wagen Katzen Sprünge, die eigentlich nicht gutgehen können – und die vielfach mit Zerrungen oder anderen Verletzungen enden.
Wenn schwere Verletzungen wie Knochenbrüche oder Schußwunden zu erkennen sind, müssen Sie Ihre Katze natürlich sofort zum Tierarzt bringen, doch auch bei Lahmheiten, deren Ursache nicht auf den ersten Blick zu sehen ist, sollten Sie kein Risiko eingehen.

Wenn Sie ein gebrochenes Bein schienen müssen, umwickeln Sie es mit Verbandwatte und einer elastischen Binde.

umwickeln. Die Bandage ist nötig, weil Klebeband auf der Watte nicht halten würde.

Eine provisorische Schiene kann weitere Verletzungen verhindern, doch wenn Sie nicht genau wissen, wie Sie sie anlegen sollen oder wenn Sie kein geeignetes Material zur Hand haben, verlieren Sie keine Zeit. Das Wichtigste ist, die Katze möglichst schnell zum Tierarzt zu bringen. Nehmen Sie sie vorsichtig hoch und bringen Sie sie unter größtmöglicher Schonung des verletzten Beins zum Tierarzt.

Bettruhe. Wenn Sie nicht wissen, was Ihrer Katze fehlt, behalten Sie sie im Haus und sorgen Sie dafür, daß sie sich möglichst wenig bewegt. Manchmal reichen schon ein oder zwei Ruhetage, um die Lahmheit verschwinden zu lassen.

Für Kühlung sorgen. Wenn Sie vermuten, daß die Lahmheit von einer frischen Muskelzerrung herrührt, können Sie ein Kühlkissen auflegen, um die Schwellung und die Schmerzen zu lindern.

Wenn Sie kein spezielles Kühlkissen im Gefrierschrank haben, können Sie auch Eiswürfel oder eine Tüte gefrorenes Gemüse nehmen, die Sie vor der Anwendung in ein dünnes Handtuch hüllen. Kühlen Sie die Verletzung viermal am Tag jeweils fünf bis zehn Minuten lang.

Wenn die Katze am nächsten Tag immer noch lahmt und die Verletzung druckempfindlich ist, sollten Sie mit ihr zum Tierarzt gehen.

Wärme anwenden. Wärme kann bei älteren Verletzungen Wunder wirken. Legen Sie Ihre Katze aber nicht auf ein Heizkissen, denn dadurch könnte ihr Körper überhitzen. Erwärmen Sie stattdessen ein Kühlkissen in der Mikrowelle, bis es angenehm warm ist. Dann hüllen Sie es in ein Handtuch und legen es auf das verletzte Bein. Achten Sie aber darauf, daß es nicht zu heiß ist.

Sie können auch warmes Wasser in einen Gummihandschuh füllen. Er hat den Vorteil, daß er sich der Verletzung besser anpaßt. Achten Sie auch hier darauf, daß das Wasser nicht zu heiß ist, und legen Sie ein Tuch zwischen den Handschuh und das verletzte Bein.

Biß- und Kratzwunden. Katzen dulden keine Eindringlinge in ihrem Revier und kommen nach einem Kampf mit der Katze von nebenan oft vollkommen zerschunden nach Hause. Die Bißwunden können sehr tief sein und sich leicht entzünden. Suchen Sie Ihren tapferen Kämpfer sorgfältig nach diesen punktförmigen Wunden ab und waschen Sie sie mit warmem Wasser und einer milden Seife gründlich aus.

Langeweile

Zehn anregende Vorschläge

Aus menschlicher Sicht betrachtet tun Katzen nicht besonders viel. Sie schlafen, fressen, spielen ein bißchen und schlafen wieder. Wenn sie sich dann noch geliebt und beachtet fühlen, scheinen sie durchaus damit zufrieden zu sein, den Tag so zu verbummeln.
Viele Katzen legen allerdings Wert auf etwas mehr Abwechslung, und das zeigen sie auf die einzige Art, die sie kennen. Eine gelangweilte Katze wird etwas zerstören, denn dadurch wird sie ihre Frustration los.
Die beste Art, einen solchen Zerstörungstrip aufzuhalten, ist, sich mehr mit der Katze zu beschäftigen. Hier sind ein paar Tips, wie Sie das Leben Ihrer Katze abwechslungsreicher gestalten können.

Spielstunden. Ausgiebiges Spielen befreit die Katze von ihrer überschüssigen Energie und sorgt dafür, daß sie zumindest eine Weile ruhig schlafen wird.
Familienzuwachs. Nicht alle Katzen nehmen Artgenossen freundlich auf, doch ein Versuch lohnt sich auf jeden Fall. Sie können nicht erwarten, daß Ihre Katze, die täglich mindestens neun Stunden allein ist, sich nicht langweilt. Die Anschaffung einer zweiten Katze, eines Hundes oder sonst eines Tieres, mit dem die Katze sich verträgt, wirkt der Langeweile entgegen und hält die Zerstörungswut in Grenzen.
Fernsehen. Es gibt tatsächlich Katzen, die gern fernsehen. Schalten Sie beim Verlassen des Hauses einen Sender ein, der ihrer Katze gefallen könnte, und warten Sie ab, ob es hilft.

Wenn Langeweile zu Höchstleistungen anspornt

Manchmal vollbringen gelangweilte Katzen erstaunliche Leistungen. So hat zum Beispiel einmal eine Siamkatze die goldenen Ketten aus dem Schmuckkasten ihrer Besitzerin genommen und sie auf dem Eßtisch ausgebreitet. Eine andere Katze hat sich die schmutzigen Socken aus dem Wäschekorb geangelt, sie in die Diele geschleppt und dann versucht, sie zu Paaren zu sortieren.
Natürlich sind nicht alle Katzen so genial, doch sie alle finden immer etwas, mit dem sie sich amüsieren können.

Video. In vielen Zoogeschäften bekommt man actionreiche Videos für Katzen und Hunde. Erfahrungsberichten zufolge sollen sie von den Katzen, Vögeln und anderen Tieren auf dem Bildschirm vollkommen begeistert sein.
Musik. Lassen Sie Musik spielen, während Sie unterwegs sind. Probieren Sie vorher aus, was Ihrer Katze gefällt.
Anrufe. Manche Leute rufen zuhause an und hinterlassen eine Nachricht auf dem Anrufbeantworter, damit die Katze zumindest ihre Stimme hören kann. Wenn Sie allerdings davon ausgehen, daß Ihre Katze gerade schläft, wecken Sie sie lieber nicht.
Vögel beobachten. Zur Unterhaltung Ihrer Katze könnten Sie vor einem Fenster ein Vogelhäuschen anbringen. Wahrscheinlich wird sie jeden Tag Stunden damit verbringen, den Vögeln zuzusehen.
Versuchen Sie es mit Fischen. Ein Aquarium mit bunten Fischen bringt nicht nur Ihnen Freude, sondern auch Ihrer Katze. Wählen Sie aber auf jeden Fall eines mit einer Abdeckung, sonst könnte es passieren, daß die Katzenunterhaltung zur Katzenmahlzeit wird.
Schenken Sie ihr einen Regenbogen. Katzen fasziniert alles, was sich bewegt, selbst Licht. An den Fenstern hängende Kristalle werfen entzückende – und jagdbare – Muster auf den Boden und die Möbel, mit denen sich Katzen stundenlang beschäftigen können.
Fordern Sie ihre Intelligenz heraus. Warum stellen Sie Ihrer Katze nicht einmal eine Denksportaufgabe? In Zoogeschäften gibt es eine Vielzahl von Spielgeräten, die Sie aber auch leicht selbst herstellen können. Schneiden Sie Löcher in einen Schuhkarton und legen sie einen Tischtennisball hinein. Die Löcher müssen so groß sein, daß die Katze die Pfote hindurchstecken kann, aber nicht so groß, daß sie den Ball herausbekommt. Manche Katzen vergnügen sich stundenlang damit, nach dem Ball zu pfoten.

Eine selbstgebaute Spielkiste läßt keine Langeweile aufkommen.

Läuse

Sieben Methoden, die Parasiten zu vernichten

Bei gesunden, gepflegten Katzen kommen Läuse nur selten vor. Wenn sie aber einen heruntergekommenen Streuner adoptieren, kann es durchaus sein, daß in seinem struppigen Fell Läuse hausen.
Scheiteln Sie das Fell. Die kleinen weißen Läuseeier kleben an den Haaren. Diese Nissen sind ein eindeutiger Beweis für einen Befall mit Läusen, sechsbeinigen Insekten, die Blut saugen und einen unerträglichen Juckreiz verursachen.
Die folgenden Tips sollen dabei helfen, die Katze von diesen Plagegeistern zu befreien.

Ein Vollbad. In Zoohandlungen gibt es viele Shampoos, die Pyrethrin enthalten, ein Insektengift, das Flöhe und Läuse tötet. Achten Sie darauf, ein Produkt zu kaufen, das für Katzen geeignet ist.
Waschen Sie Ihre Katze drei Wochen lang einmal wöchentlich mit diesem Shampoo. Um die Wirkung zu steigern, sollten Sie das Shampoo ein paar Minuten einwirken lassen, bevor Sie es ausspülen.
Nur die wenigsten Katzen lassen sich widerstandslos baden. Einige Tips dazu finden Sie in dem Abschnitt „Eine Katze baden" auf Seite 74f.
Die Augen schützen. Selbst das beste Katzenshampoo kann in den Augen brennen; achten Sie also darauf, daß kein Schaum in die Augen

Wann muß die Katze zum Tierarzt?

Eine Laus richtet keinen Schaden an, aber Massen von Läusen können eine Katze buchstäblich aussaugen.
Wenn zu den Läusen auch noch Flöhe und Zecken kommen, kann das Tier in nur wenigen Wochen ein Viertel seines Blutvolumens verlieren, was zu schwerer Anämie führt oder sogar einen Schock auslöst.
Ein Anzeichen für eine Anämie ist allgemeine Schwäche. Außerdem ist die Maulschleimhaut nicht mehr rosa, sondern weiß. In diesem Fall muß die Katze sofort zum Tierarzt. Normalerweise verschwindet die Anämie, sobald das Parasitenproblem gelöst ist, doch manche Katzen brauchen eine Bluttransfusion, um sich wieder zu erholen.

kommt. Manchmal wird empfohlen, die Augenlider mit Vaseline zu bestreichen, damit kein Shampoo in die Augen gerät, doch das ist unnötig und vielleicht sogar schädlich. Gehen Sie lieber besonders vorsichtig vor und spülen Sie die Augen sofort aus, wenn tatsächlich etwas Shampoo hineingeraten ist.

Alle Katzen behandeln. Da Läuse von einem Tier zum nächsten wandern können, müssen Sie all Ihre Katzen behandeln, auch wenn diese bisher keine Läuse haben.

Ihrem Hund können Sie die Behandlung ersparen, denn die Läuse sind wirtsspezifisch, das bedeutet, daß Ihr Hund die Katzenläuse nicht bekommt. Auf Menschen gehen sie übrigens auch nicht über, das heißt, wenn Ihr Kopf juckt, können Sie sich entspannen – es ist nur Ihre Phantasie!

Einsprühen. Zusätzlich zu den Vollbädern sollten Sie Ihre Katze zweimal wöchentlich mit einem Läuse- oder Flohspray behandeln. Damit töten Sie alle Läuse ab, die zwischen den Bädern ausgeschlüpft sind.

Einpudern. Puder gegen Läuse wirken nicht ganz so gut wie Sprays, helfen aber auch, die kleinen Biester zu vernichten. Pudern Sie Ihre Katze gründlich ein und vergessen Sie den Schwanz nicht. Am Kopf tragen Sie den Puder mit den Fingerspitzen auf, damit nichts in Augen oder Nase gerät.

Auswanderer vernichten. Auch wenn Ihre Katze läusefrei ist, kann sie neue aufsammeln, die auf dem Boden, im Teppich oder in ihrem Korb lauern. Um dies zu verhindern, waschen Sie die Decken und Kissen, auf denen Ihre Katze gern schläft. Auch die Bürsten und den Katzenkorb sollten Sie entweder mit Wasser und Seife waschen oder mit einem Insektizid besprühen.

Schnellere Heilung durch Vitamine. Um die Heilung der zerbissenen Haut zu beschleunigen, können Sie Ihrer Katze ein Ergänzungspräparat geben, das Fettsäuren enthält, eventuell kombiniert mit Vitamin E und Beta-Karotin. Diese Zusammensetzung läßt gesündere Haut nachwachsen. Solche Kombinationspräparate erhalten Sie im Zoofachhandel und beim Tierarzt.

Miauen

Acht Methoden, den Dauergesang zu unterbrechen

Viele Katzen miauen gern, doch einige scheinen besondere Freude am Klang der eigenen Stimme zu haben.
Wenn man mit einer Katze zusammenlebt, erwartet sie, daß das Zusammenleben nach ihren Regeln geschieht, und wird versuchen, ihre Regeln durchzusetzen.
Wenn Ihnen – oder Ihren Nachbarn – diese ständigen lautstarken Forderungen allmählich auf die Nerven gehen, versuchen Sie, sie mit Hilfe der folgenden Maßnahmen zumindest einzuschränken.

Tür und Tor öffnen. Manche Katzen wissen anscheinend nicht, was sie wollen. Wenn sie im Haus sind, verlangen sie hinausgelassen zu werden, und wenn sie draußen sind, wollen sie hinein.
Bei diesem Problem schafft eine Katzenklappe Abhilfe. Sie können sie entweder selbst konstruieren oder im Zoofachhandel kaufen.
Regelmäßig füttern. Geben Sie Ihrer Katze nicht nur Futter, wenn sie darum bettelt, denn damit würden Sie das Miauen nur belohnen. Gewöhnen Sie sie stattdessen an feste Futterzeiten. Wenn sie ihre Essenszeiten kennt, wird sie vielleicht nicht mehr zwischendurch nach Futter verlangen.
Für volle Näpfe sorgen. Wenn Sie sicher sein können, daß Ihre Katze sich nicht überfrißt, stellen Sie ihr immer einen vollen Napf hin – dann hat sie keinen Grund, lautstark nach Futter zu verlangen. Wird sie bei dieser Art der Fütterung aber immer dicker, müssen Sie sich eine andere Strategie überlegen.
Die Streicheleinheiten verdoppeln. Viele Katzen versuchen, durch ständiges Miauen Aufmerksamkeit zu erregen. Spielen Sie mehr mit Ihrer Katze, streicheln Sie sie ausgiebig und gehen Sie eventuell auch mit ihr spazieren.
Nicht nachgeben. Die meisten Katzen hören auf zu fordern, wenn sie bekommen haben, was sie wollten, doch einige „singen" trotzdem weiter. Was immer Sie in diesen Fällen tun, ermutigen Sie Ihre Katze nicht auch noch. Wenn Sie so lange eisern bleiben, wie Sie können, dann aber doch reagieren, hat die Katze gelernt, daß sie nur durchhalten muß, um das gewünschte Ergebnis zu erzielen. Also geben Sie nicht nach. Ignorieren Sie das Miauen.

Wann muß die Katze zum Tierarzt?

Grundsätzlich miauen Katzen, um die Aufmerksamkeit ihres Menschen zu erregen, doch manchmal tun sie es auch, weil sie krank sind oder Schmerzen haben.

Beobachten Sie, was Ihre Katze macht, während sie schreit. Tut sie es zum Beispiel beim Fressen, könnte sie Zahn- oder Halsschmerzen haben. Tut sie es in der Katzentoilette, ist sie vielleicht verstopft oder hat Schwierigkeiten beim Harnen.

Eine veränderte Tonlage deutet fast immer auf eine Erkrankung der oberen Atemwege oder der Lunge hin, und übermäßiges Miauen kann ein Anzeichen für eine Schilddrüsenüberfunktion sein.

Wenn Ihre normalerweise eher stille Katze also plötzlich in den Chor einstimmt, sollten Sie kein Risiko eingehen und sie zur Untersuchung zum Tierarzt bringen.

Richtiges Verhalten belohnen. Sie müssen Ihre Katze nicht nur ignorieren, wenn sie miaut, sondern auch belohnen, wenn sie es nicht tut. Warten Sie, bis sie still ist, und loben sie dann ausgiebig. Geben Sie ihr einen Leckerbissen und spielen Sie mit ihr.

Schießen Sie scharf. Wenn Ihre gesprächige Katze das nächste Mal ihre Serenaden anstimmt, schießen Sie mit einer Wasserpistole oder Blumenspritze auf sie. Sie wird schon bald lernen, daß sie jedesmal eine Dusche abbekommt, wenn sie das Mäulchen aufmacht.

Für Unterhaltung sorgen. Ständiges Miauen kann auch ein Anzeichen für Langeweile oder Streß sein.

Versuchen Sie, Ihre Katze mit interessanten neuen Spielsachen abzulenken, zum Beispiel einem dieser Geräte, in deren Innern ein Ball im Kreis herumsaust.

Mundgeruch

Sechs Methoden, den Gestank zu bekämpfen

Vergeht Ihnen der Appetit, wenn Ihre Katze auf Ihrem Schoß gähnt? Stinkt sie so aus dem Maul, daß sie damit jeden Hund vertreiben könnte?

Wenn der Atem Ihrer Katze Sie trifft wie ein Keulenschlag, können Sie davon ausgehen, daß Plaque die Ursache ist, dieselbe bakterienverseuchte Ablagerung, die sich bei Ihnen bildet, wenn Sie sich länger nicht die Zähne putzen, und die zu einer übelriechenden und manchmal auch gefährlichen Zahnfleischentzündung führt.

Mit etwas Pflege können Sie jedoch verhindern, daß jedes Ausatmen Ihrer Katze Ihnen den Atem raubt.

Die Plaque bekämpfen. Manche Katzen lassen es sich gefallen, daß man ihnen die Zähne putzt. Wenn Sie Ihre Katze schon im Alter von wenigen Monaten daran gewohnen, am und im Maul angefaßt zu wer-

Verdächtiger Gestank

Wenn die Augen der Spiegel der Seele sind, ist das Maul der Spiegel der Gesundheit Ihrer Katze. Eine unangenehme Wolke, die aus dem Maul aufsteigt, ist meistens kein Grund zur Sorge, doch es gibt einige schwere Krankheiten, die sich durch einen ganz typischen Mundgeruch bemerkbar machen. Vielfach kann der Tierarzt schon anhand des Mundgeruchs eine erste Diagnose stellen. Hier einige Beispiele:

- Ein süßer, fruchtiger Geruch kann ein Anzeichen für Diabetes sein, vor allem, wenn die Katze mehr trinkt und uriniert als gewöhnlich und zudem an Gewicht verliert.
- Ein urinähnlicher Geruch deutet auf eine Nierenerkrankung hin, vor allem, wenn er mit gesteigertem Durst und verringertem Appetit einhergeht.
- Ein fauliger Geruch, begleitet von Erbrechen, Appetitlosigkeit, Schwellungen des Bauches und Gelbfärbung der Maul- und Augenschleimhäute, ist ein Anzeichen für eine Lebererkrankung.

den, könnte es klappen. Loben und streicheln Sie sie bei diesen Übungen. Nach einigen Tagen können Sie dann beginnen, einige wenige Zähne kreisförmig oder in einer Auf-und-Ab-Bewegung mit einem Stück Gaze zu putzen. Beziehen Sie allmählich immer mehr Zähne in die Behandlung ein. Irgendwann können Sie dann vielleicht auch dazu übergehen, mit einer Kinderzahnbürste zu arbeiten.

Keine Zahnpasta verwenden. Benutzen Sie auf keinen Fall Ihre eigene Zahnpasta für Ihre Katze. Katzen können nichts ausspucken, und die geschluckte Zahnpasta stört ihre Verdauung.

Das Dosenfutter einschränken. Ein Wechsel zu Trockenfutter kann den Geruch aus dem Maul verringern, weil beim Zerbeißen der harten Brocken der Belag von den Zähnen geschabt wird.

Keine Zwischenmahlzeiten. Wenn Sie Ihrer Katze ständig etwas zustecken oder ihr ungehinderten Zugang zum Futter gewähren, sind die schädlichen Bakterien in ihrem Maul den ganzen Tag über aktiv. Stellen Sie also den Futternapf außer Reichweite, wenn die Katze auch nach 30 Minuten ihr Futter noch nicht aufgefressen hat. Wenn Sie sie nur zwei- oder dreimal am Tag füttern, füttern Sie auch die Bakterien nur zwei- oder dreimal am Tag.

Reis zur Verdauungsförderung. Gekochter Naturreis fördert die Verdauung, und eine bessere Verdauung verringert den Mundgeruch. Ersetzen Sie einen Teil jeder Mahlzeit durch etwas Reis.

Keine Essensreste füttern. Oft spiegelt der Mundgeruch die Ernährung wider. Wenn Sie Ihrer Katze also einen Rest Spaghetti mit Knoblauchsoße geben, müssen Sie sich nicht wundern, wenn ihr Atem nicht nach Rosen duftet.

Nachwuchs

Neun Wege, bei der Geburt zu helfen

Auch wenn Ihre Katze keine Vorliebe für saure Gurken zeigt, ist doch nicht zu übersehen, daß sie tragend ist. Und irgendwann in der nächsten Zeit wird sie Sie mit ihren Jungen überraschen.
Machen Sie sich deswegen keine Sorgen. Es ist natürlich nicht verkehrt, den Tierarzt vorzuwarnen, wenn der Tag der Geburt näherrückt, aber davon abgesehen brauchen Sie nichts zu unternehmen – keine Hebamme zu bestellen und auch keinen Kätzchen-Pflegekurs zu absolvieren. Katzen bekommen schon seit Millionen von Jahren Junge, und bisher haben sie es auch ohne die Hilfe des Menschen geschafft.
Sie können jedoch dazu beitragen, daß an dem großen Tag alles gutgeht. Tierärzte empfehlen hierzu folgendes:

Holen Sie sie ins Haus. Auch wenn Ihre Katze normalerweise draußen lebt, sollten Sie sie in der letzten Trächtigkeitswoche ins Haus holen, denn draußen sind die Neugeborenen zu großen Gefahren ausgesetzt. Die Tragzeit beträgt 60 bis 68 Tage, und wenn die Katze deutlich mehr Appetit zeigt und sich immer weniger bewegt, wissen Sie, daß die Geburt kurz bevorsteht.
Eine Wurfkiste vorbereiten. Die meisten Katzen begrüßen es, wenn man ihnen einen Platz zum Gebären und Saugen des Nachwuchses anbietet. Eine Wurfkiste können Sie entweder im Zoohandel kaufen oder selbst herstellen. Sie können dazu zum Beispiel einen Pappkarton verwenden. Er muß so groß sein, daß die Katze ausgestreckt darin liegen kann und auch noch genug Platz für die Kätzchen vorhanden ist. Schneiden Sie eine Seite so tief aus, daß die Katzenmutter ungehindert ein- und ausgehen kann, der Nachwuchs aber nicht. Verzichten Sie auf einen Deckel, damit Sie leichter nach den Tieren sehen können.
Machen Sie es ihr bequem. Polstern Sie die Wurfkiste mit mehreren Lagen Zeitungspapier, auf das noch ein paar alte Handtücher gelegt werden. Dieses Schichtprinzip hält die Kätzchen trocken und warm, und bei Bedarf können Sie verschmutzte Schichten herausziehen.
Sorgen Sie für Ruhe. Junge zu bekommen ist eine wichtige Erfahrung im Leben Ihrer Katze. Achten Sie darauf, daß sie dabei nicht gestört wird. Eine ruhige Ecke in ihrem Lieblingszimmer ist ein guter Platz, und viele Katzen schätzen es, wenn es nicht zu hell ist.
Helfen Sie ihr beim Einzug. Etwa ein bis zwei Wochen vor dem errechneten Geburtstermin sollten Sie die Katze schon an ihre Wurfkiste

Wann muß die Katze zum Tierarzt?

Bei der Katze verläuft die Geburt fast immer komplikationslos. Es gibt jedoch Situationen, in denen der Tierarzt schnell eingreifen muß. Achten Sie auf folgende Anzeichen:

- Bevor das Jungtier ausgetrieben wird, tritt eine dunkelgrüne Flüssigkeit aus. Das kann bedeuten, daß sich die Plazenta – das Lebenserhaltungssystem des Nachwuchses – schon früher gelöst hat als vorgesehen.
- Die Katze preßt länger als eine Stunde, ohne daß ein Kätzchen erscheint. Die Ursachen hierfür sind zu große Jungtiere oder eine falsche Lage des ersten Kätzchens.
- Sie wirkt länger als eine halbe Stunde nach der Geburt immer noch schwach, nervös oder unruhig. Das kann bedeuten, daß noch ein weiteres Kätzchen in der Gebärmutter ist.
- Tage oder Wochen nach der Geburt zittern ihre Muskeln oder sie erbricht häufig und hat Mühe, aufzustehen. Wahrscheinlich leidet sie an Eklampsie, einem gefährlichen Kalziummangel, der manchmal nach dem Gebären auftritt.

gewöhnen. Manche Katzen sind so neugierig, daß sie sofort hineinspringen, um nachzusehen, was Sie da für sie gemacht haben. Anderen müssen Sie auf die Sprünge helfen. Heben Sie sie hinein, aber wundern Sie sich nicht, wenn sie sofort wieder hinausspringt. Wenn es schließlich so weit ist, wird sie wahrscheinlich von selbst wiederkommen.

Letzte Vorbereitungen. 6 bis 24 Stunden vor der Geburt kann die Katze unruhig werden, hecheln oder zittern. Vielleicht läuft sie auch herum und sucht nach einem geeigneten Platz. Lassen Sie sich davon nicht beunruhigen. Dieses Verhalten ist normal, und Sie können nichts tun, um ihr zu helfen.

Rechnen Sie mit plötzlichen Planänderungen. All ihren Bemühungen zum Trotz weigern sich manche Katzen, ihre Wurfkiste zu benutzen. In diesem Fall breiten Sie einfach ein paar saubere Handtücher dort aus, wo sie liegt. Dann treten Sie zurück und lassen Sie die Natur ihren Lauf nehmen.

Wenn die Jungen dann alle da sind, können Sie sie in die Wurfkiste umquartieren. Die Mutter wird ihnen schon bald folgen.

Fotografierverbot. Manche Leute sind ganz versessen darauf, die Geburt ihrer Kätzchen auf Fotos festzuhalten. Bitte verzichten Sie darauf.

Wenn der Geburtstermin näherrückt, polstern Sie einen großen Karton mit mehreren Lagen Zeitungspapier und alten Handtüchern. Schneiden Sie eine Seite so aus, daß die Katzenmutter leicht ein- und ausgehen kann, die Jungen aber nicht herausfallen.

Blitzlicht und die ungewohnte Ausrüstung könnten die Katze so verunsichern, daß etwas schiefgeht.

Wenn es der Katze nichts ausmacht, können Sie aber aus einiger Entfernung zusehen. Bemühen Sie sich, leise zu sprechen und die Katze nicht zu bedrängen. Wenn Sie das Gefühl haben, daß Ihre Anwesenheit nicht erwünscht ist, ziehen Sie sich zurück.

Hilfe unerwünscht. Sicher würden Sie gern bei der Geburt helfen, doch in den allermeisten Fällen richten Sie damit mehr Schaden als Nutzen an.

Denken Sie immer daran: Was für Sie neu ist und gefährlich aussieht, ist für Ihre Katze ganz normal. Manche Katzen, vor allem Erstgebärende, jaulen während der Austreibungsphase ganz fürchterlich. Andere bringen ihre Jungen in hockender Stellung zur Welt, und die meisten fressen die Nachgeburt. So lange Sie wissen, was normal ist und was nicht, können Sie sich beruhigt zurücklehnen und zusehen.

Das 1 x 1 der Geburtshilfe

Normalerweise bringen Katzen ihren Nachwuchs ohne fremde Hilfe zur Welt, doch es gibt Situationen, in denen Sie eingreifen müssen.
Es kommt zum Beispiel manchmal vor, daß ein Kätzchen nur zur Hälfte ausgetrieben wird, obwohl sich die Mutter alle Mühe gibt. In diesem Fall muß jemand die Katze sanft festhalten, damit sie nicht kratzen kann, während Sie das Junge vorsichtig mit einem sauberen Tuch umfassen und herausziehen. Wenn es sich nicht schnell und leicht herausziehen läßt, machen Sie nicht weiter, sondern rufen Sie sofort den Tierarzt an.
Wenn ein Kätzchen geboren ist, wird die Mutter instinktiv die Fruchtblase aufreißen (falls sie das Neugeborene noch umgibt), die Nabelschnur abbeißen und das Junge kräftig ablecken, um Atmung und Kreislauf anzuregen. Wenn sie aber auch nach 30 Sekunden noch keine Anstalten dazu macht, müssen Sie ihr diese Arbeiten abnehmen.
Beim Entfernen der Fruchtblase beginnen Sie am Maul und streifen sie mit den Fingern nach hinten ab. Wischen Sie mit einem Finger vorsichtig den Schleim aus dem Mäulchen und reiben Sie das Kätzchen dann mehrere Sekunden lang mit einem sauberen Waschlappen ab.

1. Das steckengebliebene Kätzchen mit einem Waschlappen oder Tuch umfassen und vorsichtig herausziehen.

2. Am Kopf beginnen und die Fruchtblase nach hinten abstreifen.

Danach legen Sie es der Katzenmutter hin, damit sie es belecken und die Nabelschnur durchtrennen kann. Wenn sie es nach etwa einer Minute immer noch nicht getan hat, müssen Sie es machen.
Schneiden Sie zwei Stücke Nähgarn ab und tränken Sie sie in Alkohol. Knoten Sie den einen Faden mit etwa 3–4 Zentimeter Abstand vom Bauch des Kätzchens und den anderen etwa 10 Zentimeter von der Nachgeburt entfernt um die Nabelschnur. Schneiden Sie die Nabelschnur zwischen den beiden Fäden mit einer scharfen, sterilisierten Schere durch und desinfizieren Sie den Nabelstumpf mit etwas Jod.
Dann reiben Sie das Kätzchen mit dem Waschlappen noch einmal kräftig ab, wobei Sie es kopfunter halten sollten, damit das Fruchtwasser aus Mund, Nase und Ohren läuft. Überprüfen Sie die Atmung. Wenn das Kätzchen quiekt, wissen Sie, daß es atmet, doch das können Sie auch feststellen, wenn Sie genau hinsehen.
Wenn das Kätzchen gesund und munter aussieht, legen Sie es mit dem Kopf voran an die Zitzen der Mutter und lassen Sie sie alles übrige erledigen.

3. Mit einem Finger den Schleim aus dem Mäulchen wischen.

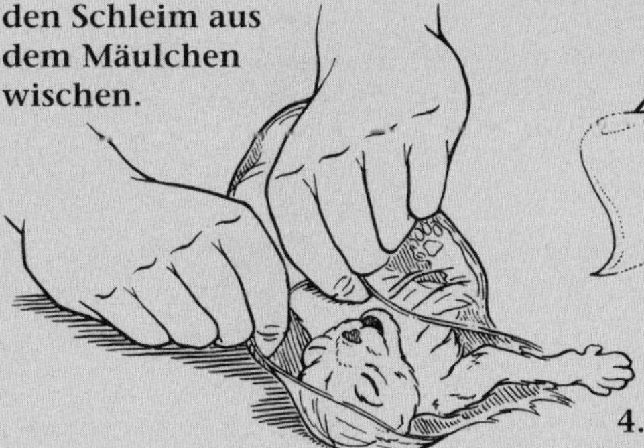

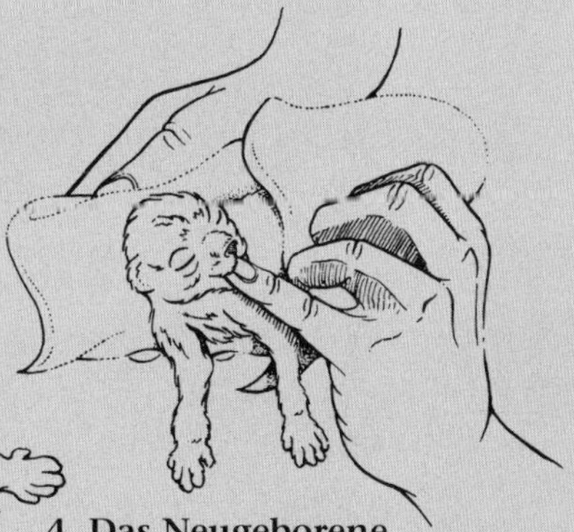

4. Das Neugeborene mit einem sauberen Tuch kräftig reiben.

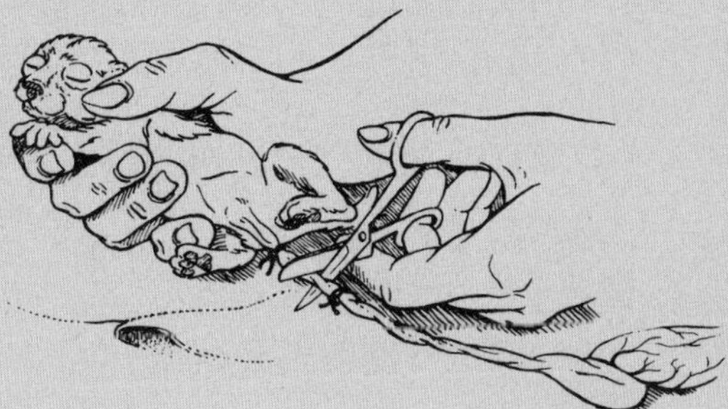

5. Zwei sterilisierte Fäden 3 bis 4 Zentimeter vom Bauch und 10 Zentimeter von der Plazenta entfernt um die Nabelschnur knoten und diese mit einer scharfen, sterilisierten Schere zwischen den Fäden durchschneiden.

Nebenhöhlen-Probleme

Sieben Wege, gegen die Schniefnase vorzugehen

Wenn es um die Benutzung der Nase geht, sind Katzen wahre Meister. Mit ihr begrüßen sie Freunde, untersuchen fremde Territorien und beschnuppern alles, das nicht wegläuft.

Dabei atmen sie natürlich manchmal etwas ein, das ihnen nicht bekommt, einen Schnupfenvirus zum Beispiel oder einen Grassamen, der die Nasenschleimhaut reizt. Daraus kann schließlich eine Entzündung der Nebenhöhlen resultieren.

Eine ausgewachsene Nebenhöhlenentzündung muß natürlich vom Tierarzt behandelt werden, doch Sie können dazu beitragen, die Symptome – Niesen und eine Schnupfennase – zu lindern.

Eine warme Mahlzeit. Gut durchgewärmtes Futter wird nicht nur gern gefressen, die Wärme trägt auch dazu bei, den festen Schleim in den Nebenhöhlen zu lösen, und erleichtert damit das Atmen.

Sie können zum Beispiel das Katzenfutter mit warmem Wasser verrühren oder es ein bis zwei Minuten in die Mikrowelle stellen. Achten Sie aber darauf, es nicht so heiß werden zu lassen, daß sich die Katze das Maul daran verbrennt.

Das Futter aufwerten. Eine Katze, deren Nase verstopft ist, mag oft nichts fressen. Sie braucht jedoch gehaltvolles Futter, um sich schnell wieder zu erholen. Versuchen Sie, Ihre kranke Katze zum Fressen zu überreden. Bei vielen Katzen gelingt dies am besten mit Fisch.

Die Nase putzen. Wenn die Nasenlöcher mit getrocknetem Schleim verklebt sind, fühlt sich die Katze unwohl und bekommt schlecht Luft. Wischen Sie das Sekret mit einem feuchtwarmen Tuch weg, bevor es eintrocknet.

Gefühlvoll vorgehen. Ist die Nase schon gereizt oder wund, müssen Sie besonders vorsichtig vorgehen.

Benutzen Sie zur Reinigung Babypflegetücher, die mit lindernden Substanzen wie Aloe Vera imprägniert sind.

Dampfbäder. Feuchtwarme Luft beruhigt die gereizten Schleimhäute und läßt die Nebenhöhlen wieder frei werden.

Wann muß die Katze zum Tierarzt?

Verstopfte Nebenhöhlen werden manchmal nur durch harmlose Dinge wie etwa ein eingeatmetes Samenkorn ausgelöst, sie können aber auch darauf hindeuten, daß sich die Katze eine gefährliche bakterielle Infektion eingefangen hat. Ausfluß aus nur einem Nasenloch kann auch ein Anzeichen von Krebs sein.

Wenn Ihre Katze Fieber und dickflüssigen, verfärbten Nasenausfluß hat und teilnahmlos oder träge wirkt, müssen Sie mit ihr zum Tierarzt. Er wird mit Antibiotika oder anderen Medikamenten gegen die Infektion vorgehen.

Nehmen Sie Ihre Katze mit ins Badezimmer, wenn Sie baden oder duschen. Der Aufenthalt in dem dampfgefüllten Raum wird ihr guttun.

Luftbefeuchter. Dasselbe Ergebnis erzielen Sie mit einem Luftbefeuchter, den Sie warmes Wasser verdampfen lassen. Geben Sie etwas Menthol ins Wasser, denn es lindert die Beschwerden und befreit die Atemwege.

Auch ein Luftbefeuchter für kaltes Wasser trägt dazu bei, die Schleimhäute feucht zu halten.

Nasentropfen. Beim Tierarzt bekommen Sie Nasentropfen auf der Basis einer sterilen Salzlösung. Sie lindern die Beschwerden und verdünnen für einige Zeit den Nasenausfluß, so daß Ihre Katze leichter atmen kann. Halten Sie den Kopf der Katze hoch und lassen Sie einen Tropfen in jedes Nasenloch fallen.

Ohrmilben

Acht Methoden, die Quälgeister loszuwerden

Ein liebevolles Kraulen hinter den Ohren ruft nicht das gewohnte Schnurren hervor, sondern läßt eine hektisch kratzende Hinterpfote hochfahren?

Heftiger Juckreiz in den Ohren kann auf einen Befall mit Ohrmilben hindeuten – winzigen achtbeinigen Parasiten, die sich zu Tausenden im Gehörgang ansiedeln. Wenn sie aufgestört werden, zum Beispiel durch heftiges Kratzen oder Kopfschütteln, wird der Juckreiz unerträglich. Wenn die Ohren nicht behandelt werden, kann es passieren, daß die Katze sie sich blutig kratzt und sich Infektionen einstellen.

Ohrmilben werden von einem Tier zum nächsten übertragen, was bedeutet, daß es fast unmöglich ist, einem Befall vorzubeugen. Doch mit etwas Geduld und Ausdauer (und tierärztlicher Unterstützung) kann man sie besiegen. Tierärzte empfehlen dazu folgende Maßnahmen:

Die Kruste entfernen. Bevor Sie Medikamente ins Ohr geben, müssen Sie die Kruste entfernen, die das Ohrinnere bedeckt. Andernfalls würden die Milben unter ihr in Deckung gehen, und das Medikament kann nicht wirken.

Geben Sie mit einer Pipette mehrere Tropfen Öl in jedes Ohr und warten Sie einige Stunden, bis die Kruste aufgeweicht ist. Dann füllen Sie eine Ohrreinigungsspritze aus Gummi zu gleichen Teilen mit Essig und warmem Wasser und spülen den Schmutz aus dem Gehörgang.

Arbeiten Sie niemals mit zu hohem Druck. Am besten ist es, kurz zu drücken und dann wieder loszulassen.

Nach dem Spülen wischen Sie die letzten Rückstände mit einem Wattebausch ab. Wiederholen Sie die Prozedur, bis die Ohren sauber sind.

Ohrentropfen. Wenn die Ohren Ihrer Katze sauber sind, wird der Tierarzt vermutlich trotzdem noch zu Ohrentropfen raten. Einige dieser Tropfen enthalten Pyrethrin, ein Insektizid, das aus Chrysanthemen gewonnen wird.

Ohrentropfen bekommen Sie aber auch im Zoofachhandel. Ihre Anwendung ist relativ problemlos: Geben Sie die Tropfen in den Gehörgang und massieren Sie den Ohransatz dann drei bis fünf Minuten lang, damit sich die Flüssigkeit verteilt. Danach treten Sie etwas zurück, weil die Katze unweigerlich den Kopf schütteln wird, wodurch ein Teil der Flüssigkeit wieder entfernt wird. Wischen Sie den Rest mit einem Wattebausch oder einem weichen Tuch ab.

Behandeln Sie die Ohren zehn Tage lang jeden Tag, machen Sie danach zehn Tage Pause, auf die dann noch ein zehntägiges Behandlungsintervall folgt.

Versuchen Sie es mit Öl. Anstelle von medizinischen Ohrentropfen können Sie auch einmal täglich ein paar Tropfen Babyöl in die Ohren geben. Es läßt einige der Milben ersticken und lindert den Juckreiz.

Das Öl muß auf Körpertemperatur erwärmt werden. Geben Sie mit einer Pipette nur so viel Öl ins Ohr, daß der Gehörgang damit überzogen ist. Überschwemmen Sie die Ohren nicht mit Öl. Das Öl wird zwar nicht alle Milben töten, doch es verringert ihre Zahl und lindert für einen oder zwei Tage die Beschwerden.

Diese Behandlung sollten Sie bis zu einen Monat lang durchführen. Auf diese Weise erwischen Sie auch die frischgeschlüpften Milben, und zwar, bevor diese selbst Eier legen.

Die italienische Lösung. Knoblauch und Olivenöl eignen sich nicht nur für Pizza – sie helfen auch gegen Ohrmilben.

Zerdrücken Sie vier Knoblauchzehen und legen Sie sie über Nacht in Olivenöl. Dann fischen Sie die Zehen wieder heraus, erwärmen das Öl und geben einige Tropfen in die Ohren Ihrer Katze.

Wie oft die Behandlung wiederholt werden muß, hängt von der Stärke des Befalls ab. Die Milben werden von jeder Art von Öl getötet, und diese Lösung wirkt zusätzlich lindernd.

Die Wanderer vernichten. Ohrmilben verlassen ihr gemütliches kleines Heim nur ungern, doch es gibt immer wieder abenteuerlustige Gesellen unter ihnen, die es doch tun – um dann Tage oder Wochen später ins Ohr zurückzukehren und eine neue Kolonie aufzubauen.

Das bedeutet, daß Sie Ihre ganze Katze behandeln müssen, zum Beispiel mit Flohpulver. Und wenn Sie schon dabei sind, sollten Sie auch gleich Ihre Wohnung aussprühen, denn die Milben können auch ohne Wirt monatelang überleben.

Wann muß die Katze zum Tierarzt?

Wenn die Milben nach einem Monat der Behandlung noch nicht verschwunden sind oder Ihre Katze einen Ausschlag oder eine Reizung im Ohrinnern bekommt, brechen Sie die Behandlung ab und bringen Sie die Katze zum Tierarzt. Er wird stärkere Mittel und vielleicht auch Antibiotika verordnen.

Es sind nicht immer Milben

Es gibt eine Reihe von Erkrankungen der Ohren, die nicht durch Milben verursacht werden. Folgende Anzeichen deuten auf eine solche Erkrankung hin:

- Dunkle, schmierige Absonderungen, die nach Hefe riechen. Es können sich Hefepilze angesiedelt haben, was vor allem passiert, nachdem die Katze Wasser in die Ohren bekommen hat.
- Rötungen in den Ohren und feuchte, gelbe Absonderungen, die fruchtig oder unangenehm riechen. Sie deuten auf eine bakterielle Infektion hin, die mit Antibiotika behandelt werden muß.
- Schiefhalten des Kopfes ist ein Hinweis auf Probleme im Innenohr, wie zum Beispiel ein gerissenes Trommelfell. Chronische Entzündungen des Innenohrs gehen fast immer mit einer Verletzung des Trommelfells einher.

Achten Sie darauf, nur Insektizide zu benutzen, die Ihrer Katze nicht schaden. Manche Produkte für Hunde sind für Katzen nicht geeignet.

Den Zyklus unterbrechen. Ohrmilben wandern von einem Tier zum nächsten. Wenn Sie also mehrere Katzen oder Katzen und Hunde haben, sollten Sie vorsichtshalber alle gleichzeitig behandeln.

Nicht zu früh aufgeben. Die Entwicklung vom Ei zur ausgewachsenen Milbe dauert etwa drei Wochen. Für welche Behandlungsmethode Sie sich auch entscheiden – beenden Sie sie auf keinen Fall zu früh. Einen Monat sollten Sie durchhalten, auch wenn Ihre Katze längst beschwerdefrei erscheint.

Vorbeugen ist besser. Regelmäßiges Säubern der Ohren kann einen erneuten Befall verhindern, weil eingedrungene Milben entfernt werden, bevor sie eine neue Kolonie gründen können.

Wischen Sie den Gehörgang einmal im Monat mit einem Wattestäbchen – trocken oder mit Wasserstoffperoxid angefeuchtet – vorsichtig aus. Wenn Sie die Wattespitze nicht mehr sehen können, sind Sie zu tief vorgedrungen.

Der Milben-Test

Wenn Sie vermuten, daß Ihre Katze Ohrmilben hat, sich aber nicht ganz sicher sind, machen Sie den Milbentest. Klappen Sie eine Ohrspitze vorsichtig um und reiben Sie sie über die Öffnung. Wenn die Katze sofort mit dem Hinterbein „mitkratzt", hat sie wahrscheinlich Ohrmilben.
Eine andere Methode, die Milben nachzuweisen, ist es, das Ohrinnere vorsichtig mit einem Wattestäbchen auszuwischen und dann mit dem Stäbchen über ein dunkles Stück Papier zu fahren. Wenn Sie ein helles Licht auf das Papier richten, werden Sie die Milben laufen sehen.
Sie können die Milben auch entdecken, wenn Sie direkt ins Ohr schauen. Befindet sich dort eine dunkle, krümelige, rötlichschwarze Kruste, die aussieht wie Kaffeesatz, ist der Fall klar.

Um festzustellen, ob Ihre Katze von Ohrmilben befallen ist, klappen Sie das Ohr herunter und reiben damit über die Öffnung. Wenn Milben vorhanden sind, werden sie dadurch aufgestört, und die Katze reagiert darauf, indem sie sich mit einer Hinterpfote kratzt.

Paarungsprobleme

Dreizehn Wege, das Feuer der Leidenschaft zu entfachen

Sie wollen Nachwuchs von Ihrer Rassekatze? Sie hatte aber noch nie Junge? Das könnte Probleme geben, denn unter Umständen weiß sie nicht, wie sie sich bei der Paarung verhalten muß.
Dasselbe gilt für unerfahrene Zuchtkater. Manche sind zu schüchtern, bei anderen ist Aggressivität das Problem. Mit etwas Vorausplanung und Geduld können Sie jedoch dafür sorgen, daß es zu einer erfolgreichen Paarung kommt.

Früh übt sich. Wenn Ihr Kater im Alter von fünf Jahren zum erstenmal decken soll, kann es Probleme geben. In diesem Alter reicht die Libido vielleicht nicht mehr aus oder die Spermiendichte ist zu gering. Wahrscheinlich wird er auch nicht wissen, was er tun soll, wenn ihm ein Weibchen gegenübersteht.
Am günstigsten ist es, wenn ein Kater im Alter von ungefähr anderthalb Jahren zum erstenmal decken kann.
Zuvor sollten Sie ihn (und natürlich auch die Zuchtkatze) vom Tierarzt untersuchen lassen, um sicherzugehen, daß keine Geschlechtskrankheit oder ein vererbter Fehler wie etwa ein Augenschaden vorliegt, der möglicherweise an die Nachkommen vererbt wird. Ihr Tierarzt wird Ihnen auch sagen können, wann die beste Zeit für die Paarung ist.
Eine erfahrene Partnerin. Weibliche Katzen haben gewöhnlich keine Probleme bei der Paarung. Um einem unerfahrenen Kater seine Aufgabe zu erleichtern, sollten Sie ihn die ersten Male eine ältere, erfahrene Katze decken lassen.
Zu mir oder zu dir? Kater werden nervös, wenn sie sich im Revier einer anderen Katze befinden. Bringen Sie also die Katze zum Kater, denn in seiner gewohnten Umgebung wird er sich sicherer fühlen und seiner Arbeit souveräner nachgehen.
Selbstvertrauen geben. Auch die Katze fühlt sich in der fremden Umgebung unsicher. Um ihr darüber hinwegzuhelfen, geben Sie ihr ihr Lieblingsspielzeug oder ihren gewohnten Katzenkorb mit.
Erstes Kennenlernen. Auch wenn es bei manchen Katzen Liebe auf den ersten Blick ist, kommt es doch oft vor, daß sich das „Blind Date“ als Fehlschlag erweist. Solange sich die Tiere nicht kennen, passiert gar nichts.

Überstürzen Sie nichts. Lassen Sie den Tieren Zeit, sich aneinander zu gewöhnen. Das kann ein paar Stunden dauern, aber auch einen ganzen Tag. Wenn Sie die Tiere in Ruhe lassen, werden sie irgendwann dem Ruf der Natur folgen.

Melden Sie Ihre Katze an. Wenn ein längeres Beisammensein nicht möglich ist, schicken Sie dem Kater eine Botschaft von Ihrer Katze – eine Decke, ein Spielzeug oder etwas anderes, das nach Ihrer Katze riecht. Katzen nehmen ihre Umgebung hauptsächlich über den Geruchssinn wahr, und wenn sie bereits an den Duft ihrer Zukünftigen gewöhnt sind, wird das tatsächliche Kennenlernen problemloser ablaufen.

Für die richtige Atmosphäre sorgen. Die meisten Katzen, vor allem aber junge Tiere, bevorzugen einen Ort, an dem sie ungestört sind. Viele von ihnen mögen es nicht, wenn man bei der Paarung zusieht.

Planen Sie voraus. Benutzen Sie zum Beispiel ein Nebengebäude mit einem Fenster oder einen Raum mit einer Gittertür, damit Sie gelegentlich nachsehen können, ob alles gutgeht.

Den richtigen Partner wählen. Gelegentlich kommt es vor, daß eine Katze den für sie ausgewählten Kater ablehnt oder umgekehrt. Wenn die beiden also keinerlei Interesse aneinander zeigen oder aufeinander losgehen, sollten Sie nicht auf einer Paarung bestehen, sondern lieber einen anderen Partner für Ihr Tier auswählen.

Übung macht den Meister. Bei weiblichen Katzen erfolgt der Eisprung erst, wenn der Paarungsakt vollzogen ist, jedoch meistens nicht bei der ersten Bedeckung. Um eine Befruchtung zu erreichen, sollte die Katze deshalb mehrmals gedeckt werden.

Wann muß die Katze zum Tierarzt?

Wenn alles gutgegangen ist, können Sie davon ausgehen, in 63 bis 65 Tagen ein paar neue Katzen zu besitzen.

Manchmal werden Katzen allerdings nicht tragend. Das liegt gewöhnlich daran, daß der Zeitpunkt der Bedeckung falsch gewählt wurde. Es kann natürlich auch sein, daß einer der Partner unfruchtbar ist.

Es gibt eine Reihe von Krankheiten, die Katzen unfruchtbar machen, so zum Beispiel eine Infektion mit Chlamydien. Im Anfangsstadium lassen sich diese Bakterien mit Antibiotika bekämpfen, doch wenn sie unentdeckt bleiben, kommt es zu dauernder Unfruchtbarkeit.

Wenn Ihre Katze mehrmals gedeckt wurde, ohne tragend zu werden, bringen Sie sie zum Tierarzt.

Aus diesem Grund lassen die meisten Züchter die Tiere im Laufe von zwei bis drei Tagen mehrmals zusammen. Der eigentliche Deckvorgang geht schnell vor sich – er dauert höchstens 30 Sekunden.

Einen Fluchtweg offenlassen. Aus bisher ungeklärter Ursache schlagen weibliche Katzen nach dem Decken mit den Krallen nach ihrem Partner. Um Verletzungen des Katers zu vermeiden, sollte ihm die Möglichkeit geboten werden, sich irgendwo in Sicherheit zu bringen. Professionelle Züchter bieten ihren Katern einen hochgelegenen Sitzplatz an, auf den sie flüchten können. Die meisten Katzen beruhigen sich schnell wieder, und der Kater kann nach wenigen Minuten wieder zu seiner Partnerin herunterspringen.

Krallen schneiden. Eine andere Methode, den Kater vor der Angriffslustigkeit seiner Gefährtin zu schützen, ist, ihr vorher die Krallen zu schneiden.

Pfotenprobleme

Sieben Maßnahmen, die der Katze wieder auf die Beine helfen

Sie würden sicher nicht barfuß über ein Stoppelfeld, über sonnenheiße Felsen oder verharschten Schnee laufen wollen. Das alles macht Ihrer Katze nichts aus. Ihre Sohlen sind so hart und widerstandsfähig, daß sie auch dort noch laufen kann, wo menschliche Füße den Dienst versagen.

Doch auch die härtesten Pfotenballen bieten keinen hundertprozentigen Schutz vor Schnitt- und Schürfwunden oder Verbrennungen. Die Haut zwischen den Zehen ist sogar sehr empfindlich, und Schnittwunden an den Pfoten sind extrem schmerzhaft.

Die folgenden Maßnahmen können helfen, wenn Ihre Katze eines Tages auf drei Beinen daherkommt.

Die Pfote untersuchen. Wenn Ihre Katze humpelt, müssen Sie herausfinden, woran es liegt.

Hocken Sie sich zu ihr auf den Boden und heben Sie die verletzte Pfote vorsichtig hoch. Achten Sie auf Rötungen, Schwellungen, Blut oder andere Anzeichen einer Verletzung. Drücken Sie vorsichtig auf die Ballen, die Zehenzwischenräume und die Krallen. Wenn die Katze zurückzuckt oder einen Schmerzlaut ausstößt, haben Sie die Verletzung gefunden. Rechnen Sie damit, daß die Katze sich wehrt. Notfalls bitten Sie jemanden, sie festzuhalten, während Sie die Pfote untersuchen.

Kletten. Wenn Ihre Katze draußen herumstreifen darf, kann es sein, daß sie eine Klette an der Pfote hat – eine stachlige Samenkapsel, die sich zwischen die Zehen geheftet hat.

Um sie zu entfernen, packen Sie sie mit einer Pinzette. Sie läßt sich leichter herausziehen, wenn Sie etwas Pflanzenöl daraufträufeln. Wenn sie zu tief in den Haaren sitzt, müssen Sie sie herausschneiden. Achten Sie aber sehr darauf, die umliegende Haut nicht zu verletzen.

Die Pfoten frisieren. Bei langhaarigen Katzen kann das Fell zwischen den Ballen verfilzen. Die verschmutzten Haarklumpen üben Druck aus, und die Katze lahmt. Schneiden Sie die Haare zwischen den Zehen also gelegentlich etwas zurück.

Verbrennungen. Auch die zäheste Haut ist gegen Verbrennungen nicht gefeit. Sie entstehen durch Reibung oder den Kontakt mit einer

Ein Teufelskreis

Kinder nuckeln am Daumen, und mehr als ein Erwachsener knabbert an seinen Nägeln herum. Doch wer hätte gedacht, daß das Leben einer Katze so nervenaufreibend sein kann, daß sie anfängt, ihre Pfoten zu lecken?

Gelangweilte, verängstigte oder deprimierte Katzen beginnen manchmal, eine oder beide Vorderpfoten zu belecken – nicht nur ein oder zwei Minuten, sondern stundenlang. Die ständige Feuchtigkeit kann Pilzerkrankungen Vorschub leisten, und im schlimmsten Fall bilden sich Geschwüre auf den Pfoten.

Um diesen Teufelskreis zu unterbrechen, hilft manchmal nur eine Halskrause – ein Kragen aus Pappe oder Plastik, der um den Hals gelegt wird und es der Katze unmöglich macht, die Pfoten mit dem Maul zu erreichen. Eine solche Halskrause bekommen Sie beim Tierarzt. Eventuell wird er auch ein Beruhigungsmittel verschreiben, denn die meisten Katzen, die zu dieser Form des Zeitvertreibs neigen, sind besonders nervöse Tiere.

heißen Oberfläche. Säubern Sie die Wunden sorgfältig und lassen Sie sich vom Tierarzt eine geeignete Salbe geben.

Verbinden. Wenn Sie die Salbe aufgetragen haben, bandagieren Sie die Pfote locker mit einer Gazebandage und ziehen eine Kleinkindersocke darüber, damit die Bandage wenigstens so lange hält, bis die Salbe wirkt.

Vorsicht, Gift! Chemische Substanzen wie Streusalz, Motoröl, Frostschutz- oder Reinigungsmittel darf die Katze auf keinen Fall schlucken. Wenn sie in etwas potentiell Gefährliches getreten ist, darf sie ihre Pfoten nicht selbst ablecken. Um ihr die Pfoten zu waschen, brauchen Sie in den meisten Fällen nur warmes Wasser und etwas Geschirrspülmittel. Gegen Verätzungen hilft Olivenöl.

Geben Sie das Spülmittel oder Öl auf einen feuchten Waschlappen und waschen Sie alles ab. Reiben Sie aber nicht so stark, daß mögliche Verletzungen verschlimmert werden. Wenn sich der gefährliche Stoff nicht leicht entfernen läßt, bringen Sie die Katze zum Tierarzt.

Kaugummi. Hat Ihre Katze einen Kaugummi zwischen den Zehen sitzen? Versuchen Sie, ihn mit etwas Spülmittel aufzulösen.

Wenn er vollkommen mit den Haaren verklebt ist, müssen Sie ihn herausschneiden. Benutzen Sie eine kleine Schere und achten Sie darauf, die Haut nicht zu verletzen.

Pollen- und andere Allergien

Sieben Wege, der Katze Erleichterung zu verschaffen

Heuschnupfen bei Katzen? Allerdings!
Wie viele Menschen reagieren auch Katzen empfindlich auf herumfliegende Partikel – nicht nur Pollen oder Schimmelpilze, sondern auch Staub, Federn oder Wolle. Anders als menschliche Allergiker, bei denen sich die Allergie durch rote Augen, Schnupfen und explosionsartige Niesanfälle bemerkbar macht, leiden allergische Katzen unter Hautjucken. Um die Haut zu beruhigen und die Allergie unter Kontrolle zu bekommen, empfehlen Experten folgende Maßnahmen:

Kaltes Wasser. Die Katze in kaltes Wasser zu setzen, beruhigt die juckende Haut recht schnell. Baden Sie die Katze fünf bis zehn Minuten lang. Das Wasser muß aber kalt sein, weil warmes Wasser den Juckreiz noch verstärkt.
Nur die wenigsten Katzen werden sich ohne Gegenwehr in einen Bottich voll Wasser setzen lassen. Wenn Sie es trotzdem versuchen wollen, lesen Sie zunächst den Abschnitt „Eine Katze baden" auf Seite 74f.
Linderung durch Antihistamine. Viele Allergien lassen sich mit Antihistaminen unter Kontrolle bringen.
Ihr Tierarzt wird Ihnen ein geeignetes Medikament empfehlen und Ihnen auch sagen, wie Sie es anwenden müssen.
Nicht jedes freiverkäufliche Medikament eignet sich für Katzen. Aber auch bei den Mitteln, die Ihr Tierarzt verschreibt, gibt es keine Erfolgsgarantie.
Probieren Sie jedes Mittel vier bis sechs Tage lang aus, bevor Sie behaupten, daß es nichts taugt. Wenn Sie dann schließlich das richtige Medikament gefunden haben, benutzen Sie es nicht nur, wenn die Symptome am stärksten sind. Viel besser ist es, es die ganze Allergiesaison über zu verabreichen.
Fettsäuren können helfen. Um die Haut zu beruhigen, können Sie Fettsäuren zufüttern, die auch bei Krankheiten wie Räude eingesetzt werden. Diese Fettsäuren sind in Kapselform erhältlich. Fragen Sie Ihren Tierarzt danach.

Wann muß die Katze zum Tierarzt?

In der Regel veranlassen Allergien Katzen nur dazu, sich etwas mehr zu kratzen als gewöhnlich; in manchen Fällen ist der Juckreiz jedoch so stark, daß die Tiere sich blutig kratzen und sich Infektionen einstellen. Bei besonders empfindlichen Katzen raten Tierärzte zur Desensibilisierung. Anfangs müssen sie alle paar Tage eine Spritze bekommen, später einmal wöchentlich, und das über Monate oder gar Jahre. Mit Glück verschwindet die Allergie bei dieser Behandlung irgendwann und muß dann natürlich auch nicht mehr behandelt werden.

Einer Katze diese Kapseln einzugeben, ist nicht ganz einfach. Sie können sie jedoch öffnen und der Katze das Öl ins Futter mischen. Bei etwa 25 bis 30 Prozent der Katzen helfen die Fettsäuren. Außerdem schmecken sie nach Fisch, und Katzen fressen sie gern.

Halten Sie sie im Haus. Im Frühjahr und Sommer ist die Luft voller Pollen – und Fell und Atemwege Ihres Lieblings natürlich auch. Wenn Sie Ihre Katze davor beschützen wollen, halten Sie sie zur Hauptflugzeit – am frühen Morgen und am Abend – im Haus.

Ein Katzenzimmer einrichten. Teppiche, schwere Vorhänge und Polstermöbel machen eine Wohnung erst gemütlich, aber sie ziehen auch Pollen und Staub an und halten sie fest wie ein Magnet.

Sie brauchen jedoch nicht Ihr ganzes Haus umzudekorieren. Achten Sie nur darauf, daß sich Ihre Katze überwiegend in Räumen aufhält, in denen keine dieser Staubfänger stehen.

Sauberkeit hilft. Tägliches Staubsaugen und -wischen läßt die allergieauslösenden Partikel zwar nicht verschwinden, aber es reduziert zumindest ihre Menge. Falls Sie eine Klimaanlage besitzen, wechseln Sie den Filter einmal im Monat.

Tierärzte empfehlen außerdem, Decken und Kissen, auf denen die Katze schläft, mindestens einmal die Woche zu waschen. Damit rücken Sie den Milben zu Leibe, die sich von abgestorbenen Hautschuppen ernähren und für viele Allergien verantwortlich sind.

Die richtige Katzenstreu wählen. Manche Arten von Katzenstreu sind chemisch behandelt, damit die Katzentoilette besser riecht – zumindest für den Menschen. Manche Katzen reagieren jedoch empfindlich auf den Geruch und den Staub, der aus der Einstreu aufsteigt.

Räude

Acht Wege, sie zu heilen

Bei der Bezeichnung „räudige Katze" denkt man automatisch an ein heruntergekommenes Tier mit struppigem, verfilztem Fell, und tatsächlich erkranken überwiegend geschwächte Tiere.
Räude kann kleine, rote, haarlose Flecken verursachen, doch in schweren Fällen ist die Katze fast haarlos und ihre Haut ist verdickt und nässt.
Räude wird durch Milben verursacht, die Gänge in die Haut bohren. Normalerweise beginnt die Krankheit am Kopf und wird durch das Putzen auf die übrigen Körperteile übertragen.
Der Tierarzt wird feststellen, ob Ihre Katze tatsächlich Räude hat oder ob es sich um eine andere Hautkrankheit handelt. Außerdem wird er Ihnen Tips geben, wie Sie Ihre Katze behandeln müssen, damit ihr Fell nachwächst und sie wieder glatt und glänzend wird.

Erste Amtshandlung: Baden. Die Räudemilben verursachen einen schier unerträglichen Juckreiz. Der Tierarzt wird ihnen ein Mittel geben, das Sie dem Badewasser zusetzen können, um die Milben zu töten und den Juckreiz zu lindern.
Wenn Sie beschließen, selbst ein Räudebad zu besorgen, achten Sie darauf, daß es für Katzen geeignet ist. Viele der Produkte für Hunde sind für eine Katze tödlich.
Auch die anderen Katzen behandeln. Besitzen Sie mehrere Katzen, aber nur eine hat Räude? Behandeln Sie die anderen vorsichtshalber

Wann muß die Katze zum Tierarzt?

Wenn Ihre Katze plötzlich anfängt, ihr Fell zu verlieren, kann es durchaus sein, daß sie mit Räudemilben befallen ist. Bringen Sie sie zum Tierarzt, bevor sie vollkommen nackt ist.
Das Immunsystem einer gesunden Katze wird mit der einen oder anderen Räudemilbe fertig, doch wenn die Katze sehr jung, alt oder krank ist, kann es zu einem erheblichen Befall kommen. Gehen Sie also kein Risiko ein. Wenn die ersten Haare ausfallen, wissen Sie, daß Ihre Katze überfordert ist und tierärztliche Hilfe braucht.

mit, denn Sie können nicht sicher sein, ob auf ihnen nicht auch schon Milben sitzen.

Waschtag. Auch wenn die Milben außerhalb der Katze nur kurze Zeit überleben können, sollten Sie die Kissen und Decken, auf denen Ihre Katze schläft, vorsorglich in die Waschmaschine stecken.

Fettsäuren zufüttern. Fettsäurehaltige Präparate fördern die Heilung der Haut. Fragen Sie Ihren Tierarzt, welches er empfiehlt.

Regelmäßige Fellpflege. Regelmäßiges Kämmen und Bürsten entfernt nicht nur Schuppen, sondern mit etwas Glück auch die ersten Milben.

Nur vom Besten füttern. Räude befällt in erster Linie unterernährte und geschwächte Katzen. Füttern Sie vorbeugend Katzenfutter von guter Qualität, denn gesunde, kräftige Katzen sind kaum gefährdet.

Abstand wahren. Die Räudemilben der Katze können in der menschlichen Haut nicht lange überleben. Trotzdem sollten Sie sich gründlich die Hände waschen, nachdem Sie Ihre kranke Katze angefaßt haben.

Die alten Hausmittel vergessen. Früher war es üblich, an Räude erkrankte Katzen und Hunde mit Altöl zu übergießen. Tun Sie das auf keinen Fall – erstens ist es wirkungslos und zweitens bringt es Ihre Katze um.

Reisekrankheit

Neun Tips, ihr das Autofahren angenehmer zu machen

Sie wollen einen gemütlichen Sonntagsausflug machen, aber Ihre Katze miaut pausenlos im Auto, erbricht sich und ist unter ihrem Fell vermutlich schon ganz grün.
Viele Katzen, vor allem Jungtiere, vertragen das Autofahren nicht. Es besteht jedoch Hoffnung, daß sie sich mit zunehmender Erfahrung daran gewöhnen.
Bis es so weit ist, müssen Sie Ihre Katze jedoch nicht zuhause lassen. Hier ein paar Tips, wie Sie ihren Magen ruhig und Ihre Polster sauber halten.

Mit leerem Magen reisen. Füttern Sie Ihre Katze sechs bis acht Stunden vor der Abfahrt nicht mehr. Mit leerem Magen wird sie wahrscheinlich nicht erbrechen, und wenn es doch passiert, ist das Erbrochene leichter zu entfernen. Wasser sollte ihr jedoch zur Verfügung stehen, denn es belastet den Magen nicht.
Oder eine kleine Mahlzeit geben. Manche Katzen reisen besser mit leerem Magen, während andere sich wohler fühlen, wenn sie etwas im Magen haben. Eine kleine Mahlzeit reicht aus, damit ihnen nicht übel wird.
Häufige Pausen. Manche Katzen können stundenlang autofahren, andere begrüßen es, wenn das Fahrzeug öfter mal eine Weile zum Stehen kommt. In den Pausen können Sie Ihrer Katze etwas Futter und Wasser anbieten; Sie sollten sie aber nicht aus dem Auto lassen.
Vorsichtig fahren. Mit einer autokranken Katze an Bord sollten Sie genauso vorsichtig fahren wie mit einem autokranken Kind. Rasen Sie nicht um Kurven und fahren Sie allgemein etwas langsamer als gewöhnlich.
Lassen Sie sie vorn sitzen. Auf den Vordersitzen ist die Bewegung des Wagens weniger stark zu spüren als auf dem Rücksitz. Es kann also helfen, wenn Sie den Katzenkorb auf den Beifahrersitz stellen und dort mit dem Gurt sichern.
Gute Aussichten. Katzen werden, genau wie Menschen, eher autokrank, wenn sie nicht aus dem Fenster sehen können. Sorgen Sie dafür, daß Ihre Katze etwas von der Landschaft sehen kann, dann wird sie die Fahrt vermutlich besser überstehen.

Für Frischluft sorgen. Frische Luft hilft bei Reisekrankheit. Öffnen Sie die Fenster aber nicht so weit, daß die Katze ihren Kopf hinausstrecken oder hinausspringen kann.

Angstpartien vermeiden. Bei vielen Katzen ist nicht das Autofahren an sich das Problem, sondern ihre Angst. Wenn Sie Ihre Katze nur ins Auto setzen, um mit ihr zum Tierarzt zu fahren, ist es kein Wunder, daß sie sich bei jeder Fahrt aufregt. Nehmen Sie sie aber gelegentlich auf kurze Fahrten mit, bei denen ihr nichts passiert, wird sie schon bald gelernt haben, das Fahren nicht mit dem Tierarzt in Verbindung zu bringen.

Helfen Sie ihr, die Furcht zu überwinden. Manche Katzen geraten in Panik, sobald sie sich in einem fahrenden Auto befinden. Um sie von ihrer Angst zu befreien, müssen Sie ihnen beibringen, daß das Auto auch ein angenehmer Ort sein kann. Setzen Sie Ihre Katze ins Auto, ohne den Motor zu starten. Geben Sie ihr einen Leckerbissen. Das wiederholen Sie sieben bis zehn Tage lang. Irgendwann lassen Sie dann den Motor an. Loben Sie sie und geben Sie ihr Leckerbissen – wieder mehrere Tage lang.

Sobald sie sich an den Aufenthalt im Auto gewöhnt hat, können Sie erste kurze Fahrten wagen. Fahren Sie zunächst nur um den Block, und wenn alles gutgeht, können Sie bald auch längere Touren unternehmen.

Rolligkeit

Fünf Wege, eine liebeskranke Katze zu beruhigen

Wenn Ihre Katze rollig ist, wird sie alles daransetzen, aus der Wohnung zu entwischen. Katzen werden von Februar bis Oktober alle drei Wochen rollig.
Sie können nicht übersehen, daß Ihre Katze paarungsbereit ist, denn abgesehen davon, daß sie fast ständig schreit, reibt sie sich an allem, das dafür in Frage kommt.
Die einzige Möglichkeit, dieses Verhalten dauerhaft zu beenden, ist die Kastration. Damit verhüten Sie nicht nur unerwünschten Nachwuchs, sondern ersparen Ihrer Katze auch den Streß, dem sie bei jeder Brunst ausgesetzt ist. Wenn Sie allerdings eine Zuchtkatze besitzen, können Sie versuchen, sie während der nicht zum Decken genutzten Zyklen auf folgende Weise zu beruhigen:

Zuwendung hilft. Die Liebesbedürftigkeit Ihrer Katze ist nicht zu übersehen, und auch ihre Serenaden sind unüberhörbar. Streicheln Sie Ihre Katze viel und verwöhnen Sie sie mit Leckerbissen, um sie ein wenig abzulenken.
Für Abwechslung sorgen. Auch wenn Ihre Katze scheinbar nur eines im Sinn hat, sollten Sie versuchen, mit ihr zu spielen, damit sie auf andere Gedaken kommt.
Musik beruhigt. Manche Katzen lassen sich mit klassischer Musik beruhigen – besonders gern scheinen sie Mozart zu hören.
Spielen Sie Ihrer Katze aber keine Musik vor, deren Rhythmus und Tonlage sie an einen Kater erinnert. Bestimmte Tonarten steigern die sexuelle Erregung noch – und das ist vermutlich das Letzte, was Sie sich erhofften.
Fenster und Türen geschlossen halten. In der Brunst tun Katzen alles, um zu einem Kater zu gelangen. Sie wagen scheinbar unmögliche Sprünge oder flitzen blitzschnell mit Ihnen durch die Tür, wenn Sie nur schnell hinausgehen, um die Zeitung zu holen.
Sicherungsverwahrung. Manche Katzen beginnen in der Brunst, Urin zu verspritzen, um so ihre Paarungsbereitschaft zu signalisieren. In diesem Fall wird Ihnen nichts anderes übrigbleiben, als sie im Badezimmer einzusperren, bis die Rolligkeit vorbei ist.

Rücken- und Wirbelsäulenprobleme

Fünf Maßnahmen, die Rückenschmerzen lindern

In der Regel sitzen Katzen nicht stundenlang auf Bürostühlen und heben auch keine schweren Einkäufe vom Rücksitz des Wagens; deshalb leiden sie auch viel seltener unter Rückenschmerzen als wir Menschen. Doch auch die beweglichste Katze kann unter Verspannungen der Muskeln oder einem Bandscheibenvorfall leiden.

Verletzungen der Wirbelsäule wie etwa ein Bandscheibenvorfall treten bei Katzen nur nach äußerlicher Gewalteinwirkung auf, etwa nach einem Tritt oder einem Verkehrsunfall. Als Folge davon stellen sich Schwächungen oder Lähmungen ein. Eine derartig schwere Verletzung muß natürlich vom Tierarzt behandelt werden.

Bei leichteren Rückenproblemen können Sie folgendermaßen vorgehen:

Wärmen. Bei Rückenschmerzen durch verspannte Muskeln kann eine warme Kompresse helfen. Sie regt die Durchblutung an und wirkt entkrampfend. Nehmen Sie die Katze auf den Schoß, legen Sie die Kompresse auf die schmerzende Stelle und halten Sie sie dort fest – wenn möglich dreimal täglich etwa 15 Minuten lang. Wenn Sie Ihrer Katze dabei den Kopf kraulen, wird sie vielleicht sogar so lange stillhalten.

Für Ruhe sorgen. Wenn Ihrer Katze das Herumlaufen sichtliche Schmerzen bereitet, wird sie Ihnen vermutlich nicht böse sein, wenn Sie sie in ihren Katzenkorb sperren, bis es ihr wieder besser geht.

Langsam wieder anfangen. Feiern Sie den Tag der Genesung auf keinen Fall mit wilden Katz-und-Maus-Spielen. Lassen Sie Ihre Katze selbst entscheiden, wieviel Bewegung sie sich zumuten will.

Schmerzmittel. Wenn der Tierarzt festgestellt hat, daß die Katze unter Rückenschmerzen leidet, wird er möglicherweise ein Schmerzmittel verschreiben, das Sie ihr täglich eingeben müssen. Wie Sie dabei vorgehen können, ist auf Seite 38 zu lesen.

Gewichtskontrolle. Übergewichtige Katzen können leichter Rückenprobleme bekommen als schlanke. Um festzustellen, ob Ihre Katze zu dick ist, streicheln Sie ihr mit leichtem Druck über die Rippen. Wenn sie nicht zu spüren sind, sollten Sie sich vom Tierarzt einen Diätplan aufstellen lassen.

Schlafstörungen

Sechs Wege, für eine ungestörte Nachtruhe zu sorgen

Wird Ihre Katze erst richtig munter, wenn Sie schlafengehen?
Für viele Katzen ist das normal – sie werden erst munter, wenn es dunkel ist. Sie leiden nur selten unter Schlafstörungen, denn Katzen verschlafen durchschnittlich 18 Stunden des Tages. Es kommt jedoch manchmal vor, daß sie nicht genug Schlaf bekommen und ihre Besitzer nachts wachhalten. Die folgenden Tips können helfen, sie zur Ruhe zu bringen.

Gemütliche Schlafplätze anbieten. Wie würde es Ihnen gefallen, die Nächte auf dem Fußboden zu verbringen? Wenn Sie schon einmal zelten waren und wissen, wie unbequem es sein kann, auf dem Boden zu schlafen, sollten Sie Verständnis für Ihre Katze haben.
Katzen lieben erhöhte Schlafplätze. Spendieren Sie Ihrer Katze einen Korb oder ein Kissen an irgendeiner Stelle, die sie gern zum Schlafen aufsucht.
Katze in Nöten. Sehr junge und alte Katzen haben oft Mühe, die ganze Nacht „dichtzuhalten". Sorgen Sie dafür, daß das Katzenklo erreichbar ist, sonst wird Ihre Katze so lange herumwandern, bis sie eine andere geeignete Stelle gefunden hat, an der sie ihr Geschäft verrichten kann.
Für Bettschwere sorgen. Katzen, die nachts überaktiv sind, brauchen vielleicht am Tage mehr Bewegung.
Spielen Sie vor dem Schlafengehen ausgiebig mit Ihrer Katze – mit etwas Glück ist sie danach so müde, daß sie gleich einschläft.
Sanfte Massagen. Ältere Katzen leiden manchmal unter Gelenkschmerzen, die ihnen den Schlaf rauben. Sanftes Massieren trägt zur Entspannung bei und fördert die Durchblutung der erkrankten Körperteile.
Ein eigenes Zimmer. Ihre Katze ist jede Nacht munter, saust durchs Haus und überquert dabei auch ständig Ihr Bett? Geben Sie ihr ein eigenes Zimmer – ausgestattet mit vielen Spielsachen. Diese einfache Lösung läßt Sie ruhig schlafen und stellt auch Ihren Nachtschwärmer zufrieden.
Pusten Sie sie weg. Viele Katzen sind Frühaufsteher, die der Meinung sind, daß es sofort Frühstück geben müßte, sobald sie die Augen aufgeschlagen haben.

Gefährliche Träume

Es ist ganz normal, wenn eine Katze im Schlaf die Pfoten bewegt. Wahrscheinlich träumt sie von der Mäusejagd.
In manchen Fällen bewegen sich Katzen im Schlaf jedoch so heftig, daß sie sich dabei meterweit über den Boden schleudern.
Tierärzte bezeichnen dieses Problem als REM-Phase ohne Dystonie, also eine Periode leichteren Schlafs, bei der die innere Spannung der Muskeln (der Muskeltonus) ungewöhnlich hoch ist. In der Regel kommt es bei diesen heftigen Bewegungen nicht zu Verletzungen, doch wenn Ihre Katze dazu neigt, sollten Sie darauf achten, daß sie nicht an hochgelegenen Orten einschläft.

Wenn Ihre Katze zu denen gehört, die erst zufrieden sind, wenn Herrchen oder Frauchen ebenfalls wach sind, bewaffnen Sie sich am Abend vorher mit einem elektrischen Fön. Wenn sich Ihre Katze dann auf Sie stürzt, pusten Sie sie mit dem Fön an. Das schadet ihr nicht, wird sie aber mit Sicherheit vertreiben. Danach wird sie es sich überlegen, ein zweites Mal auf Ihr Bett zu springen.

Schwanzprobleme

Fünf Tips zu ihrer Behandlung

Der Schwanz einer Katze spricht für sich – ob er nun wütend peitscht oder freundlich hochgereckt getragen wird.
Doch auch dieser ausdrucksvolle Teil der Katzenanatomie ist vor Verletzungen nicht gefeit. Die Haut kann sich entzünden, und selbst Knochenbrüche kommen vor.
Bei Schwanzproblemen empfehlen Tierärzte folgende Erste Hilfe-Maßnahmen:

Die Flöhe bekämpfen. Flöhe sind die Hauptursache dafür, daß Katzen ihren Schwanz übermäßig belecken und beknabbern.
Wenn die Katze ihre Flöhe los ist, wird sie vermutlich auch aufhören, auf ihrem Schwanz herumzubeißen.
Drüsenprobleme. Katzen haben kleine, runde Drüsen am Schwanzansatz, die manchmal große Mengen Sekret absondern. Es macht die Haut fettig und kann auch Wunden und Entzündungen hervorrufen. Da dieses Problem hauptsächlich bei Katern auftritt, sprechen Tierärzte vom Zucht- oder Katerschwanz.
Stäuben Sie den Schwanzansatz leicht mit Maisstärke oder feinem Maismehl ein.

Wann muß die Katze zum Tierarzt?

Ebenso wie manche Menschen in ein zwanghaftes Verhalten verfallen und sich beispielweise fünfzigmal am Tag die Hände waschen, gibt es auch Katzen, die nicht von ihrem Schwanz lassen können.
Die Attacken können mehrmals am Tag auftreten und jeweils ein paar Minuten dauern, sie können sich aber auch über mehrere Stunden erstrecken. In seltenen Fällen gehen Katzen dabei so rabiat mit ihrem Schwanz um, daß es zu ernsten Verletzungen kommt.
Wenn Ihre Katze also ständig hinter dem eigenen Schwanz herjagt – und ihn auch fängt –, sollten Sie mit ihr zum Tierarzt gehen. Er wird versuchen, die Ursache zu ergründen und vielleicht auch ein Beruhigungsmittel verschreiben.

Viele Schwanzprobleme lassen sich schon durch eine gründliche Wäsche beheben.

Nach dem Einpudern warten Sie fünf Minuten und bürsten dann das Mehl wieder aus. Wiederholen Sie die Behandlung ein- bis zweimal die Woche, bis der häßliche Fleck verschwunden ist.

Für Sauberkeit sorgen. Hat Ihre Katze ihren Schwanz in etwas getunkt, das sie besser nicht selbst ablecken sollte? In diesem Fall sollten Sie ihr die Arbeit abnehmen.

Setzen Sie Ihre Katze so auf den Waschbeckenrand, daß der Schwanz ins Becken hängt. Wenn Sie Shampoo verwenden, vergessen Sie nicht, es gründlich auszuspülen.

Für Ablenkung sorgen. Es kommt häufig vor, daß Katzen plötzlich von ihrem eigenen Schwanz fasziniert sind und in dem Bemühen, dieses interessante Ding zu fangen, herumwirbeln wie Derwische. Leider behandeln viele von ihnen den eigenen Schwanz wie ein erbeutetes Tier.

Wenn Sie sehen, daß Ihre Katze ihren Schwanz zu grob attackiert, lenken Sie sie mit einem lauten Geräusch davon ab.

Sie können zum Beispiel mit einer Zeitung auf den Boden schlagen oder eine Blechdose schütteln, in der ein paar Münzen liegen. Oder Sie schießen mit Wasser aus der Blumenspritze auf sie.

Für Unterhaltung sorgen. Viele Katzen jagen ihrem eigenen Schwanz hinterher, weil sie sich langweilen.

Sorgen Sie dafür, daß Ihre Katze etwas zu tun bekommt. Die meisten Katzen sind ganz begeistert von Spielgeräten, bei denen eine Kugel in einem geschlossenen Gehäuse herumflitzt, und können sich stundenlang damit beschäftigen.

Knochenbrüche

Der Schwanz einer Katze spricht seine eigene Sprache. Ein Zucken der Schwanzspitze ist als Warnung zu verstehen, senkrecht hochgestellt drückt der Schwanz freudige Erwartung aus, und wenn er hin- und herpeitscht, ist Vorsicht angesagt.
Doch manchmal gerät dieses beredte Anhängsel in Schwierigkeiten – unter die Räder eines Autos, in die Fänge eines Hundes oder unter die Kufen eines Schaukelstuhls.
Der Schwanz ist die Verlängerung der Wirbelsäule, und ein gebrochener Schwanz ist eine schwere Verletzung.
Ein Knochenbruch ist daran zu erkennen, daß der Schwanz an der Bruchstelle schlapp herunterhängt. Außerdem können dort Wunden oder Schwellungen zu sehen sein.
Wenn Sie vermuten, daß Ihre Katze sich den Schwanz gebrochen hat, bringen Sie sie sofort zum Tierarzt. Manchmal ist der Schwanz zu retten, vor allem, wenn er in der Nähe der Spitze gebrochen ist. Es ist aber auch möglich, daß das gebrochene Stück amputiert werden muß. Die meisten Katzen gewöhnen sich recht schnell an ein Leben ohne oder mit nur einem halben Schwanz.

Sonnenbrand

Elf Methoden, das Feuer zu löschen

Katzen lieben die Sonne. Am liebsten genießen sie ihre wärmenden Strahlen im Schlaf.
Manchmal übertreiben sie es jedoch, und das Ergebnis ist ein Sonnenbrand – auf den Ohrspitzen, dem Nasenrücken und vielleicht auch am Bauch, wo das Fell am dünnsten ist.
Sonnenbrand ist ziemlich schmerzhaft und begünstigt das Auftreten von Hautkrebs – auch bei Tieren.
Besonders gefährdet sind weiße Katzen oder mehrfarbige mit viel Weiß.
Tierärzte empfehlen folgende Maßnahmen, um die Schmerzen bei Sonnenbrand zu lindern und sein erneutes Auftreten zu verhindern:

Kühlen. Um die Schmerzen zu lindern, besprühen Sie die verbrannten Stellen jede halbe Stunde mit kaltem Wasser aus einer Blumenspritze. Die meisten Katzen hassen es zwar, wenn ihr Gesicht naß wird, doch wenn Sie schützend die Hand vor die Augen Ihrer Katze halten, wird sie vielleicht merken, wie angenehm die Kühlung ist.
Kühlende Umschläge. Auch kalte Kompressen sind eine Wohltat auf sonnenverbrannter Haut. Tauchen Sie einen Waschlappen in kaltes Wasser, drücken Sie ihn aus und legen Sie ihn auf die verbrannten Stellen. Wenn er nach ein paar Minuten warm geworden ist, wird er wieder ins Wasser getaucht und erneut aufgelegt.

Wann muß die Katze zum Tierarzt?

Ein leichter Sonnenbrand ist eigentlich nur lästig. In schwereren Fällen aber wirft die Haut Blasen, die schließlich aufbrechen und sich infizieren. In diesem Fall muß die Katze unbedingt zum Tierarzt.
Gefährlich ist aber nicht nur der Sonnenbrand an sich. Wenn er öfter auftritt, erhöht er das Risiko einer Hautkrebserkrankung. Das gilt vor allem für weiße Katzen, die besonders zu Plattenepithelkarzinomen an den Ohrspitzen neigen. Gehen Sie also kein Risiko ein und bringen Sie Ihre Katze zum Tierarzt, wenn der Sonnenbrand über eine leichte Rötung hinausgeht.

Baden. Wenn größere Hautpartien in Mitleidenschaft gezogen sind, kann es sinnvoll sein, die Katze in kühlem Wasser zu baden.

Zauberei. Eine hervorragende Kühlwirkung erreichen Sie mit Zaubernuß, weil sie auf der Haut sehr schnell verdunstet. Benetzen Sie einen Wattebausch mit Zaubernuß und betupfen Sie die verbrannten Partien drei- bis viermal am Tag damit.

Lindernde Lotionen. Wenn Sie Cremes oder Lotionen zur Linderung verwenden wollen, fragen Sie zunächst Ihren Tierarzt um Rat, denn die Produkte, die Sie für sich selbst nehmen, könnten Ihrer Katze schaden.

Aloe Vera. Um der verbrannten Haut Feuchtigkeit zuzuführen, können Sie Aloe Vera benutzen.

Wenn Sie eine Pflanze besitzen, brauchen Sie nur ein Blatt abzubrechen und es leicht zu drücken. Sie können aber auch Aloe Vera-Gel in der Apotheke kaufen.

Sonnenschutzcreme. Um Ihre Katze in Zukunft vor Sonnenbrand zu schützen, können Sie die gefährdeten Hautpartien mit einem Sonnenschutzmittel einreiben. Nehmen Sie aber nicht irgendeines, denn Ihre Katze könnte sich daran vergiften, wenn sie es ableckt. Lassen Sie sich vom Tierarzt ein Mittel empfehlen, das Katzen nicht schadet.

Ein T-Shirt anziehen. Liegt Ihre Katze gern auf dem Rücken und läßt sich die Sonne auf den Bauch scheinen? Hat sie dadurch einen Sonnenbrand davongetragen? Wenn Sie ihr das Sonnenbad gönnen wollen, ziehen Sie ihr beim nächstenmal ein Kleinkinder-T-Shirt über.

Vorhänge zuziehen. Wenn Ihre Katze auch im Haus keine Gelegenheit ausläßt, sich in die Sonne zu setzen, müssen Sie Vorhänge oder Jalousien zuziehen. Das gilt besonders, wenn Ihre Katze stundenlang auf der Fensterbank in der Sonne liegt.

Der beste Schutz. Die beste Methode, Katzen vor der Sonne zu schützen, ist, sie zwischen 9 und 15 Uhr im Haus zu halten.

Für Schatten sorgen. Wenn Sie Ihre Katze in den Garten lassen, muß sichergestellt sein, daß sie dort ein schattiges Plätzchen aufsuchen kann. Sehr empfindliche Katzen müssen Sie eventuell sogar im Schatten einsperren, bis die größte Hitze vorüber ist.

Speicheln

Drei Methoden, die feuchte Flut zu stoppen

Anders als Hunde leiden Katzen nur selten unter einem „Sabberproblem“. Wenn eine Katze übermäßig speichelt, ist das nicht normal, und Sie sollten versuchen, die Ursache dafür herauszufinden. Tierärzte empfehlen dazu folgende Vorgehensweise:

Ins Maul schauen. Plötzliches starkes Speicheln kann durch einen Fremdkörper im Maul ausgelöst werden. Das können zum Beispiel Fischgräten oder Knochensplitter sein. Wenn Sie den Fremdkörper nicht selbst entfernen können, bringen Sie die Katze zum Tierarzt.
Keine Speisereste verfüttern. Gerichte, die Ihnen schmecken und gut bekommen, können bei Katzen zu Verdauungsbeschwerden führen. Ein erstes Anzeichen dafür kann verstärktes Speicheln sein. Um sicherzugehen, streichen Sie die Essensreste vom Speiseplan Ihrer Katze.
Aufregungen vermeiden. Manche Katzen fangen beim Autofahren oder im Wartezimmer des Tierarztes an zu speicheln. Das läßt sich vermeiden, wenn die Katze einige Stunden vor dem Tierarztbesuch nichts mehr zu fressen bekommt. (Wasser darf sie haben.) Wenn Sie dann unterwegs sind, öffnen Sie im Auto ein Fenster oder stellen Sie den Katzenkorb auf den Vordersitz.

Wann muß die Katze zum Tierarzt?

Bisher hat Ihre Katze immer ein trockenes Maul gehabt, doch auf einmal speichelt sie so stark, daß sich Pfützen bilden?
Es gibt so viele mögliche Ursachen dafür, von einem abgebrochenen Zahn bis hin zu einer Vergiftung, daß Sie sofort Ihren Tierarzt anrufen sollten. Fast immer sind Zahnprobleme der Grund für die Flutwelle. Dazu gehören Zahnfleischentzündungen, lockere Zähne und alle anderen schmerzhaften Beschwerden im Maul.
Gefährlicher sind Vergiftungen, z. B. durch Haushaltschemikalien, zu deren Symptomen auch starkes Speicheln gehören kann. Andere Möglichkeiten sind Infektionskrankheiten wie Tollwut. Wenn Ihre Katze also plötzlich anfängt zu speicheln, rufen Sie sofort Ihren Tierarzt an.

Spritzen

Zwölf Tips zur Verhinderung der Duftmarken

Verspritzt Ihre Katze ihren Urin im Haus, obwohl im Badezimmer ein luxuriöses Katzenklo steht? Das eine hat mit dem anderen nichts zu tun, denn trotz des eindeutigen Geruchs hat das Spritzen nichts mit einer vollen Blase zu tun.
Katzen verspritzen Urin, um ihr Eigentum zu markieren und den Geruch anderer Katzen zu überdecken.
Das alles wäre kein Problem, wenn die Katze nur den dicken Baum im Garten als ihr Eigentum betrachten würde, doch leider ziehen die meisten Katzen ihre Kreise viel enger und beanspruchen zum Beispiel Ihre Vorhänge oder Ihr Sofa für sich.
Manchmal spritzen auch weibliche Katzen, doch in der Regel ist dieses Verhalten typisch für Kater. Sobald sich ein Kater das Spritzen angewöhnt hat, kann man nur wenig dagegen tun. Die folgenden Maßnahmen sind jedoch einen Versuch wert.

Nicht schimpfen. Auch wenn Sie Ihren Kater auf frischer Tat erwischen, schimpfen Sie nicht. Für ihn ist das Spritzen eine ganz natürliche, angeborene Verhaltensweise, die Sie ihm nicht aberziehen können.
Spielen Sie Detektiv. Die einzige Möglichkeit, das Spritzen unter Kontrolle zu bekommen, ist, herauszufinden, wodurch es ausgelöst wird.
Wenn Ihr Kater zum Beispiel kurz vor dem Spritzen aus dem Fenster gesehen hat, hat er draußen vielleicht eine fremde Katze entdeckt. Oder waren außer ihm noch andere Tiere im Raum? Vielleicht hat er sich bedrängt gefühlt. Haben Sie Besuch und riecht dieser Besuch vielleicht nach seiner eigenen Katze? Versuchen Sie, wie eine Katze zu denken.
Zimmer ohne Aussicht. Viele Kater verspritzen Urin im Haus, wenn sie durchs Fenster eine fremde Katze sehen. Wenn Sie nicht verhindern können, daß fremde Katzen Ihr Grundstück betreten, halten Sie Ihren Kater von Fenstern und Türen fern, damit er den Eindringling weder sieht noch riecht.
Schwere Vorhänge schränken den Blick nach draußen ebenso ein wie das Abkleben der unteren Scheibenhälften mit getöntem Papier.
Jeder Katze ihr eigenes Reich. Oft spritzen Kater, weil sie mit anderen Haustieren konkurrieren. Halten Sie Ihre Katzen getrennt – in ver-

schiedenen Stockwerken oder Zimmern; vielleicht ist Ihr Problem dadurch schon gelöst.

Die Freundschaft fördern. Katzen, die gut miteinander auskommen, spritzen viel seltener als solche, die sich nicht vertragen. Es lohnt sich also durchaus, Zeit in den Aufbau einer Freundschaft zu investieren. Richten Sie tägliche Spielstunden mit Ihren Katzen ein, in denen die Tiere Spaß haben – zum Beispiel beim Spiel mit einem Tischtennisball oder einem Ball an einer Schnur.

Jede Beschäftigung, die Ihre Katzen in eine friedliche, verspielte Stimmung versetzt, verringert das Konkurrenzdenken unter den Tieren.

Gegenseitige Fellpflege. Es ist ganz natürlich, daß Katzen sich gegenseitig putzen, und wenn sie erst einmal damit angefangen haben, sind sie schon bald die besten Freunde. Wischen Sie all Ihre Katzen ein- oder zweimal pro Woche mit einem feuchten Tuch ab. Wenn sie sich daraufhin geputzt haben, fangen sie vielleicht auch an, sich gegenseitig zu putzen. Das läßt die Aggressionen ebenso verschwinden wie den Grund für das Spritzen.

Zuwendung gerecht verteilen. Achten Sie darauf, daß Sie nicht einer Katze mehr Aufmerksamkeit schenken als der anderen. Das Beste ist, gar nicht einzeln auf die Tiere einzugehen, sondern sie nur zu streicheln, wenn sie alle zusammen sind. So fühlt sich keines zurückgesetzt, und mit Glück hört der Kater auf zu spritzen.

Gemeinsame Schlafplätze schaffen. Wenn Ihre Katzen sich leidlich vertragen, können Sie versuchen, ihnen mehrere dicht beieinanderliegende Schlafplätze anzubieten. Je mehr Zeit die Tiere miteinander verbringen, desto besser lernen sie sich kennen, und der Grund für das Spritzen verschwindet.

Spritzverbot erteilen. Markiert Ihr Kater eine bestimmte Stelle immer wieder? Das können Sie unterbinden, indem Sie den Ort mit einem Katzenfernhaltespray aus dem Zoogeschäft einsprühen.

Es kann natürlich passieren, daß der Kater sich daraufhin einfach einen neuen Gegenstand zum Anspritzen sucht. Dann müssen Sie auch dort das Spray anwenden. Zu kurieren ist die Angewohnheit mit dieser Methode allerdings nicht.

Gründlich putzen. Sind Sie vor kurzem umgezogen und seitdem spritzt Ihr Kater? Vielleicht riecht Ihr neues Domizil noch nach der Katze Ihres Vorgängers. Dagegen hilft nur gründliches Putzen, am besten mit Essigreiniger oder einem anderen Mittel, das den Uringeruch überdeckt.

Für seelische Ausgeglichenheit sorgen. Manchmal fangen Katzen an zu spritzen, wenn sich in ihrem Leben etwas ändert. Versuchen Sie, den gewohnten Tagesablauf nicht zu ändern, damit dieses Problem gar

Wann muß die Katze zum Tierarzt?

Die meisten Katzen verspritzen Urin, um ihr Revier zu markieren oder weil sie unter Streß stehen. Manchmal ist das Spritzen aber auch ein Hinweis auf ein körperliches Problem wie Diabetes, Harnsteine oder eine Harnwegsinfektion.
Wenn Ihre Katze plötzlich anfängt zu spritzen, ihr das Urinieren schwerfällt oder sie auffallend häufig Harn absetzt, zögern Sie nicht, mit ihr zum Tierarzt zu gehen.

nicht erst auftritt. Lassen Sie Katzenkörbchen und Katzentoilette am gewohnten Platz stehen und füttern Sie auch weiterhin am gewohnten Ort.
Dauerhaft Abhilfe schaffen. Neunzig Prozent der Kater, die spritzen, hören nach der Kastration damit auf. Bei weiblichen Tieren ist die Erfolgsquote sogar noch höher – sie liegt bei 95 Prozent. Wenn Sie den Eingriff schon im Alter von etwa sechs Monaten vornehmen lassen, stehen die Chancen gut, daß Ihr Kater nie anfängt zu spritzen.

Tasthaar-Verlust

Vier Wege, damit umzugehen

Die Tasthaare der Katze – oft scherzhaft als Schnurrhaare bezeichnet – haben ihren Sitz rechts und links neben der Nase und über den Augen. Sie sind so empfindlich, daß die Katze mit ihnen sogar leichteste Luftströmungen wahrnehmen kann.
Beschädigungen oder Verlust der Tasthaare, zum Beispiel durch eine Kerzenflamme oder ein übereifriges Kind mit einer Schere, sind nicht gerade lebensbedrohend, aber sie bringen die Katze durcheinander und können auch sehr schmerzhaft sein. Ohne ihre Tasthaare kann Ihre Katze Schwierigkeiten haben, Engpässe zu überwinden, und auch die nächtliche Jagd ist nur noch eingeschränkt möglich.
Wenn die Schnurrhaare Ihrer Katze also einem Unfall zum Opfer gefallen sind, müssen Sie ihr helfen. Tierärzte empfehlen folgende Maßnahmen:

Nicht hinauslassen. Katzen brauchen ihre Tasthaare zum Navigieren, und ohne sie fällt es ihnen schwer, Entfernungen abzuschätzen.
Eine Katze ohne Tasthaare kann sich zum Beispiel die Augen verletzen, wenn sie durch ein Gebüsch streift und keine Haare da sind, die ihr sagen, wann sie die Augen schließen muß. Sie könnte auch in irgendeinem Engpaß steckenbleiben. Das passiert vor allem, wenn sie auf der Flucht ist – zum Beispiel vor einem Hund –, und ist dann natürlich besonders gefährlich.
Am sichersten ist es, wenn Sie Ihre Katze mehrere Monate im Haus behalten, bis die neuen Schnurrhaare gewachsen sind.
Keine Veränderungen vornehmen. Wenn Ihre Katze gerade ihre Tasthaare eingebüßt hat, sollten Sie das Umstellen Ihrer Möbel oder die Renovierung Ihres Hauses eine Zeitlang aufschieben. Nehmen Sie Rücksicht darauf, daß es Ihrer Katze zur Zeit schwer fällt, die räumliche Tiefe abzuschätzen.
Erklären Sie es den Kindern. Wenn Ihre Kinder wissen, wie wichtig die Tasthaare für ihren Liebling sind, werden sie nicht auf die Idee kommen, sich an ihnen zu vergreifen. Vielfach ist es nicht einmal Böswilligkeit, sondern einfach nur ihr Spieltrieb, der sie zur Schere greifen läßt.
Vorsicht, offenes Feuer! Die Neugier treibt Katzen zu den verrücktesten Dingen – manche von ihnen bestehen zum Beispiel darauf, an einer Kerzenflamme zu schnuppern. Dem fallen natürlich als erstes die

Tasthaare zum Opfer. Abgeschnittene Haare wachsen gewöhnlich wieder nach, doch wenn sie dicht über der Haut abgesengt sind, ist dies zweifelhaft. Wenn Ihre Katze auch zu denen gehört, bei denen die Neugier über die Vernunft siegt, sollten Sie sie für die Dauer Ihres Dinners bei Kerzenschein in einen anderen Raum verbannen.

Taubheit

Elf Tips, die das Zusammenleben erleichtern

Ihre Katze kommt nicht, wenn Sie sie rufen – nicht einmal, wenn Sie den Dosenöffner benutzen? Hat der Tierarzt Ihre Sorge bestätigt, daß sie weder dickfellig noch krank, sondern taub ist?
Manche Katzen werden taub geboren. Andere verlieren ihr Hörvermögen mit dem Alter oder als Folge von Verletzungen oder chronischen Entzündungen der Ohren. Doch glücklicherweise können taube Katzen mit etwas Hilfe ein fast normales Leben führen.
Tierärzte geben folgende Ratschläge für den Umgang mit einer tauben oder schwerhörigen Katze:

Sorgen Sie für Schutz. Lassen Sie eine taube Katze nie allein draußen herumstreifen. Sie kann herannahende Autos ebensowenig hören wie gefährliche Hunde. Wenn Ihre Katze den Gang ins Freie gewohnt ist, könnten Sie versuchen, sie an Leine und Geschirr zu gewöhnen und mit ihr spazierenzugehen.
Üben Sie Geduld. Das Leben mit einer tauben Katze kann eine Herausforderung sein. Sie ist schwerer zu erziehen und spielt vielleicht auch nicht so viel, wie es eine gesunde Katze tun würde. Werden Sie nicht ungeduldig, wenn sie etwas nicht versteht, sondern helfen Sie ihr dabei.
Versuchen Sie es mit Zeichensprache. Ihre Katze kann Ihre Rufe zwar nicht hören, aber sie kann Sie sehen. Warum also nicht versuchen, ihr einige einfache Handzeichen beizubringen?

Wann muß die Katze zum Tierarzt?

Ohrenentzündungen kommen relativ häufig vor und sind einfach zu behandeln. Wenn man sie aber unbehandelt läßt, können Mittelohr und Trommelfell Schaden nehmen, und es kommt zur Taubheit.
Wenn aus den Ohren Ihrer Katze ein übler Geruch aufsteigt oder sie sich pausenlos an den Ohren kratzt, sollten Sie sie zum Tierarzt bringen. Er wird möglicherweise anordnen, daß Sie die Ohren regelmäßig selbst reinigen, denn nur so können Sie das Hörvermögen auf Dauer erhalten.

Eines der wichtigsten ist „Komm her". Gehen Sie in die Hocke und winken Sie sie zu sich heran. Sie können sie anfangs auch mit einem Leckerbissen anlocken und müssen jede richtige Reaktion natürlich ausgiebig belohnen. Verlieren Sie nicht die Geduld. Manche Katzen lernen es schon am ersten Tag, andere brauchen Wochen oder sogar Monate.

Nutzen Sie den Geruchssinn. Katzen haben ausgezeichnete Nasen. Um eine taube Katze anzulocken, können Sie „Duftwellen" aussenden – schwenken Sie den Napf mit Fisch oder Leber ein paarmal hin und her. Wenn die Katze den Duft wahrnimmt, wird sie blitzschnell zur Stelle sein.

Leichte Berührungen. Wenn Sie die Aufmerksamkeit Ihrer Katze erregen wollen, während sie schläft, nähern Sie sich ihr von vorn und berühren Sie sie leicht. Eine taube Katze hört nicht, wenn sich ihr jemand nähert. Vermeiden Sie, sie ohne entsprechende Vorwarnung aus dem Schlaf zu schrecken.

Hört sie Glockengeläut oder Pfiffe? Wenn Ihre Katze nur schwerhörig ist und Ihre Stimme nicht mehr hören kann, gelingt es ihr vielleicht, Geräusche wahrzunehmen, die sich deutlich von denen des Hintergrundes abheben. Versuchen Sie, mit einer Glocke oder einer Trillerpfeife ihre Aufmerksamkeit zu erregen. Dabei ist es wichtig, zunächst relativ leise anzufangen, damit sie nicht durch das unerwartete Geräusch erschreckt wird. Wenn sie nicht reagiert, steigern Sie die Lautstärke.

In die Hände klatschen. Viele schwerhörige Katzen können es hören, wenn Sie in die Hände klatschen. Fangen Sie leise an, um Ihre Katze nicht zu erschrecken. Wenn Sie nicht reagiert, werden Sie lauter. Sie werden recht schnell merken, ob sie es hört oder nicht.

Schwingungen. Wenn ihre Katze am anderen Ende des Raums ist und Sie sich bemerkbar machen wollen, stampfen Sie mit dem Fuß auf. Die Schwingungen des Fußbodens werden sie veranlassen, in Ihre Richtung zu sehen.

Locken mit Licht. Im Dunklen kann das Aufblitzen einer Taschenlampe die Aufmerksamkeit ihrer Katze erregen. Wenn sie Sie daraufhin ansieht, geben Sie ihr die bekannten Handzeichen. Loben Sie sie ausgiebig, wenn sie verstanden hat. Vielleicht wird sie irgendwann sogar lernen, daß es Zeit zum Essen ist, wenn Sie das Küchenlicht mehrmals an- und ausschalten.

Sorgen Sie für Gesellschaft. Probieren Sie aus, ob es Ihrer tauben Katze hilft, wenn Sie ihr einen gesunden Gefährten geben. Die taube Katze merkt durch das Beobachten der hörenden, wann es Futterzeit ist oder ob jemand kommt.

Übergewicht

Zwölf Methoden, eine Katze um ein paar Pfunde zu erleichtern

Ist Ihre Katze etwas mollig? Oder ist „mollig“ schon eine Untertreibung? Dann ist sie nicht allein. Fachleute schätzen, daß jede dritte Hauskatze Übergewicht hat. Das bedeutet, daß allein in Deutschland Millionen von fetten Katzen herumwatscheln.

Manchmal beruht die Gewichtszunahme auf einem medizinischen Problem, doch die meisten dicken Katzen bekommen einfach zu viel Futter.

Genau wie Menschen leiden auch übergewichtige Katzen unter Problemen wie zu hohem Blutdruck, Diabetes und Arthritis. Die folgenden Tips sollen Ihnen helfen, aus Ihrer Pelzkugel wieder eine Katze zu machen.

Machen Sie den Rippentest. Sie sind nicht sicher, ob Ihre Katze zu dick ist? Streichen Sie ihr mit leichtem Druck über die Rippen. Wenn sie nicht deutlich zu fühlen sind, ist Diät angesagt.

Wenn der Bauch über den Brustkorb hinausragt und selbst der Kopf dick aussieht, hat die Katze Übergewicht. Das Idealgewicht ist erreicht, wenn die Rippen unter dem Fell zu fühlen sind.

Wann muß die Katze zum Tierarzt?

Ihre bisher schlanke Katze bekommt nicht mehr Futter als sonst und sieht in letzter Zeit trotzdem aus wie ein Hängebauchschwein? Natürlich kann es sein, daß sie sich jetzt, wo sie allmählich älter wird, weniger bewegt, doch es ist auch möglich, daß sie krank ist.
Es gibt eine Reihe von Krankheiten wie Herzleiden oder die ansteckende Bauchfellentzündung, die mit einem aufgeblähten Bauch einhergehen. Aus diesem Grund sollten Sie zunächst mit dem Tierarzt sprechen, bevor Sie Ihre vermeintlich fette Katze auf Diät setzen. In manchen dieser Fälle kann eine strenge Diät sogar das Leben der Katze gefährden.

Bewegung macht schlank. Versuchen Sie doch einmal, Ihre Katze an der Leine auszuführen wie einen Hund. Oder, wenn Ihnen die gemeinsamen Spaziergänge zu nervenaufreibend sind, spielen Sie mit ihr. Sie werden sich allerdings einiges einfallen lassen müssen, um eine fette, faule Katze zu motivieren.

Katzenfutter light. Manche Tierärzte empfehlen ein fettarmes, rohfaserreiches Katzenfutter zur Gewichtsreduzierung. Manchmal reicht es schon, wenn Sie einen Teil des gewohnten Futters damit ersetzen. Mit diesem Futter kann die Katze so viel fressen, wie sie gewohnt ist, wird aber trotzdem nicht mehr dicker.

Kalorien reduzieren. Kürzen Sie als erstes die Futterration um ein Viertel. Sind die Rippen nach zwei Wochen immer noch nicht zu fühlen, streichen Sie ein weiteres Viertel der Ration. Hat sich nach weiteren zwei Wochen immer noch nichts getan, ist es an der Zeit, die Katze zum Tierarzt zu bringen.

Häufiger füttern. Damit die Katze während ihrer Diät keinen Hunger leiden muß, sollten Sie ihre Futterration in vier bis sechs Portionen aufteilen und ihr alle paar Stunden eine davon geben. Dadurch ist ihr Magen beschäftigt, und sie merkt vielleicht gar nicht, daß sie eigentlich weniger Futter bekommt als sonst.

Das Vergnügen verlängern. Eine andere Methode, eine Katze nicht merken zu lassen, wie klein ihre Futterration eigentlich ist: Geben Sie das Futter in mehrere Näpfe, die Sie in kleine, auf der Seite liegende Kartons stellen. Um an die nächsten paar Bissen zu kommen, muß die Katze den Karton finden, die Öffnung suchen und hineinkriechen. Das macht Spaß und kostet Zeit und ist damit genau das, was der Ernährungsberater empfiehlt.

Das Futter in mehrere Portionen aufzuteilen und diese dann noch zu verstecken, verlängert die Freude am Essen und läßt die Katze nicht merken, wie wenig sie eigentlich bekommt.

Zwischenmahlzeiten streichen. Natürlich ist es verlockend, der Katze zwischen den Mahlzeiten etwas Leckeres zuzustecken, doch solange sie auf Diät ist, sollten Sie ihr diese zusätzlichen Kalorien vorenthalten.

Kalorienarme Leckereien. Wenn Ihre Katze auf den gewohnten Zwischenmahlzeiten besteht, versuchen Sie doch einmal, sie mit etwas abzuspeisen, das nicht dick macht, zum Beispiel gekochten grünen Bohnen, Möhren oder ungezuckertem Popcorn.

Der Futtertrick. Sie können auch einen Teil der Tagesration Katzenfutter beiseite stellen und als „Leckerbissen" zwischendurch verfüttern. Geben Sie Ihrer Katze gelegentlich einen Löffel voll, und alle Beteiligten sind zufrieden.

Knoblauch zur Diät. Auch wenn Knoblauch nicht gerade für frischen Atem sorgt, trägt er doch zur Gewichtsreduzierung bei, weil er die Funktion von Leber und Gallenblase anregt. Quetschen Sie eine viertel bis halbe Zehe und geben Sie sie ins Futter.

Not macht erfinderisch. Katzen, die der Meinung sind, daß sie nicht genug zu essen bekommen, können sich zu wahren Meisterdieben entwickeln. Achten Sie also darauf, Müllsäcke außerhalb ihrer Reichweite

Gewichtskontrolle

Regelmäßiges Wiegen Ihrer Katze zeigt Ihnen, ob Ihre Diätmaßnahmen Erfolg haben oder nicht. Eine Katze zu wiegen, ist einfach. Nehmen Sie sie auf den Arm und steigen Sie mit ihr auf Ihre Badezimmerwaage. Dann setzen Sie sie ab und wiegen nur sich allein. Die Differenz ist das Gewicht Ihrer Katze.

Wenn sie keine Personenwaage im Haus haben, können Sie Ihre Katze auch beim Tierarzt wiegen lassen. Er wird es vermutlich ohnehin tun, wenn Sie den Diätplan mit ihm gemeinsam erarbeitet haben.

aufzustellen, nichts Eßbares auf dem Tisch oder den Arbeitsplatten der Küche liegenzulassen und vor allem das Brot zu verstecken, denn heißhungrige Katzen sind ganz verrückt nach Brot.

Rechnen Sie mit Widerstand. Niemand hält gern Diät, und Katzen hassen es ganz besonders. Sie beschweren sich lautstark und streichen Ihnen pausenlos um die Beine, sobald Sie sich in Richtung Küche bewegen. Doch bevor Sie nachgeben, denken Sie immer daran, daß die Gesundheit Ihrer Katze auf dem Spiel steht.

Umzugssorgen

Neun Methoden, einer Katze das Eingewöhnen zu erleichtern

Ihr neues Haus ist traumhaft. Sie und Ihre Familie werden hier glücklich sein. Aber was ist nur mit der Katze los? Gefällt ihr das Haus nicht? Oder warum kratzt sie an den neuen Möbeln, uriniert auf den neuen Teppich, versteckt sich oder lungert ständig hinter der Haustür herum? Ein Umzug kann für eine Katze ein ziemlicher Schock sein. Auch wenn die meisten Katzenbesitzer es nicht gern hören: Katzen hängen mehr an ihrer gewohnten Umgebung als an ihrem Menschen.
Die folgenden Tips können dafür sorgen, daß der Umzug nicht zu einem traumatischen Erlebnis für Ihre Katze wird.

Die wirklich wichtigen Dinge einpacken. Hängt Ihre Katze besonders an einem bestimmten Möbelstück? Nehmen Sie es mit – auch wenn ein zerrupfter Katzensessel nicht zur neuen Einrichtung paßt. Doch genau dieser Sessel wird Ihrer Katze das Einleben erleichtern, denn er trägt ihren Geruch, sie ist an ihn gewöhnt, und seine Anwesenheit wird sie beruhigen.

Schenken Sie ihr ein T-Shirt. Um Ihrer Katze die Eingewöhnung zu erleichtern, sollten Sie dafür sorgen, daß ihr neuer Schlafplatz nach Ihnen riecht. Für Katzen ist der Geruchssinn sehr wichtig, und es beruhigt sie, wenn sie in fremder Umgebung einen bekannten Geruch wahrnehmen. Außerdem lieben es die meisten Katzen, auf schmutziger Wäsche zu schlafen.

Geben Sie Ihrer Katze ein T-Shirt oder ein Sweatshirt, das Sie bereits getragen haben. Ideal ist es, wenn Sie das nehmen, das Sie beim Umzug anhatten.

Ein ruhiges Plätzchen anbieten. Mitten im Umzugstrubel ist es für Ihre Katze besonders schwierig, sich einzuleben. Sperren Sie sie in ein Zimmer ein, in dem kein Lärm herrscht und keine Kartons herumgeschoben werden.

Besuchen Sie Ihre Katze oft, geben Sie ihr etwas Futter und beschäftigen Sie sich eine Weile mit ihr.

Konsequenz ist gefragt. Versuchen Sie, nach dem Umzug schnell wieder nach der gewohnten Routine zu verfahren. Lassen Sie Ihre Katze auch weiterhin im Bett schlafen, wenn sie das bisher durfte, und füttern Sie sie zur gewohnten Zeit und mit dem gewohnten Futter.

Tips für den Ernstfall

Ist Ihre Katze daran gewöhnt, ein Halsband zu tragen? Wenn ja, sollten Sie es mit einem kleinen Adreßanhänger versehen, auf dem sowohl Ihre alte als auch Ihre neue Adresse stehen. Auch wenn Sie noch so vorsichtig sind, kann es doch passieren, daß Ihnen Ihre Katze im Umzugstrubel entwischt. Wenn das passiert, kann ein solcher Anhänger ihr Leben retten.

Besonders viel Zuwendung. Kümmern Sie sich in der ersten Zeit besonders viel um Ihre Katze. Spielen Sie häufig mit ihr, damit sie die Scheu vor der fremden Umgebung schnell verliert.

Vorsicht, Fluchtversuch! Es kann leicht passieren, daß eine Katze im Umzugstrubel verlorengeht. Wenn Sie ganz sichergehen wollen, lassen Sie sie im Katzenkorb, bis die Möbelpacker fort sind und wieder etwas Ruhe eingekehrt ist.

Wenn Sie vorhaben, die Katze am neuen Wohnort hinauszulassen, warten Sie damit mindestens einen Monat, damit sie nicht schnurstracks in ihr altes Revier zurückläuft. Wenn sie es sich gefallenläßt, sollten Sie sie während der ersten Ausflüge an der Leine führen.

Auf Sicherheit achten. Ein neues Haus ist nicht unbedingt auch katzensicher. Bevor Ihre Katze die ersten Inspektionsrunden drehen darf, gehen Sie durch alle Räume und beseitigen mögliche Gefahren wie Löcher, in die die Katze fallen könnte, Verpackungsmaterial aus Styropor, das sie vielleicht frißt, oder stromführende Kabelenden.

Planung ist alles. Planen Sie Ihrem Umzug so, daß mindestens ein Familienmitglied die ersten Tage nach dem Umzug zuhause ist. Das Schlimmste, was Sie tun können, ist einzuziehen und Ihre Katze schon am nächsten Tag zehn Stunden allein zu lassen.

Ein Zimmer nach dem anderen. Wenn Ihre Katze sehr ängstlich ist, sollten Sie ihr ihr neues Heim allmählich zeigen. Halten Sie sie die erste Woche in einem Raum (Ihr Schlafzimmer ist ideal).

Stellen Sie ihre Futternäpfe und ihr Katzenklo dort auf und geben Sie ihr ihre Spielsachen. Wenn sie sich im Schlafzimmer zuhause fühlt, darf sie das nächste Zimmer untersuchen. Auf diese Weise wird sie irgendwann das ganze Haus kennenlernen und sich in jedem Raum sicherfühlen.

Verfilztes Fell

Sieben Methoden, die Knoten zu entwirren

Beim Stichwort verfilztes Fell denkt man automatisch an Langhaarkatzen, doch auch bei den kurzhaarigen Rassen kann es zu Verfilzungen kommen, vor allem bei älteren Tieren, die nicht mehr beweglich genug sind, um an allen Körperteilen ausgiebige Fellpflege zu betreiben.
Wenn das Fell Ihrer Katze so verfilzt ist, daß Sie es ihr am liebsten ausziehen und es in die Reinigung geben würden, haben Sie zu lange gewartet. Viel sinnvoller ist es, die Knoten im Pelz zu entwirren, bevor sie zu dichten Matten verfilzen. Die folgenden Tips sollen Ihnen dabei helfen.

Vor Nässe schützen. Wenn das verfilzte Fell naß geworden ist, läuft es beim Trocknen ein wie ein Wollpullover, und Sie werden es nie wieder entwirren können. Lassen Sie Ihre Katze also erst wieder im Regen oder in nassem Gras herumlaufen, wenn Sie die Verfilzungen entfernt haben.
Fingerarbeit. Matten aus verfilztem Haar zu entwirren, erfordert Geduld. Beginnen Sie an den Rändern und versuchen Sie die Matte – wenn nötig Haar für Haar – in der Mitte zu teilen. Dann teilen Sie die Hälften in Viertel, die Viertel in Achtel und so weiter. Wenn alles ent-

Wann muß die Katze zum Tierarzt?

Verfilzte Haarbüschel sind kein schöner Anblick, doch was unter ihnen liegt, kann noch viel häßlicher sein.
Wenn die verfilzten Klumpen nicht regelmäßig entfernt werden, bieten sie Bakterien, Hefepilzen und Parasiten ein ideales Versteck. Außerdem können sich im Laufe der Zeit Wundstellen unter den Verfilzungen entwickeln, die schwerwiegende Infektionen nach sich ziehen.
Wenn Sie also unter einer besonders großen Verfilzung eine offene, infizierte Wunde vorfinden – oder Ihre verfilzte Katze fiebrig wirkt oder appetitlos ist – sollten Sie sofort mit ihr zum Tierarzt gehen. Diese Anzeichen deuten darauf hin, daß es sich bei den Verfilzungen nicht nur um ein kosmetisches Problem handelt.

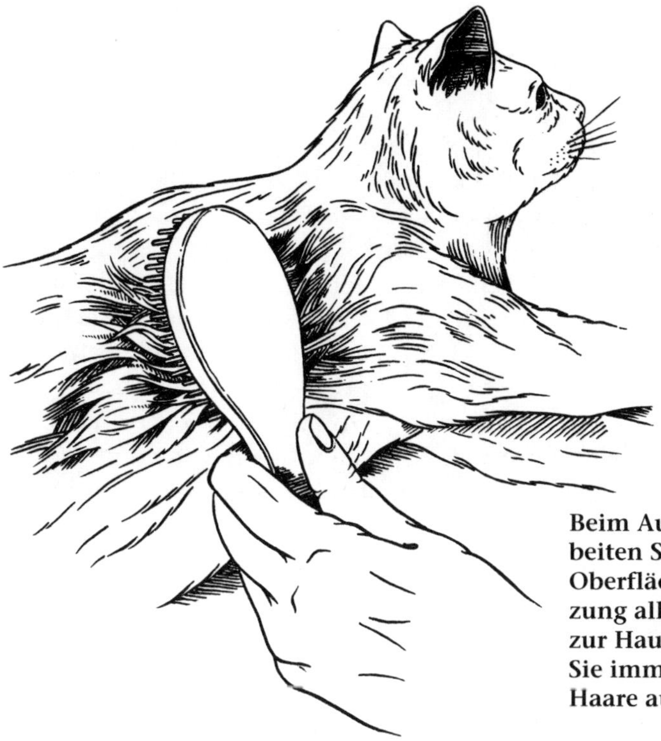

Beim Ausbürsten arbeiten Sie sich von der Oberfläche der Verfilzung allmählich bis zur Haut vor. Bürsten Sie immer nur wenige Haare auf einmal aus.

wirrt ist, kämmen Sie die Stelle gut durch, um die letzten losen Haare zu entfernen.

Ausbürsten. Bürsten Sie zunächst nur oberflächlich mit kurzen, aufwärtsgerichteten Strichen. Wenn die oberen Haare dann glatt liegen, arbeiten Sie sich allmählich bis auf die Haut vor. Gehen Sie schichtweise vor – wenn Sie die Bürste zu tief ansetzen, wird es der Katze wehtun.

Wenn Sie mit der Bürste bis auf die Haut durchgedrungen sind, beenden Sie die Arbeit mit dem Kamm. Bleibt er irgendwo hängen, müssen Sie noch einmal zur Bürste greifen.

Maisstärke zum Entwirren. Bestäuben Sie die Verfilzungen leicht mit Maisstärke, denn dann lassen sich die Haare leichter auseinanderzupfen. Wenn Sie sich in die tieferen Schichten vorgearbeitet haben, müssen Sie eventuell noch einmal nachstäuben.

In Etappen arbeiten. Großflächige Verfilzungen sollten Sie nicht in einer einzigen Sitzung entwirren. Es reicht vollkommen, etwa zehn Minuten daran zu arbeiten. Dann streicheln Sie Ihre Katze und belohnen sie vielleicht auch mit einem Leckerbissen. Ein paar Stunden später können Sie erneut an die Arbeit gehen. Versuchen Sie, Ihrer Katze das Entfilzen so angenehm zu machen, wie es geht.

Der Griff zur Schere. Besonders hartnäckige Verfilzungen sind manchmal nur zu lösen, wenn man sie in der Mitte durchschneidet. Danach ist es etwas leichter, sie mit den Fingern zu entwirren.
Manchmal ist es das einfachste, den ganzen Klumpen einfach herauszuschneiden. Schieben Sie die Spitzen der Schere vorsichtig unter die Verfilzung und öffnen dann die Schere, um die verfilzten Haare zu lockern. Schneiden Sie immer nur wenige Haare auf einmal ab und achten Sie sehr darauf, Ihre Katze nicht zu verletzen.
Im Zoofachhandel gibt es verschiedene scharfe Instrumente zum Entwirren von Verfilzungen, doch ihr Gebrauch sollte Profis vorbehalten bleiben. Bei einer Katze, die nicht stillhält, kann schon eine Schere gefährlich werden.
Vorbeugen ist besser als Entwirren. Wenn Sie alle Verfilzungen entfernt haben, sollten Sie Ihre Katze in Zukunft täglich bürsten – vor allem die Problemzonen. Achten Sie aber darauf, alle Schichten bis hinunter zur Haut zu bürsten. Viele Katzenbesitzer bürsten nur das Deckhaar und wundern sich, warum das darunterliegende Fell verfilzt. Lassen Sie sich im Zoogeschäft beraten, welche Bürste sich für Ihre Katze am besten eignet.

Vergiftungen

Dreizehn Tips für den Notfall

Katzen stecken ihre Nase gewohnheitsmäßig in alles, doch manchmal stoßen sie dabei auf etwas, das ihnen nicht bekommt.
Jahr für Jahr vergiften sich Tausende von Tieren in ihren eigenen „sicheren“ vier Wänden. Das liegt daran, daß sie keine Etiketten lesen können. Außerdem finden sie Dinge, die uns abscheulich vorkommen – wie etwa Frostschutzmittel – ausgesprochen lecker.
Wenn Sie sehen, daß Ihre Katze etwas frißt oder sich in etwas wälzt, das gefährlich für sie ist, betrachten Sie es als Notfall und bringen Sie sie sofort zum Tierarzt. Bei Vergiftungen zählt jede Minute.
Wenn der Tierarzt nicht sofort zu erreichen ist, müssen Sie selbst dafür sorgen, daß Ihrer Katze die Neugier nicht zum Verhängnis wird.

Das Gift identifizieren. Noch bevor Sie den Tierarzt anrufen, müssen Sie feststellen, was Ihre Katze genau gefressen hat. Es nützt dem Tierarzt nichts, wenn Sie ihm nur sagen, daß Ihre Katze das Pflanzenschutzmittel verschlungen hat. Er muß wissen, welche Stoffe es enthält, in welcher Konzentration und zudem alles weitere, was auf der Packung steht.
Außerdem ist es hilfreich, festzustellen, wieviel von dem Gift von der Packung in die Katze gewandert ist. Wenn sie erbricht, geben Sie etwas davon in einen Plastikbeutel. Die Probe kann dem Tierarzt wertvolle Hinweise liefern.
Das Gift loswerden. Wenn Ihre Katze Tabletten, Frostschutzmittel oder ein anderes, nicht ätzendes Gift geschluckt hat, müssen Sie versuchen, Erbrechen auszulösen, damit sie das Gift wieder loswird.
Um sie zum Erbrechen zu bringen, ziehen Sie 5 ml einer dreiprozentigen Wasserstoffperoxidlösung in eine Spritze ohne Nadel auf. Heben Sie den Kopf Ihrer Katze an und spritzen Sie ihr die Lösung in den Rachen.
Eine andere Möglichkeit ist Salzwasser. Lösen Sie zwei gehäufte Teelöffel Salz in einer halben Tasse Wasser auf und geben Sie ihr mindestens 10 ml davon.
Das Gift neutralisieren. Wenn Ihre Katze etwas Ätzendes verschluckt hat – zum Beispiel Abflußreiniger oder Kerosin –, dürfen Sie sie nicht zum Erbrechen bringen, denn dadurch würden die Verätzungen verdoppelt: beim Schlucken und beim Hochkommen. Geben Sie ihr stattdessen etwas, das die Chemikalien neutralisiert.

Handelt es sich um eine Lauge – wie etwa Abflußreiniger –, mischen Sie Zitronensaft oder Essig zu gleichen Teilen mit Wasser und spritzen Sie ihr die Lösung ins Maul.

Ist eine Säure in den Körper gelangt – zum Beispiel Batteriesäure oder ein Bleichmittel –, geben Sie Ihrer Katze Magnesiamilch oder Dosenmilch.

Aktivkohle zum Absorbieren. Aktivkohle, entweder in Tablettenform oder als Pulver mit Wasser eingegeben, absorbiert das Gift im Magen, bevor es Schaden anrichtet.

Doch auch nachdem die Katze die Kohle bekommen hat, ist das Gift noch in ihrem Körper, das heißt, sie muß trotzdem möglichst schnell zum Tierarzt.

Milch zur Verdünnung. Bei vielen Vergiftungen ist Milch ein gutes Verdünnungsmittel, das zugleich Maul, Speiseröhre und Magen mit einer schützenden Schleimschicht überzieht. Wenn die Katze bei Bewußtsein ist, kann Milch gegeben werden. Ist sie jedoch benommen oder bewußtlos, dürfen Sie ihr keine Flüssigkeiten eingeben – sie könnte daran ersticken.

Medikamente sicher aufbewahren. Selbst der beste kindersichere Verschluß nützt nichts, wenn die Katze das Medizinfläschchen umstößt und es auf dem Boden zerplatzt. Nach Schädlingsbekämpfungsmitteln sind Medikamente die zweithäufigste Vergiftungsursache bei Haustieren.

Schon ein paar Aspirin können eine Katze töten. Lassen Sie also keine Medikamente herumliegen, wo sie für Ihre Katze zugänglich sind.

Kindersichere Schränke. Katzen können sehr erfinderisch sein, wenn ihre Neugier sie treibt. Leider sind viele Produkte, die wir in „Katzenhöhe" aufbewahren, extrem giftig. Dazu gehören auch die Reinigungsmittel im Schrank unter der Spüle.

Besorgen Sie sich Kindersicherungen für diese Schränke, denn andernfalls öffnet die Katze sie mit einer Pfotenbewegung.

Vorsicht in der Garage. Ein Stoff, mit dem sich Jahr für Jahr unzählige Tiere vergiften, ist Frostschutzmittel für Autokühler. Katzen lieben seinen süßen Geschmack, doch schon ein Teelöffel voll ist tödlich. Verstauen Sie angebrochene Flaschen katzensicher und lassen Sie Undichtigkeiten an Kühler oder Schläuchen reparieren, bevor Ihre Katze die Kühlwasserpfützen unter dem Auto entdeckt.

Vorsicht, Giftpflanzen! Viele verbreitete Zierpflanzen wie Philodendron, Dieffenbachie und Eibe sind gefährlich oder sogar giftig für Katzen. Normalerweise wird es erst gefährlich, wenn die Katze Pflanzenteile schluckt, doch manchmal reicht es aus, wenn sie nur auf den Blättern kaut.

Weitere gefährliche Pflanzen sind Caladie, Alpenveilchen, Fingerhut, Drachenbaum, Stechpalme, Mistel, Azalee, Weihnachtsstern und Rhododendron.
Stellen Sie all Ihre Zimmerpflanzen so auf, daß die Katze sie nicht erreichen kann. Wenn Sie nicht sicher sind, ob eine bestimmte Pflanze eine Gefahr darstellt, fragen Sie Ihren Tierarzt.
Tierärztliche Anweisungen befolgen. Wenn etwas Medizin der Katze hilft, muß viel Medizin ihr doch noch viel mehr helfen; so denken viele Tierhalter. Sie erhöhen eigenmächtig die vom Tierarzt verordnete Dosierung um das Zwei- oder Dreifache – und die Katze muß es mit dem Leben bezahlen. Manchmal vergessen sie auch eine Dosis und geben später eine doppelte, um ihren Fehler wieder wettzumachen.
Befolgen Sie die Anweisungen des Tierarztes und lesen Sie zusätzlich die Packungsbeilagen. Wenn Sie etwas vergessen haben oder nicht verstehen, zögern Sie nicht, beim Tierarzt nachzufragen.
Das Fell entgiften. Nicht alle Gifte müssen in den Körper gelangen, um Schaden anzurichten. Bei manchen reicht es schon aus, wenn sie nur mit Haut oder Fell in Berührung kommen. Selbst Stoffe, die normalerweise harmlos sind, wie zum Beispiel Flohbäder, können tödlich wirken, wenn sie nicht vorschriftsgemäß angewendet werden.
Wenn Ihre Katze mit einem Gift in Berührung gekommen ist, waschen Sie es sofort gründlich ab.
Die Erste Hilfe-Maßnahmen sind dieselben wie beim Menschen. Spülen Sie die betroffenen Partien noch vor der Fahrt zum Tierarzt mindestens zehn Minuten unter fließendem Wasser ab.
Danach können Sie das Fell noch mit Shampoo oder Geschirrspülmittel waschen, um soviel wie möglich von dem Gift zu entfernen.
Pestizide. Wenn Sie Schädlinge wie Schnecken oder Ameisen bekämpfen wollen, stellen Sie die Köder stets an Orten auf, die für Ihre Katze nicht zugänglich sind.
Versuchen Sie außerdem, mit möglichst geringen Mengen auszukommen – gerade genug, um die Maus oder Küchenschabe zu vergiften, aber nicht genug, um Ihrer Katze zu schaden.
Für Luft sorgen. Wenn Ihre Katze große Mengen Kohlendioxid oder ein anderes Gas eingeatmet hat, bringen Sie sie so schnell wie möglich an die frische Luft und rufen Sie dann den Tierarzt an.

Verstopfung

Acht Methoden, die Verdauung anzuregen

Ist das Katzenklo schon den ganzen Tag unberührt? War Ihre Katze auch nicht draußen und hat vielleicht dort ihre Geschäfte erledigt? Verstopfung ist bei Katzen selten, doch sie kommt vor und ist für die Tiere sehr unangenehm.
Wenn sich Ihre Katze einen oder sogar mehrere Tage lang bemüht und trotzdem keinen Kot absetzen kann, sollten Sie sie zum Tierarzt bringen. In der Zwischenzeit können Sie versuchen, mit folgenden Hausmitteln die Verstopfung zu beheben.

Versuchen Sie es mit Kleie. Etwa ein halber Teelöffel voll Haferschälkleie einmal täglich aufs Futter gestreut beugt Verstopfungen wirksam vor. Geben Sie etwas Fleischbrühe über das Futter, dann fällt es der Katze leichter, die Kleie zu schlucken.
Füttern Sie Flocken. Eine andere Möglichkeit ist es, Getreideflocken unter das Futter zu rühren. Etwa ein Teelöffel voll in jeder Mahlzeit regt die Verdauung an.
Auch gut: Kürbis. Kürbis aus der Dose ist ebenfalls sehr faserreich. Außerdem scheinen Katzen ihn ausgesprochen gern zu fressen. Mischen Sie einen Teelöffel voll unter das Futter, bis die Verdauung wieder geregelt ist.
Milch. Normalerweise sollten Katzen keine Milch bekommen, weil sie zu Durchfall führen kann. Bei einer Verstopfung könnte Milch jedoch genau das Richtige sein. Geben Sie Ihrer Katze zweimal täglich ein Schälchen voll, und wenn die Verstopfung behoben ist, entwöhnen Sie sie im Laufe von drei oder vier Tagen wieder davon.
Für Wasser sorgen. Wenn Ihre Katze nicht genug trinkt, ist es kein Wunder, daß sie unter Verstopfung leidet. Stellen Sie ihr immer Wasser bereit, und wenn sie zu träge ist, bis zu ihrem Wassernapf zu laufen, verteilen Sie weitere Näpfe an strategisch wichtigen Punkten. Sie können auch das Futter mit Wasser verdünnen oder das Trockenfutter aufgequollen verfüttern.
Bewegung ist alles. Spielen Sie mehrmals am Tag mit Ihrer Katze, denn durch die Bewegung wird ihre Verdauung angeregt.
Dem Ruf der Natur lauschen. Viele Katzen verstopfen nur, weil sie keine Möglichkeit hatten, sich zu erleichtern. Wenn die Katzentoilette

Falscher Alarm

Auch wenn Ihre Katze immer wieder die Katzentoilette aufsucht und angestrengt preßt, bedeutet das nicht unbedingt, daß sie verstopft ist. In den meisten Fällen hat sie ein ganz anderes Problem.
Eine Möglichkeit ist ein blockierter Harnleiter. Die Katze bemüht sich, Harn abzusetzen, und schafft es nicht, doch der Besitzer geht davon aus, daß sie verstopft ist.
Ein blockierter Harnleiter ist sehr gefährlich für das Tier – achten Sie auf feuchte Stellen in der Katzenstreu, die beweisen, daß Urin abgesetzt wird. Wenn sich die Katze weiterhin bemüht, das Katzenklo aber trocken bleibt, müssen Sie mit ihr sofort zum Tierarzt.

unerreichbar ist, wird der angestaute Kot immer härter und trockener, und das kann relativ schnell zu Problemen führen.
Achten Sie darauf, daß die Katze immer Zugang zu ihrer Toilette hat oder, wenn sie es so gewohnt ist, daß sie ins Freie kann, wann immer sie möchte – zum Beispiel durch eine Katzenklappe.
Manchmal hilft ein Haarschnitt. Bei langhaarigen Katzen kann das Fell rund um den After so verkletten, daß ein Kotabsatz unmöglich wird. Tierärzte bezeichnen dies als mechanische Verstopfung. Je länger dieser Zustand bestehen bleibt, desto härter wird der Kot, bis die Katze schließlich unter echter Verstopfung leidet.
Die Lösung? Nehmen Sie eine Schere mit abgerundeten Spitzen und schneiden Sie das verfilzte Fell vorsichtig ab.

Wollefressen

Acht Methoden, den Inhalt Ihres Kleiderschranks zu retten

Katzen tun die verrücktesten Dinge. Sie schlafen in Schubladen, sie rollen das Toilettenpapier ab und zerrupfen es in winzige Schnipsel, und manchmal bekommen sie ihre „verrückten fünf Minuten" und rasen durchs Haus, als wäre der Teufel hinter ihnen her.
Und wenn Sie glauben, Ihre Katze genau zu kennen, überrascht sie Sie mit einem neuen Trick: Sie saugt an Pullovern, kaut auf dem Teppich herum und frißt große Stücke aus Socken, Handtüchern, T-Shirts und Decken. Ihr Tierarzt bezeichnet diese Angewohnheit als Wollefressen, doch Ihnen kommt es eher vor wie reine Zerstörungswut.
Jeder weiche Stoff fällt ihren Zähnen zum Opfer, doch Wolle scheint die größte Anziehungskraft auszuüben.
Tierärzte können nicht mit Sicherheit sagen, was dieses Verhalten auslöst, doch es scheint überwiegend bei Katzen aufzutreten, die zu früh von ihrer Mutter getrennt wurden. Bei Siamkatzen soll es am häufigsten vorkommen, doch es tritt auch bei anderen Rassen auf.
Mit Hilfe der folgenden Tips können Sie verhindern, daß Ihre Katze auch Ihr letztes Hemd frißt.

Nicht in Versuchung führen. Die beste Methode, Ihre Pullover zu schützen, ist, sie katzensicher zu verwahren. Lassen Sie Wollpullover und andere verlockende Kleidungsstücke nicht offen herumliegen.
Wenn Ihre Katze Dinge bevorzugt, die sich nicht wegräumen lassen, zum Beispiel den Teppich oder die Tagesdecke des Bettes, ist die einzige Möglichkeit, sie aus den Zimmern auszusperren, in denen sie das meiste Unheil anrichtet.
Für Spielzeug sorgen. Geben Sie Ihrer Katze viel Spielzeug, auf dem sie auch herumbeißen kann – das könnte Ihre Lieblingspullover retten. In Zoogeschäften gibt es eine ganze Reihe von Katzenspielzeugen aus Stoff – probieren Sie aus, was Ihrer Katze gefällt.
Faserreich füttern. Ein Wechsel zu einer rohfaserreichen Futtersorte kann schon ausreichen, um die Zerstörungswut zu stoppen. In manchen Fällen reicht sogar schon der Wechsel von Dosen- zu Trockenfutter.

Beste Ergebnisse. Es gibt zwar keine Erklärung dafür, doch viele Katzen vergessen ihre Unart, wenn sie Salat vorgesetzt bekommen. Besonders gern scheinen sie Römischen Salat zu fressen.
Geben Sie Ihrer Katze jeden Tag ein oder zwei Blätter, entweder ganz oder zerkleinert, je nach dem, wie sie es am liebsten mag.
Knusperfutter. Katzen, bei denen der Salat keine Wirkung zeigt, bevorzugen vielleicht knusprigere Dinge wie grüne Bohnen, gekochte Kartoffelschalen oder ein Stück gebratenen Speck. Mit etwas Glück lenken diese Delikatessen sie vom Wollefressen ab.
Werden Sie deutlich. Wenn Ihre Katze ihr Hobby nicht aufgeben will, sprühen Sie die gefährdetsten Kleidungsstücke mit einem Katzenfernhaltespray ein.
Legen Sie ein verlockendes Katzenspielzeug aus Stoff bereit. Auf diese Weise lernt die Katze, daß das Spielzeug angenehm ist, Ihre Pullover aber nicht.
Mottenkugeln zur Abschreckung. Der strenge Geruch von Mottenkugeln, der aus Ihrem Schrank oder Wäschekorb strömt, könnte Ihre Katze abschrecken. Bewahren Sie die Mottenkugeln aber in einem festverschlossenen Korb auf, denn es gibt tatsächlich Katzen, die ganz verrückt danach sind.
Eine Alarmanlage. Ein mit einem Alarm verbundener Bewegungsmelder in Ihrem Schrank kann Ihre Kleidung vor der Zerstörungswut Ihrer Katze retten. Wenn der Alarm ertönt, wird die Katze erschrocken die Flucht ergreifen und irgendwann nicht mehr wagen, einen neuen Versuch zu unternehmen.

Wunden

Neun Tips für die Erste Hilfe im Notfall

Für Sie ist Ihre Katze natürlich die schönste und beste der Welt, doch Nachbars Kater oder der Hund von gegenüber sind vielleicht ganz anderer Meinung.
Katzen werden jedoch nicht nur im Kampf verletzt, sie können auch Unfälle erleiden, bei denen sie sich Wunden zuziehen. Die folgenden Hinweise sollen es Ihnen erleichtern, in diesen Fällen fachmännisch Erste Hilfe zu leisten.

Vorsichtsmaßnahmen. Eine verletzte Katze hat Angst und kann nicht verstehen, daß Sie ihr nur helfen wollen. Riskieren Sie nicht, von ihr zerkratzt zu werden. Wickeln Sie sie so in einen Kissenbezug, ein Handtuch oder eine Decke ein, daß nur noch der verletzte Körperteil herausschaut. Achten Sie aber darauf, sie nicht so fest einzuwickeln, daß sie keine Luft mehr bekommt.
Die Blutung stillen. Das Allerwichtigste ist, die Blutung zum Stillstand zu bringen. Drücken Sie mit der Hand oder einem sauberen Tuch auf die Wunde, bis sie nicht mehr blutet. Das dauert gewöhnlich ein paar Minuten. Wenn die Blutung nicht aufhört, bringen Sie die Katze so schnell wie möglich zum Tierarzt.
Die Wunde freischneiden. Wenn die Verletzung nicht mehr blutet, muß die Wunde gesäubert werden. Dazu müssen Sie das die Wundränder umgebende Fell wegschneiden. Sie können eine Schere benutzen, eine elektrische Schermaschine ist jedoch besser. Achten Sie darauf, daß die abgeschnittenen Haare nicht in der Wunde landen, denn wenn sie dort festkleben, ist eine Infektion vorprogrammiert.
Gründliche Reinigung. Tiefe Schnitt- oder Bißwunden werden unter fließendem Wasser gespült, denn nur so sind bakterienbeladene Haare oder andere Fremdkörper zu entfernen. Wasser und Seife sind ein hervorragendes Desinfektionsmittel.
Keine Salben auftragen. Oberflächliche Wunden sollten Sie nicht mit scharfen Mitteln desinfizieren und auch keine Wundsalben auftragen. Die Desinfektion würde die Haut zusätzlich reizen, und die Salbe wird die Katze ohnehin sofort ablecken.
Lecken lassen. Eine verletzte Katze wird sofort anfangen, die Wunde zu lecken. Lassen Sie sie ruhig gewähren, denn das Lecken reinigt die Wunde und beschleunigt die Heilung.

Wann muß die Katze zum Tierarzt?

Oberflächliche Wunden können Sie selbst behandeln, doch tiefe oder großflächige Verletzungen sind ein Fall für den Tierarzt. Das gilt vor allem für stark blutende oder extrem schmerzhafte Wunden.
Wenn Sehnen oder Muskelfasern durchtrennt sind, muß die Wunde vom Tierarzt unter Narkose genäht werden. Doch selbst oberflächliche Wunden können gefährlich werden, vor allem, wenn sie stark bluten oder sich infizieren.
Eine Infektion ist ohnehin die größte Gefahr bei jeder Verletzung. Anzeichen dafür sind Eiter, Rötung, Schwellung oder starke Schmerzhaftigkeit. Bißwunden infizieren sich fast immer, vor allem Katzenbisse, denn im Maul einer Katze wimmelt es von Bakterien, und die spitzen Eckzähne dringen tief ein.
Wenn Ihre Katze Bißwunden davongetragen hat, sollten Sie sie zum Tierarzt bringen, der mit Antibiotika einer Infektion vorbeugen kann.

Leckverbot. Wenn die Wunde genäht wurde, wird die Katze ebenfalls versuchen, sie zu belecken, und dabei die Fäden wieder herausziehen. Um dies zu verhindern, wird Ihr Tierarzt Ihnen eine Halskrause mitgeben, einen steifen Plastikkragen, der es ihr unmöglich macht, die Wunde mit dem Maul zu erreichen. Legen Sie Ihrer Katze den Kragen aber nicht sofort um – warten Sie erst einmal ab, ob es tatsächlich nötig ist. Katzen sind sehr unglücklich, wenn sie eine solche Halskrause tragen müssen, Sie sollten sie also nur im äußersten Notfall benutzen.
Die heilende Kraft der Sonne. Straffes Bandagieren kann nötig sein, um eine Blutung zum Stillstand zu bringen, doch sobald das erreicht ist, sind Verbände eher schädlich. Je mehr Material auf einer Wunde liegt, desto langsamer heilt sie.
Achten Sie auf Abszesse. Die meisten kleineren Wunden heilen von selbst, doch manchmal bildet sich auch ein Abszeß. Ein Abszeß ist eine Eiteransammlung unter der bereits wieder verheilten Haut. Da der Eiter durch die inzwischen wieder zugewachsene Wundöffnung nicht abfließen kann, breitet sich die Infektion unter der Haut aus.
Wenn Sie eine weiche Schwellung unter einer verheilten Wunde entdecken, bringen Sie Ihre Katze zum Tierarzt. Er wird den Abszeß öffnen, damit der Eiter abfließen kann. Versuchen Sie nicht, die Behandlung selbst vorzunehmen, denn wenn es nicht klappt, verlieren Sie damit wertvolle Zeit.

Wurmbefall

Fünf Wege, die Schmarotzer loszuwerden

Sicher ist es ein ziemlicher Schock für Sie, wenn Sie feststellen, daß sich in der Hinterlassenschaft Ihrer Katze etwas bewegt, doch ein Befall mit Eingeweidewürmern ist keine Seltenheit.

Fast alle Katzen kommen schon mit Würmern zur Welt oder bekommen sie kurz nach der Geburt, und auch die meisten erwachsenen Katzen leiden unter Wurmbefall.

Einen Wurm im Katzenklo zu finden, ist ekelhaft, doch diese Würmer sind relativ harmlos und verursachen nur etwas Durchfall oder gelegentliches Erbrechen. Viel schlimmer sind die Würmer, die man nicht sieht, wie Haken- oder Peitschenwürmer, denn sie verursachen Blutarmut, Austrocknung und Nährstoffmangel.

Zur Bekämpfung der verschiedenen Wurmarten sind verschiedene Medikamente nötig. Ihr Tierarzt wird Sie beraten. Außerdem können Sie einiges dazu beitragen, die Symptome eines Wurmbefalls zu lindern und eine erneute Verwurmung zu verhindern.

Früh anfangen. Fast jede Katze wird schon mit Würmern geboren oder bekommt sie, sobald sie bei der Mutter saugt.

Die erste Wurmkur sollte Ihr Kätzchen im Alter von sechs Wochen bekommen. Lassen Sie sich vom Tierarzt ein Medikament geben, das auch von so jungen Tieren gut vertragen wird.

Wann muß die Katze zum Tierarzt?

Normalerweise bedeutet ein Befall mit Würmern keine Gefahr für eine Katze, doch wenn er nicht behandelt wird, können sich die Schmarotzer ungehindert vermehren. Deshalb sollten Sie beim ersten Anzeichen von Problemen Ihren Tierarzt aufsuchen.

Anzeichen für starken Wurmbefall sind Erbrechen, blutiger Durchfall oder Kot, der aussieht wie schwarzer Teer. Außerdem stoßen manche Wurmarten Körpersegmente ab, die mit dem Kot ausgeschieden werden.

Die Flöhe bekämpfen. Bandwürmer holen sich Katzen, wenn sie bei der Fellpflege Flöhe zerbeißen, denn Flöhe sind die Zwischenwirte für den Bandwurm. Es gibt Tabletten, die gegen Bandwürmer wirken, doch wenn Sie nicht auch gegen die Flöhe vorgehen, wird Ihre Katze in kürzester Zeit wieder Bandwürmer haben.

Fragen Sie Ihren Tierarzt nach einer wirksamen Methode der Flohbekämpfung.

Jagdausflüge verhindern. Katzen bekommen Würmer, wenn sie verwurmte Mäuse oder andere Beutetiere fressen. Um dies zu verhindern, sollten Sie Ihre Katze im Haus halten oder an der Leine ausführen.

Das Katzenklo sauberhalten. Eine verwurmte Katze scheidet Wurmeier mit dem Kot aus. Säubern Sie das Katzenklo mindestens einmal am Tag, sonst haften die Wurmeier an den Pfoten, werden beim Putzen abgeleckt und gelangen erneut in den Körper ihrer Katze, wo sie dann zu ausgewachsenen Würmern heranreifen.

Vorbeugung. Um auf Nummer Sicher zu gehen, sollten Sie regelmäßig den After Ihrer Katze und auch ihren Kot inspizieren. Achten Sie auf reiskornähnliche Bandwurmsegmente oder die längeren, fadenförmigen Rundwürmer. Geben Sie zudem einmal jährlich eine Kotprobe Ihrer Katze beim Tierarzt ab, damit er die benötigten Wurmmittel auswählen kann.

Zahnprobleme

Sechzehn Wege, ihnen vorzubeugen

Warum sollen Sie die Zähne Ihrer Katze pflegen? In der Natur macht das doch auch keiner! Das stimmt, aber in der Natur fressen Katzen auch kein weiches Dosenfutter, mit dem selbst eine zahnlose Katze bequem fertig wird. Katzen bekommen nur selten Karies, doch mehr als 80 Prozent der Katzen über drei Jahre leiden unter Parodontose. Sie entsteht durch Plaque, einen dünnen, bakterienhaltigen Film, der sich auf die Zähne legt. Auf diesem Film bildet sich Zahnstein, der das Zahnfleisch zurückdrängt, bis die Zähne schließlich ausfallen. In seltenen Fällen dringen die Bakterien aus dem Maul auch in andere Organe des Körpers vor, zum Beispiel die Nieren oder das Herz.
Wenn Ihre Katze Zahnsteinablagerungen an ihren Zähnen hat, müssen diese vom Tierarzt entfernt werden. Sie können jedoch etwas dazu tun, damit es nicht so weit kommt.

Füttern Sie Trockenfutter. Trockenfutter ist dem Dosenfutter vorzuziehen, weil es die Zähne beim Kauen gewissermaßen abschmirgelt.
Bißfeste Leckereien. Wenn Sie Ihrer Katze einen Leckerbissen geben wollen, wählen Sie etwas, das sie gründlich kauen muß. Auf diese Weise machen Sie ihr nicht nur eine Freude, sondern tun auch etwas für ihre Zähne.
Knochen. Wenn Ihre Katze sich dafür interessiert, können Sie ihr gelegentlich einen gekochten Suppenknochen mit Fleischresten geben. Sie wird lange damit beschäftigt sein, die Reste abzunagen. Der Knochen muß allerdings so groß sein, daß sie ihn nicht zerbeißen kann, denn dabei könnten Zähne abbrechen. Splitternde Knochen wie die vom Huhn sind natürlich für Katzen tabu.
Schlund. Die Luftröhre von Rind oder Schwein bekommen Sie an Ihrer Fleischtheke sicher nicht zu sehen, doch Sie können Ihren Schlachter danach fragen. Die zähen Fasern und Knorpel massieren Zähne und Zahnfleisch und putzen die Plaque auch aus den hintersten Ecken.
Schneiden Sie den Schlund in Stücke von einigen Zentimetern Länge und kochen Sie sie 5 bis 15 Minuten lang. Dann geben Sie Ihrer Katze eines der Stücke als Zwischenmahlzeit. Sie wird begeistert sein.
Anderes Ende – selbe Wirkung. Einen Ochsenschwanz werden Sie vermutlich leichter bekommen als eine Luftröhre, und er hat dieselbe reinigende Wirkung auf die Zähne. Kochen Sie ihn 5 bis 10 Minuten lang und verfüttern Sie ihn stückweise an Ihre Katze.

Der Plaque den Kampf ansagen. Der Gedanke, Ihrer Katze täglich die Zähne zu putzen, ist Ihnen etwas unheimlich? Versuchen Sie es trotzdem, denn es ist die beste Methode, der Bildung von Zahnstein vorzubeugen. Selbst wenn Sie sich nur zweimal pro Woche dazu aufraffen können, ist damit schon viel gewonnen.

Lassen Sie sich Zeit. Stürzen Sie sich nicht sofort mit einer Zahnbürste bewaffnet auf Ihre Katze, sondern geben Sie ihr Zeit, sich an den Gedanken zu gewöhnen. Streicheln Sie ihr erst ein paar Tage lang etwa eine Minute täglich das Maul. Reden Sie ihr dabei gut zu und belohnen Sie sie eventuell auch mit einem Leckerbissen. Wenn sie sich schließlich widerspruchslos ins Maul fassen läßt, haben Sie schon halb gewonnen.

Der nächste Schritt. Sobald Ihre Katze sich die Berührung im und am Maul gefallen läßt, können Sie anfangen, ihre Zähne zu putzen. Nehmen Sie anfangs noch keine Zahnbürste, sondern ein Stück Gaze (ein Stück von einem Nylonstrumpf tut es auch).

Heben Sie die Lippe auf einer Seite an und reiben Sie mit einem um die Fingerspitze gelegten Stück Gaze die Außenseiten der Zähne ab.

Wechseln Sie auf die andere Seite. Die ganze Prozedur sollte nicht länger als eine Minute dauern – und vergessen Sie anschließend nicht die Belohnung. Wenn Sie Ihrer Katze etwa eine Woche lang jeden Tag auf diese Weise die Zähne putzen können, sollten Sie versuchen, in Zukunft mit einer Zahnbürste zu arbeiten.

Die Zahnbürste. Nur mit einer Zahnbürste läßt sich Plaque wirksam bekämpfen. Wählen Sie eine weiche Kinderzahnbürste oder eine spezielle Tierzahnbürste.

Wann muß die Katze zum Tierarzt?

Regelmäßiges Zähneputzen kann viele Probleme verhüten, doch ein Allheilmittel ist es nicht. Bei der Zahnpflege sollten Sie stets auf Symptome achten, die einen Besuch beim Tierarzt erforderlich machen.

Gerötetes Zahnfleisch zum Beispiel ist ein Zeichen für Parodontose. Schwellungen können auf einen entzündeten Zahn oder sogar einen Tumor hinweisen. Andere Warnzeichen sind entzündetes oder blutendes Zahnfleisch, Fremdkörper, die sich nicht leicht entfernen lassen, Zahnstein, abgebrochene Zähne, plötzliches Speicheln oder übelriechender Atem.

Auch wenn Ihre Katze plötzlich das Futter verweigert oder versucht, nur noch auf einer Seite zu kauen, kann sie unter Zahnschmerzen leiden.

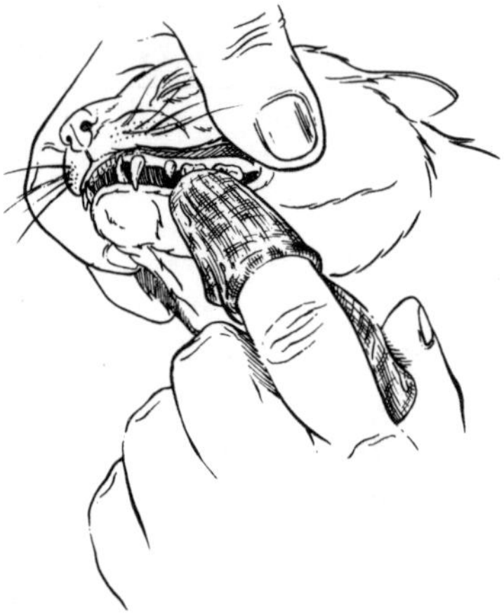

Das Putzen mit einem um den Finger gelegten Stück Gaze hält die Zähne sauber und das Zahnfleisch gesund.

Halten Sie die Bürste in einem Winkel von 45 Grad an die Zähne und putzen sie mit weichen, kreisförmigen Bewegungen. Besonders wichtig ist der Bereich, an dem das Zahnfleisch ansetzt.

Zahnpasta. Benutzen Sie auf keinen Fall Ihre eigene Zahnpasta. Katzen können sich nicht den Mund ausspülen und ausspucken; sie müssen die Zahnpasta schlucken und können Verdauungsbeschwerden davon bekommen.

Zähneputzen mit Knoblauch. Geben Sie etwas Knoblauchpulver in lauwarmes Wasser und befeuchten Sie die Zahnbürste damit. Dagegen haben die meisten Katzen erstaunlicherweise nichts einzuwenden.

Brühe als zweite Wahl. Wenn Ihre Katze den Knoblauchgeschmack nicht mag – oder Sie den Geruch –, können Sie die Bürste auch mit Rinder- oder Hühnerbrühe benetzen.

Auch Fisch wird gern genommen. Eine andere Möglichkeit ist die Verwendung des Wassers aus Thunfischdosen. Rechnen Sie aber nicht damit, daß das Maul Ihrer Katze danach minzfrisch riecht.

Zeigen Sie ihr, daß es harmlos ist. Ihre Katze wird sich das Zähneputzen vielleicht besser gefallen lassen, wenn sie zusehen kann, wie Sie Ihre Zähne putzen. Also lassen Sie sie beim nächsten Mal mit ins Badezimmer. Sie können Ihre Zahnbürste auch zum Katzenkörbchen mitnehmen und sich dort demonstrativ die Zähne putzen – allerdings ohne Zahnpasta, denn der Minzgeruch wird Ihre Katze sicher in die Flucht schlagen.

Die Segnungen der modernen Technik. Besonders furchtlose Katzen lassen sich sogar die Behandlung mit einer elektrischen Zahnbürste gefallen. Achten Sie aber darauf, ein möglichst leises Modell zu kaufen.

Einmal jährlich zum Zahnarzt. Lassen Sie die Zähne Ihrer Katze einmal im Jahr vom Tierarzt begutachten, damit aus kleinen Problemen keine großen werden.

Zahnwechsel

Acht Wege, das Zahnen zu erleichtern

Kleine Katzen sind nicht ganz so schlimm wie junge Hunde, doch auch Kätzchen suchen sich im Zahnwechsel gern etwas, auf dem sie herumkauen können.
Die Milchzähne werden im Alter von vier bis sechs Monaten durch die bleibenden Zähne ersetzt. Diese Prozeß kann schmerzhaft sein, und um ihn zu beschleunigen, braucht die Katze etwas, auf dem sie kauen kann.
Natürlich sollte sie sich dazu nicht ausgerechnet Ihre Lieblingssachen aussuchen. Die folgenden Tips erleichtern Ihrer Katze das Zahnen und schützen gleichzeitig Ihren Besitz.

Führen Sie sie nicht in Versuchung. Wenn Sie Ihre neuen Lederhandschuhe herumliegen lassen, brauchen Sie sich nicht zu wundern, wenn diese abends mit den Spuren kleiner Zähnchen übersät sind.
Denken Sie auch daran, Elektrokabel mit breitem Klebeband am Fußboden festzukleben, damit Ihr Kätzchen sie nicht mit den Zähnen packen kann. Auch Haushaltsreiniger sollten Sie sicher verstauen, wenn Sie nicht riskieren wollen, daß Ihre Katze sich damit beschäftigt.
Für Ersatz sorgen. Vögel müssen fliegen, Fische müssen schwimmen, und junge Katzen brauchen etwas, auf dem sie herumkauen können. Geben Sie Ihrem Kätzchen etwas, das es bearbeiten darf.
In Zoogeschäften gibt es Unmengen von Katzenspielzeug, das sich auch zum Kauen eignet. Kaufen Sie aber nicht zu viel davon. Ihre Katze muß wissen, was sie benagen darf und was nicht, und das kann sie nur verstehen, wenn die Auswahl nicht allzu groß ist.
Führen Sie sie auf die richtige Fährte. Wenn Sie sichergehen wollen, daß sich die Katze tatsächlich mit ihrem Spielzeug beschäftigt (und Ihre Sachen in Ruhe läßt), müssen Sie etwas nachhelfen. Tränken Sie das Spielzeug mit Fleischbrühe oder bestreichen Sie es mit etwas Leberwurst.
Nachhilfe. Wenn Sie Ihr Kätzchen mit etwas erwischen, das ihm nicht gehört, sagen Sie laut „Nein!". Dann geben Sie ihm etwas, auf dem es herumbeißen darf, und loben es ausgiebig.
Nicht nachtragend sein. Alle Katzen machen Fehler, und wenn Sie eines Tages nach Hause kommen und von Ihren Wildlederhandschuhen nur noch Fetzen finden, schimpfen Sie nicht – es sei denn,

Ihre Katze zerrt immer noch an den Überresten herum. Andernfalls würde sie nicht verstehen, warum Sie sie anschreien.

Spielstunden. Katzen, die viel Aufmerksamkeit bekommen, neigen gewöhnlich nicht dazu, etwas zu zerstören. Kätzchen lieben es zum Beispiel, eine an einem Stock befestigte Schnur zu verfolgen, und wenn sie müde werden, schlafen sie zufrieden ein.

Spielerisch den Schmerz lindern. Haben Sie das Gefühl, daß der Zahnwechsel Ihrer Katze Schmerzen bereitet? Machen Sie einen Knoten in eine Ecke eines nassen Geschirrtuchs und legen Sie es in den Gefrierschrank. Wenn es gefroren ist, verlocken Sie Ihre Katze, dem Knoten nachzujagen. Wenn sie darauf herumbeißt, wird das Zahnfleisch durch die Kälte taub, und die Schmerzen verschwinden für kurze Zeit.

Das Zahnfleisch massieren. Auch eine Zahnfleischmassage lindert die Beschwerden des Zahnwechsels.

Nehmen Sie Ihre Katze auf den Schoß, halten Sie mit einer Hand ihr Kinn und streicheln Sie mit einem Finger der anderen das geschlossene Maul, bis sie sich entspannt. Dann können Sie die Lippe etwas anheben und das Zahnfleisch in Unter- und Oberkiefer mit leichtem Druck massieren.

Eine Massage lindert die Schmerzen beim Zahnen. Stützen Sie mit einer Hand das Kinn und massieren Sie mit einem Finger der anderen Hand das geschlossene Maul.

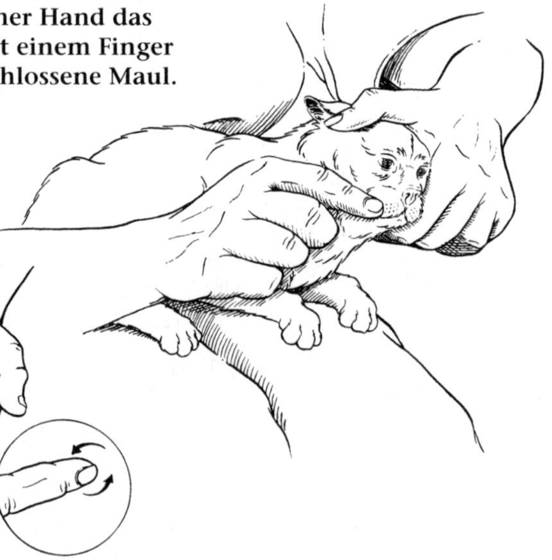

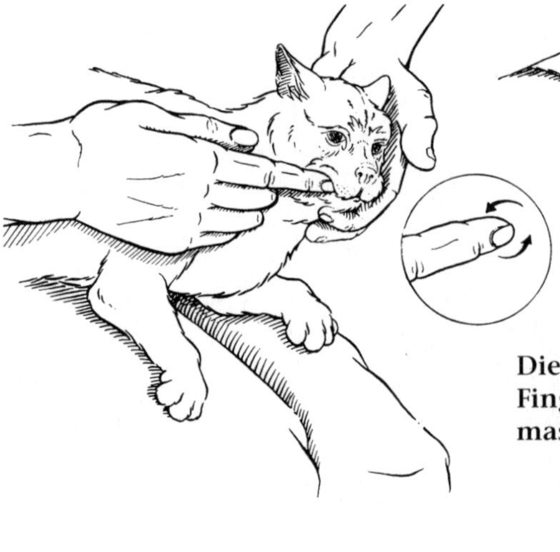

Die Lippe anheben und mit der Fingerspitze das Zahnfleisch massieren.

Zecken

Acht Methoden, sich der Blutsauger zu erwehren

Sie saugen Blut von jedem, den sie erwischen, und verbringen einen Großteil ihres Lebens damit, sich mit ihren Mundwerkzeugen in ihre warmblütigen Opfer zu verbeißen. Außerdem übertragen Sie neben der gefürchteten Zeckenenzephalitis auch Borreliose. Nach einer ausgiebigen Blutmahlzeit vergrößert sich ihr Umfang auf das Fünfzigfache.
Es gibt ein paar Möglichkeiten, die gefährlichen Schmarotzer fernzuhalten.

Rasen mähen. Zecken halten sich mit Vorliebe in hohem Gras und Unkraut in der Nähe von Wegen und Straßen auf. Dort warten sie auf einen nichtsahnenden Blutspender – zum Beispiel Ihre Katze.

Wann muß die Katze zum Tierarzt?

Ist Ihre Katze den ganzen Tag durchs hohe Gras gestreift und hat – echten oder eingebildeten – Mäusen nachgestellt?
Wenn sie nach einem solchen Tag voller Abenteuer nicht mehr frißt, Gelenkschmerzen hat, unter Fieber oder Durchfall leidet oder womöglich teilweise gelähmt ist, müssen Sie sofort mit ihr zum Tierarzt.
Zecken können eine Reihe von Krankheiten übertragen, die diese und andere Symptome hervorrufen. So kann zum Beispiel ein Gift aus den Speicheldrüsen der Zecke die sogenannte Zeckenlähme verursachen, bei der zunächst das Hinterteil und schließlich der ganze Körper der Katze immer schwächer werden.
Andere von Zecken übertragene Krankheiten sind Borreliose, Hirnhautentzündung und Rickettsiose. Diese gefährlichen Krankheiten sind jedoch heilbar, wenn sie schon im Anfangsstadium mit Antibiotika bekämpft werden.
Auch wenn Sie am Körper Ihrer Katze keine Zecke finden, sollten Sie sie zum Tierarzt bringen, wenn verdächtige Symptome auftreten. Manche Zecken sind so klein, daß Sie nie ausschließen können, daß Ihre Katze nicht doch irgendwo eine hat. Mit Zeckenbissen ist nicht zu spaßen – fahren Sie lieber einmal zu oft zum Tierarzt als einmal zu wenig.

Wenn Sie Gras und Unkraut abmähen, bevor es über Knöchelhöhe wächst, sind die Zecken im Nachteil. Sie haben keine guten Aussichtspunkte mehr und weniger Chancen, sich ein Opfer zu suchen.

Die Nahrungsgrundlage entziehen. Ausgewachsene Zecken bevorzugen große Opfer, doch die Jungtiere saugen Blut bei Mäusen und anderen Nagetieren. Wenn es Ihnen also gelingt, die Nager von Ihrem Grundstück zu vertreiben, werden Sie gleichzeitig auch einen Teil der Zecken los.

Lichten Sie Gestrüpp aus, entfernen Sie Steinhaufen und lassen Sie keine Müllbeutel neben der Abfalltonne liegen. Außerdem empfiehlt es sich, Feuerholz in einiger Entfernung vom Haus zu stapeln und Vogelhäuschen mäusesicher aufzuhängen.

Nach ungebetenen Gästen suchen. Wenn Ihre Katze vom Streifzug durch die Gärten heimkommt, sollten Sie sie gründlich nach Zecken absuchen. Manche Zeckenarten sind nicht zu übersehen, es gibt jedoch auch welche, die kaum größer sind als der Punkt am Ende dieses Satzes. Sie müssen genau hinsehen und jeden Zentimeter Haut abtasten, um alle zu erwischen.

Zecken bevorzugen den Hals und Brustbereich der Katze und setzen sich auch gern an den Seiten des Kopfes fest.

Das Ungeziefer auskämmen. Wenn Sie Zecken entdecken, die sich noch nicht festgebissen haben, kämmen Sie sie mit einem feinzinkigen Flohkamm aus.

Hungrige Zecken können extrem klein sein, mit Blut vollgesogen sind sie aber nicht mehr zu übersehen.

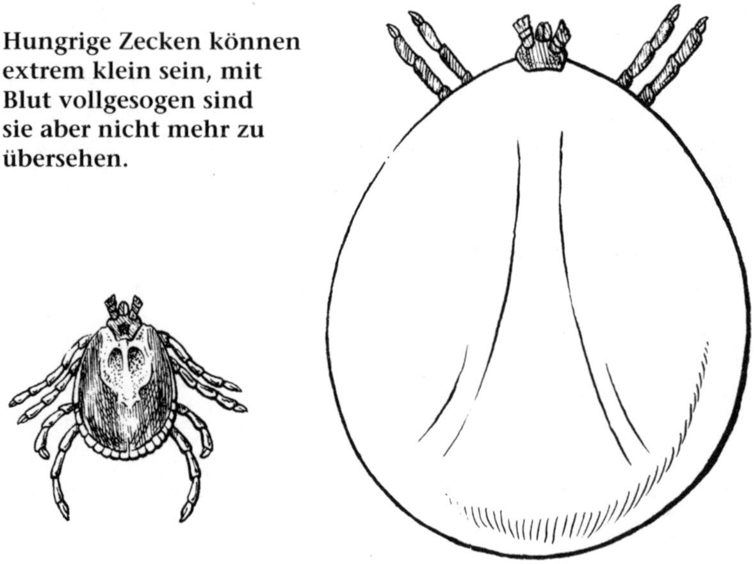

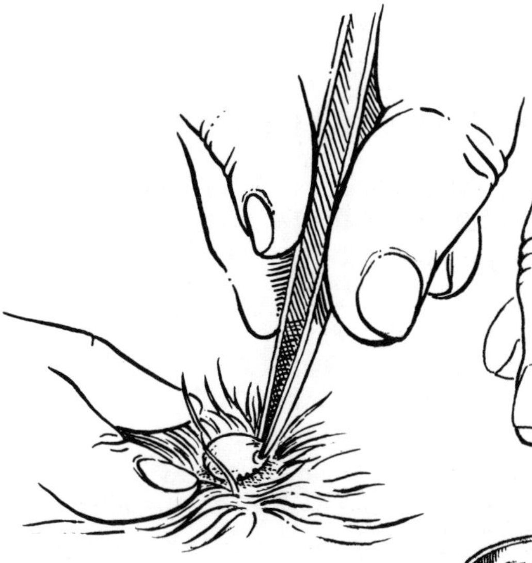

Zum Entfernen packen Sie die Zecke direkt über der Haut mit einer Pinzette.

Dann lassen Sie sie in ein kleines Glas mit Alkohol fallen. Er tötet die Zecke und konserviert sie zugleich, falls der Tierarzt sie auf Krankheitserreger untersuchen muß.

Keine Zeit verlieren. Wenn Sie eine Zecke entdecken, die sich schon festgebissen hat, müssen Sie sie möglichst schnell entfernen. Je länger sie saugt, desto größer ist die Gefahr, daß sie Borreliose überträgt.

Nicht mit dem Feuer spielen. Vergessen Sie die alten Hausmittel vom Ausbrennen der Zecke mit einem Streichholz oder einer brennenden Zigarette. Zum einen funktioniert es nicht, und zum anderen können Sie Ihrer Katze damit eine böse Brandwunde zufügen.

Vorsichtig ziehen. Am besten nehmen Sie eine Pinzette, packen die Zecke damit so dicht am Kopf wie möglich und ziehen sie vorsichtig heraus. Bei dieser Vorgehensweise kann es nicht passieren, daß der Kopf abreißt und in der Haut steckenbleibt.

Entsorgung. Wenn Sie die Zecke herausgezogen haben, werfen Sie sie nicht einfach in den Müll oder in die Toilette. Das Herausziehen bringt die Zecken nicht um, und Sie wollen sicher nicht riskieren, daß die Biester im unpassenden Moment aus Ihrer Toilette gekrabbelt kommen. Viel sinnvoller ist es, die Zecke in ein Glas fallen zu lassen, das mit Alkohol gefüllt ist. Danach können Sie sie entweder wegwerfen oder sie im Alkohol aufbewahren, um Sie Ihrem Tierarzt zu zeigen, falls Ihre Katze krank wird.

Zerstörungswut

Elf Tips, die Ihre Einrichtung retten

Sie wirft Dinge um, zerrupft Zeitungen und schläft überall dort, wo sie es nicht soll. Und egal, wieviel Spielzeug Sie hinlegen, Ihre Katze spielt nur mit Dingen, die Ihnen heilig sind. Sie wetzt ständig ihre Krallen – natürlich an Ihrem neuen Sofa.

Wenn Sie Ihre Katze schon seit frühester Jugend haben, werden Sie wissen, was für Zerstörungen ein junges Tier anrichten kann. Doch auch ältere Katzen vergessen manchmal, was sie dürfen und was nicht. Woran liegt das?

Das meiste entspringt dem ganzen normalen Katzenverhalten – das Problem ist nur, daß dieses Verhalten in der falschen Umgebung auftritt. Für eine Katze ist es ganz normal, ihre Krallen zu schärfen und ihr ist es gleich, ob sie es an einem Baum tut oder an Ihren Möbeln.

Die meisten Katzen lernen jedoch recht schnell, und mit gesundem Menschenverstand und einigen einfachen Trainingstips können Sie ihre Energie in weniger zerstörerische Bahnen lenken.

Sorgen Sie für Spielzeug. Kleine Katzen spielen besonders viel, aber auch ausgewachsene Katzen freuen sich über Spielzeug – vor allem, wenn Sie nicht da sind, um mit ihnen zu spielen. Am liebsten mögen sie „mäuseähnliche" Dinge, die sie herumstupsen und in die Luft werfen können. Sparen Sie nicht mit Lob, wenn sich die Katze mit den ihr zugedachten Spielsachen beschäftigt.

Machen Sie Unterschiede. Achten Sie darauf, ihrer Katze eindeutiges Spielzeug zu geben. Wenn Ihr Nähkasten leicht zugänglich ist, sollten Sie ihr zum Beispiel keine leere Garnrolle verehren, denn wie soll sie wissen, daß sie mit dieser spielen darf, mit denen im Nähkasten aber nicht?

Unarten im Keim ersticken. Wenn Sie auch nur einmal zulassen, daß Ihre Katze sich an Ihrem Mobiliar vergreift, wird sie es immer wieder tun. Wenn Sie sie bei etwas erwischen, das sie nicht soll, sagen Sie streng „Nein" und versuchen Sie, sie mit einem Spielzeug abzulenken.

Umstellen oder verlieren. Ähnlich wie Kinder kommen auch Katzen manchmal auf dumme Gedanken – auf Kosten Ihres Mülleimers oder Ihrer Zimmerpflanzen.

Die beste Methode, den Müll im Eimer und die Pflanzen im Topf zu behalten, ist, sie für die Katze unerreichbar aufzustellen. Vielleicht möchten Sie den Mülleimer gern in der Küche stehenlassen, aber wenn Sie es satt haben, ständig seinen Inhalt vom Fußboden aufzusammeln, wird Ihnen nichts anderes übrigbleiben, als ihn in einem Schrank zu verstecken.

Letzter Ausweg: Die Elektronik. Wenn Ihre Katze sich an Ihren Möbeln vergreift, sobald Sie aus dem Haus sind, können Sie versuchsweise Bewegungsmelder installieren, die einen Alarm auslösen. Es gibt allerdings Katzen, die nicht begreifen, daß sie selbst es sind, die den Lärm ausgelöst haben. Sie sehen sich nur verwundert um und scheinen sich zu fragen, was auf einmal los ist.

Bewegungsmelder und Alarmgeber bekommen Sie in Baumärkten und im Elektrofachhandel.

Geben Sie ihr ein eigenes Zimmer. Wenn Ihre Katze nur Unsinn macht, wenn Sie nicht zuhause sind, sperren Sie sie in ein katzensicheres Zimmer. In ihm darf sie keinen Zugang zu elektrischen Kabeln, Haushaltschemikalien oder anderen gefährlichen Dingen haben.

Schimpfen Sie sofort – oder gar nicht. Wenn Sie Ihre Katze nicht innerhalb weniger Sekunden ausschimpfen oder loben, wird sie nicht wissen, wofür Strafe oder Lob eigentlich waren. Wenn Sie sie bei etwas erwischen, das verboten ist, sagen Sie streng „Nein". Irgendwann wird sie es begreifen.

Ein Kratzbaum kann Möbel retten. Viele Leute glauben, daß Katzen nur an Polstermöbeln kratzen, um ihre Krallen zu schärfen. In erster Linie geht es ihnen jedoch darum, ihr Revier zu markieren. (Katzen haben Drüsen an den Pfoten, die eine eindeutige „Duftmarke" hinterlassen.)

Werfen Sie den Kratzbaum nicht weg, sobald er gerupft aussieht, denn das ist ein Zeichen dafür, daß die Katze ihn mag und gern benutzt.

Katzen lieben es, Materialien wie Sisal oder Jute zu zerrupfen. Um den Kratzbaum noch attraktiver zu machen, können Sie ihn mit Katzenminze oder dem Öl aus einer Thunfischdose benetzen oder ein Spielzeug am oberen Ende befestigen.

Wohin mit dem Kratzbaum? Da Katzen kratzen, um ihr Revier zu markieren, müssen Sie einen Ort wählen, der ihnen wichtig ist.

Die besten Erfolge werden Sie erzielen, wenn Sie den Kratzbaum in der Nähe des Möbelstücks aufstellen, das die Katze bisher bevorzugt benutzt hat. Wenn sie anfängt, den Kratzbaum zu benutzen, können Sie ihn allmählich an einen unauffälligeren Platz umstellen.

Tricks zum Schutz der Polster. Während Sie versuchen, Ihrer Katze den Kratzbaum schmackhaft zu machen, decken Sie die Stellen, an denen sie bisher gekratzt hat, mit etwas ab, das sich unangenehm anfühlt, zum Beispiel Plastik oder Alufolie. Sie können auch doppelseitiges Klebeband benutzen. Kleben Sie es zu einem Ring zusammen und befestigen Sie ihn dort, wo die Katze nicht mehr kratzen soll. Dem Bezug Ihres Sofas wird der Klebestreifen sicher weniger Schaden zufügen als die Krallen Ihrer Katze.

Arbeiten Sie mit Belohnung. Wenn Ihre Katze den Kratzbaum ansieht, geben Sie ihr einen kleinen Leckerbissen. Wenn sie ihn berührt, einen etwas größeren. Und wenn sie daran kratzt, hat sie sich ihre Lieblingsmahlzeit verdient.

Letzter Ausweg: Bewaffnen Sie sich. Wenn Ihre Katze den Kratzbaum ignoriert und weiterhin an Sesseln und Sofas kratzt, versuchen Sie, sie mit einem gutgezielten Schuß aus einer Blumenspritze oder Wasserpistole davon abzubringen. Oder schütteln Sie eine Blechdose mit ein paar Münzen – der Lärm dürfte den gleichen Effekt haben.

Zimmerpflanzen ausgraben

Drei Wege, Ihre Pflanzen zu schützen

Sie haben schöne große Zimmerpflanzen? In schönen, großen Töpfen? Voll schöner, lockerer Erde? Kein Wunder, daß Ihre Katze davon magisch angezogen wird. Nur leider bekommt es den Pflanzen nicht, wenn sie ausgiebig darin gräbt und die Töpfe schließlich als Katzentoilette mißbraucht. Die folgenden Tips können helfen, Ihren Hausgenossen wieder auf den Pfad der Tugend zu führen.

Das Katzenklo sauberhalten. Wenn Sie die Katzentoilette ein paar Tage nicht saubergemacht haben, ist es verständlich, daß die Katze sich einen saubereren Ort sucht. Reinigen Sie das Katzenklo einmal täglich und erneuern Sie die gesamte Streu spätestens nach einer Woche.
Mehrere Katzenklos aufstellen. Für eine verzweifelte Katze, die den Weg zum Katzenklo nicht mehr schafft, ist es naheliegend, den nächsten Blumentopf zu benutzen. Sie denkt sich auch nichts dabei, wenn sie bei dieser Gelegenheit die darin befindliche Pflanze in Fetzen kratzt. Tierärzte empfehlen deshalb, in jedem Stockwerk des Hauses ein Katzenklo aufzustellen; planen Sie mindestens eines für jede Katze ein.
Die Streu wechseln. Wenn die von Ihnen verwendete Katzenstreu auch nur entfernte Ähnlichkeit mit Blumenerde hat, sind Mißverständnisse vorprogrammiert. Wechseln Sie zu einer anderen Art von Einstreu.

Index

A

Abszeß 84f., 181

Aderpresse
s. a. Blutende Wunden 54f.

Adreßanhänger
s. a. Umzugsprobleme 169

Aggression 20f.
Tollwut 49, 51
s. a. Arthritis 20f.
s. a. Beißen und Kratzen 45f.
s. a. Eifersucht 63f.
s. a. Kastration 18
s. a. Spielsachen 19
s. a. Wollefressen 178f.
s. a. Zerstörungswut 192ff.

Akne 22f.

Aktivkohle
s. a. Vergiftungen 173ff.

Akupunktur 35
bei Altersbeschwerden 26

Allergie 22, 97, 141f.
durch Flöhe 74ff.
durch Futter 79ff., 97
durch Insektenstiche 102
durch Milchprodukte 79
durch Reinigungsmittel 39f.
durch Staub 142
s. a. Akne 22
s. a. Pollen- und andere Allergien 37, 100, 141

allergische Reaktionen
Schuppen 13
s. a. Asthma 37f.
s. a. Hautschäden durch Belecken 96f.
s. a. Husten 100f.
s. a. Juckreiz 102

Behandlung der Allergien:
Antihistamine 141
Baden 74f.
Essigumschläge zur Juckreizerleichterung 102
s. a. Pollen- und andere Allergien 141f.

Aloe Vera
bei Akne 23
bei Hautschäden durch Belecken 97
bei Insektenstichen und -bissen 102
bei Katzenschnupfen 108
bei Nebenhöhlen-Problemen 130
bei Sonnenbrand 155

Altersbeschwerden 24ff.
Altersvorsorge-
untersuchung 25
s. a. Arthritis 35f.
s. a. Austrocknung 43f.
s. a. Blindheit 52ff.
s. a. Diabetes 59f.
s. a. Taubheit 162f.
s. a. Übergewicht 164ff.

Altöl
s. a. Räude 144

Analbeutel-Probleme 28ff.
s. a. Verstopfung 177

Anämie 31f.
s. a. Flöhe 74ff.
s. a. Läuse 119f.
s. a. Zecken 189ff.

Angst 33f.
s. a. Lecken 96f.
s. a. Reisekrankheit 145f.
s. a. Schlafstörungen 149f.
s. a. Schwanzkauen 151f.

Anpusten 150
um Schluckreflex
auszulösen 38

Antibiotika
bei Bindehautentzündung
41
bei Bißwunden 50
bei Harnwegsinfektionen
92
bei Nebenhöhlen-
Problemen 131
bei Ohrmilben 133
bei trockenen Augen 41
bei Zecken 189

Antihistamine 141
bei Bißwunden durch
Schlangen 50
bei Pollen- und anderen
Allergien 141

Anti-Oxidantien
zur Verhütung von
Herzkrankheiten 99
s. Vitamine

Antiseptische,
antibakterielle Seifen
s. a. Hautpilz 94

Appetitlosigkeit 15,
s. a. Altersbeschwerden
24
s. a. Mundgeruch 123f.

Aquarium
s. a. Langeweile 117f.

Arthritis 35f.
s. a. Aggression 20f.
s. a. Altersbeschwerden
24ff.
s. a. Schlafstörungen
149f.

Aspirin 17, 35

Asthma 36ff.
s. a. Husten 100f.

Atem, süßer
s. a. Diabetes 60

Atemnot
bei Insektenstichen 102
bei Schlangenbiß 50

Atemprobleme
s. a. Altersbeschwerden 24ff.
s. a. Asthma 37f.
s. a. Nebenhöhlen-Probleme 130

Atemwege 37ff.
s. a. Katzenschnupfen 106ff.
s. a. Miauen 121f.

Augenreizungen 41f.

Augen, eingesunkene 43
-Innendruck (Glaukom) 52
-schaden 136
-Spülung 41
-Tropfen 15, 108
-Umschläge 41
-Untersuchung 14

Austrocknung 27, **43f.**, 62
s. a. Altersbeschwerden 24ff.
s. a. Durchfall 62
s. a. Fieber 72f.
s. a. Katzenschnupfen 106ff.

Autofahrten
s. a. Angst 33
s. a. Reisekrankheit 145f.

B

Babyöl
bei Ohrmilben 132ff.

Baden 74f.
zur Behandlung bei Allergien 37, 141
s. a. Fieber 72f.
s. a. Flöhe 74ff.
s. a. Hautpilz 94f.
s. a. Insektenstiche 102
s. a. Läuse 119
s. a. Räude 143
s. a. Schwanzprobleme 152
s. a. Sonnenbrand 154
s. a. Wurmbefall 182

Bakterien
s. a. Bißwunden 49f.
s. a. Harnwegsinfektionen 92

Bandwurm
s. a. Wurmbefall 182f.

Batteriesäure
s. a. Vergiftungen 174

Bauch, geblähter
s. a. Herzkrankheiten 98f.
s. a. Übergewicht 165

Bauchfellentzündung
s. a. Übergewicht 165

Bauchspeicheldrüsen-entzündung
s. a. Depressionen 57
s. a. Diabetes 61

Beinbruch schienen
s. a. Lahmheit 114ff.

Beißen und Kratzen 45f.
s. a. Aggression 20f.

Belohnung 60

Beta-Karotin
s. a. Herzkrankheiten 98
s. a. Läuse 120

Betteln 47f.
s. a. Erziehung 18ff.

Beruhigungsmittel für den Magen, Kaopektat 17

Bestrafung
durch Schweigen 21
durch Anpusten 21
durch Wasserstrahl 21

Bewegung
s. a. Altersbeschwerden 25
s. a. Arthritis 35
s. a. Diabetes 59
s. a. Übergewicht 165
s. a. Verstopfung 176

Bewegungsmelder
s. a. Wollefressen 179
s. a. Zerstörungswut 193

Bierhefe
zur Flohbekämpfung 75

Bindehautentzündung 41f.

Bißwunden 49ff.
von Insekten 102
von Rivalen 116
von Wildtieren 49

Blasenentzündung 91

Blasenschwäche
s. a. Harnblasenschwäche 91f.
s. a. Harnwegsinfektionen 92f.

Blindheit 52f.

Blutarmut
s. Anämie

Blutdruck 25, 164
senken 54

Blutende Wunden 54f.

Bluttransfusion 54
s. a. Läuse 119

Blutung 24
der Pfoten und Krallen 111f.
im Erbrochenen 54
im Maul 54
im Urin 54
innere 54
von Geschwülsten 84
s. a. Bißwunden 49ff.
s. a. Krallenprobleme 111
s. a. Vergiftungen 173ff.
s. a. Wunden 180f.

Blutungen stillen:
Alaunstift 112
Druckverband 55, 112
Mehl 112

Blutzuckerspiegel
s. a. Diabetes 59f.

Borreliose
s. a. Zecken 189

Bouillon
zum Zähnebürsten 186

Bronchitis
s. a. Husten 100f.

Burowsche Lösung 96

Bürsten 171
s. a. Flöhe 74
s. a. Haarwechsel 88f.
s. a. Räude 143
s. a. Verfilztes Fell 170ff.

Butter
bei Haarballen 86f.
bei Verstopfung 177

C

Calicivirus-Infektion
s. a. Impftabelle 14

Chlamydien 137
s. a. Katzenpneumonie 14
s. a. Paarungsprobleme 137

D

Dampfbad
s. a. Nebenhöhlen-Probleme 130

Depressionen 56ff.
s. a. Langeweile 117f.

Desensibilisierung
s. a. Pollen- und andere Allergien 142

Desinfektion
s. a. Hautpilz 94f.

Diabetes 22, **59f.**, 91
s. a. Durchfall 61
s. a. Mundgeruch 123f.
s. a. Spritzen 159

Diät 35
bei Altersbeschwerden 25f.
bei Durchfall 61
bei Erbrechen 68
bei Herzkrankheiten 99

Dieffenbachie 67
s. a. Vergiftungen 173ff.

Drüsen
s. a. Schwanzprobleme 151ff.

Durchfall 61f.
s. a. Austrocknung 42f.
s. a. Diabetes 69
s. a. Erbrechen 67f.
s. a. Wurmbefall 182

Durst, gesteigerter 24
s. a. Altersbeschwerden 27
s. a. Diabetes 60
s. a. Durchfall 61

E

Echinacea 22

Eibe
s. a. Vergiftungen 174

Eifersucht 63ff.
s. a. Depressionen 56f.
s. a. Spritzen 157ff.

Eisenpräparate
bei Anämie 31

Eiswürfel
s. a. Austrocknung 44
s. a. Insektenstiche 102

Eiweißarme Ernährung
s. a. Altersbeschwerden 24ff.

Eiweißreiche Ernährung
s. a. Katzenschnupfen 107

Eklampsie 126

Elastizität der Haut
s. a. Austrocknung 43

Elektrolyte 43f.

Entzündungen
s. a. Ohrmilben 132

Erbrechen 67f.
s. a. Durchfall 61
s. a. Mundgeruch 123ff.
s. a. Reisekrankheit 145f.
s. a. Vergiftungen 173ff.
s. a. Wurmbefall 182

Ernährung 25f., 28
s. a. Diabetes 59f.
s. a. Durchfall 61
s. a. Futterallergien 79ff.
s. a. Futterverweigerung 82f.

Erschöpfung 43

Erste Hilfe
s. a. Vergiftungen 173ff.

Erste Hilfe-Ausstattung 15, 17

Erziehung zur Sauberkeit 18ff., **69ff.**
s. a. Aggression 20ff.
bei Beißen und Kratzen 45

Essensreste 47
s. a. Analbeutelprobleme 28
s. a. Futterallergien 79ff.
s. a. Futterverweigerung 82
s. a. Mundgeruch 123f.
s. a. Speicheln 156

Essig 69
s. a. Instektenstiche 102
s. a. Vergiftungen 174
-reiniger 39

Eukalyptusöl
s. a. Flöhe 75

F

Familienzuwachs 64
s. a. Depressionen 57
s. a. Eifersucht 64

faserreiche Ernährung 87
s. a. Übergewicht 164f.
s. a. Verstopfung 177
s. a. Wollefressen 178

Fellpflege
s. a. Haarballen 86f.
s. a. Hautpilz 94f.
s. a. Räude 143
s. a. Verfilztes Fell 170ff.
s. a. Vergiftungen 175

Fenoxycarb
s. a. Flöhe 76

Fernsehen
s. a. Langeweile 117f.

Fettsäuren 141
s. a. Räude 144

Fieber 72f.
s. a. Durchfall 61
s. a. Harnwegsinfektionen 92f.
s. a. Nebenhöhlen-Probleme 130f.

Flöhe 31, **74ff.**, 97
s. a. Haarballen 87
s. a. Schwanzprobleme 151ff.
s. a. Wurmbefall 183

Flohhalsband, Auslöser für Akne 23

Flopulver
s. a. Ohrmilben 132

Flüssigkeitshaushalt 27, 43

Fön
s. a. Schlafstörungen 149f.

Frostschutzmittel 16
s. a. Erbrechen 67
s. a. Vergiftungen 173ff.

Fruchtsaft
s. a. Harnwegsinfektionen 92f.

Futterallergien 79ff.
-verweigerung 57, **82f.**
s. a. Altersbeschwerden 24ff.
s. a. Anämie 31
s. a. Diabetes 59f.
s. a. Durchfall 61f
s. a. Haarballen 86f.
s. a. Hautschäden durch Belecken 96f.
s. a. Miauen 121f.
s. a. Übergewicht 164ff.
s. a. Verstopfung 177

G

Galle
s. a. Haarballen 86

Gatorade
s. a. Austrocknung 44

Geburt 125ff.

Geburtshilfe 127f.

Gefahrenquellen
s. a. Sicherheit im Haushalt 15ff.
s. a. Vergiftungen 173ff.

Gehirntumor
s. a. Erbrechen 67

Gelenksentzündungen
s. a. Arthritis 35
s. a. Rücken- und Wirbelsäulenprobleme 148

Geruch, süßlich, fruchtig 123
s.a Diabetes 59f.

Geruch, übler
s. a. Altersbeschwerden 24
s. a. Erziehung zur Sauberkeit 69ff.
s. a. Mundgeruch 123f.
s. a. Taubheit 163f.

Geruchssinn
s. a. Katzenkämpfe 104
s. a. Katzenschnupfen 106
s. a. Taubheit 163

Geschwülste und andere Neubildungen 84f.
s. a. Pfotenprobleme 140

Geschwür 31, 67

Gesundheitscheck 13f.
s. a. Altersbeschwerden 24ff.

Gesundheitspflege 11

Gesundheitsvorsorge
im Alter 27
bei Depressionen 56ff.

Geschlechtskrankheiten
s. a. Paarungsprobleme 186

Gewichtskontrolle 25, 167
s. a. Asthma 37

Gewichtsverlust
s. a. Altersbeschwerden 24
s. a. Diabetes 59f.

Giftige Pflanzen
s. a. Vergiftungen 173f.

Glatzpilzflechte
s. a. Hautpilz 94

Glaukom
s. a. Blindheit 52

Glukose
s. a. Diabetes 59f.
s. a. Erbrechen 67

Griseofulvin
s. a. Hautpilz 95

Gummistriegel 89

H

Haarballen 86f.

Haarpflege 177
s. a. Verstopfung 176f.
s. a. Räude 143

Haarspray
s. a. Asthma 39

Haartrockner
s. Fön

Haarverlust 89
s. a. Hautpilz 94f.
s. a. Hautschäden durch Belecken 96f.

Haarwechsel 88ff.

Haferkleie
bei Verstopfung 176

Hakenwürmer 31, 182

Halskrause 51, 96, 140

Handzeichen
s. a. Taubheit 162f.

Harnblasenschwäche 91

Harnwegsinfektionen 92f.
s. a. Eifersucht 63
s. a. Spritzen 157ff.

Hausapotheke 15, 17

Haushaltsreiniger 39

Hautinfektion
s. Infektionen

Hautkrebs
s. a. Sonnenbrand 154f.

Hautpilz 94f.
s. a. Haarwechsel 89
s. a. Räude 143f.

Hautschäden durch Belecken 96f.
s. a. Akne 22f.
s. a. Bißwunden 51
s. a. Pfotenprobleme 140

Hefepilze
s. a. Ohrmilben 134

Heißhunger
s. a. Diabetes 60

Herzinfarkt 98
s. a. Husten 100f.

Herzkrankheiten 98f.

Herzwurmkrankheit 37

Heuschnupfen
s. a. Asthma 37f.
s. a. Husten 100
s. a. Pollen- und andere Allergien 141f.
Behandlung:
s. Antihistamine 141
s. Baden 74f.
s. Vitamine 27

Hirnhautentzündung 189

Hormonstörungen, -schwankung 22, 91
s. a. Akne 22
s. a. Haarwechsel 88f.

Husten 37, **100f.**
s. a. Nebenhöhlen-Probleme 130f.

Hustensaft 100

Hydrokortisonsalbe 97

Hypoglykämie 60

I

Ibuprofen 17

Immunsystem 31, 106

Impftabelle der empfohlenen Impfungen 14
Calicivirus-Infektion 14
Katzenleukämie 14
Katzenpneumonie 14
Katzenschnupfen 108
Katzenseuche 14
Tollwut 51

Infektionen 131
mit Chlamydien 137
s. a. Akne 22f.
s. a. Bißwunden 49
s. a. Blutende Wunden 55
s. a. Hautpilz 95
s. a. Nebenhöhlen-Probleme 130f.
s. a. Verfilztes Fell 170f.

Inkontinenz
s. Harnblasenschwäche 91

Insektenstiche 102f.

Insektizide
s. a. Flöhe 76
s. a. Läuse 119
s. a. Ohrmilben 132

Insulin 59

Isopropyl-Alkohol
s. a. Fieber 72f.

J

Juckreiz
s. a. Analbeutel-Probleme 28
s. a. Flöhe 74f.
s. a. Insektenstiche 102
s. a. Läuse 119
s. a. Ohrmilben 132
s. a. Pollen- und andere Allergien 141
s. a. Räude 143f.

K

Kaliummangel
s. a. Austrocknung 43

Kalziummangel
s. a. Nachwuchs 126

Kaopektat
zur Beruhigung des Magens 17

Kastration 18, 23, 147
s. a. Katzenkämpfe 104f.
s. a. Spritzen 157ff.

Katzenauswahl 11f.

Katzenfernhaltespray
s. a. Krallenprobleme 112f.
s. a. Wollefressen 179

Katzengeschirr
bei Spaziergängen 18
bei Reisen 145f.
zum Baden 74f.

Katzenkämpfe 104f.

Katzenklo,
s. Katzentoilette

Katzenleukämie
s. a. Impfungen 14

Katzenpneumonie durch Chlamydien
s. a. Impfungen 14

Katzenschnupfen 106ff.
s. a. Augenreizungen 41
s. a. Impftabelle 14
s. a. Nebenhöhlen-Probleme 130f.

Katzenseuche
s. a. Impftabelle 14

Katzenstreu 39
s. a. Erziehung zur Sauberkeit 70f.
s. a. Pollen- und andere Allergien 141

Katzentoilette 18
Sauberhaltung 195
s. a. Blindheit 52
s. a. Erziehung zur Sauberkeit 69ff.
s. a. Harnblasenschwäche 91
s. a. Harnwegsinfektionen 92f.
s. a. Miauen 122
s. a. Wurmbefall 183
s. a. Zimmerpflanzen ausgraben 195

Kindersicherung 15f.

Klapperdose 47

Klebebandtrick 47

Kletterprobleme 109f.

Knoblauch
s. a. Flöhe 74f.
s. a. Ohrmilben 132
s. a. Übergewicht 166
s. a. Zahnprobleme 186

Knochen zum Nagen
s. a. Zahnprobleme 186

Knochenbruch 153
s. a. Lahmheit 114
s. a. Schwanzprobleme 153

Knoten 24
s. a. Geschwülste und andere Neubildungen 84f.

Kompressen, kühlende 72
bei Insektenstichen 103
bei Sonnenbrand 154f.

Körpertemperatur 72f.

Kortison 35

Krallenprobleme 111ff.
-pflege 111

Kratzbaum 193
s. a. Krallenprobleme 112

Kratzen 45f., 113
s. a. Aggression 20
s. a. Krallenprobleme 112f.

Krebs 13, 24,
s. a. Sonnenbrand 154ff.

Kurzatmigkeit
s. a. Altersbeschwerden 24
s. a. Asthma 37
s. a. Herzkrankheiten 98

L

Lahmheit 114ff.
s. a. Rücken- und Wirbelsäulenprobleme 148
s. a. Zecken 189

Langeweile 117f.
s. a. Aggression 20f.
s. a. Beißen und Kratzen 45f.
s. a. Depressionen 56 ff.
s. a. Hautschäden durch Belecken 96f.
s. a. Miauen 121f.
s. a. Zerstörungswut 192f.

Läuse 119ff.

Lecken
s. a. Bißwunden 51
s. a. Hautschäden durch Belecken 96f.
s. a. Wunden 180f.

Leber, gekochte
bei Anämie 31

Lebererkrankung
s. a. Erbrechen 67
s. a. Fieber 73
s. a. Mundgeruch 123f.

Leckerbissen
s. a. Diabetes 60
s. a. Futterallergien 79

Linsentrübungen (Katarakte) 52

Lipome 85

Luftfeuchtigkeit
s. a. Asthma 38
s. a. Husten 100
s. a. Katzenschnupfen 106f.
s. a. Nebenhöhlen-Probleme 130f.

Lungenentzündung
s. a. Asthma 38
s. a. Fieber 73
s. a. Husten 100f.
s. a. Katzenschnupfen 106

M

Mahlzeiten
s. Ernährung

Maisstärke
s. a. Schwanzprobleme 151ff.
s. a. Verfilztes Fell 170

Massage 36
s. a. Schlafstörungen 149f.
s. a. Zahnprobleme, -wechsel 184ff.

Maul,
Fremdkörper im 44
Schleimhaut 14, 119
Trockenheit 43
Untersuchung 14
s. a. Anämie 31
s. a. Geschwülste und andere Neubildungen 84f.

Medikamente 31, 174
s. a. Diabetes 60
s. a. Vergiftungen 173f.

Medikamenteneingabe 38

Methopren
s. a. Flöhe 76

Miauen 121f.
s. a. Langeweile 117f.
s. a. Zahnprobleme 184f.

Milben 40
s. a. Ohrmilben 132ff.
s. a. Räude 143

Milch 176
s. a. Durchfall 62
s. a. Futterallergien 79
s. a. Vergiftungen 173ff.
s. a. Verstopfung 176f.

Mottenkugeln
s. a. Wollefressen 179

Mundgeruch 123f.

Musik zur Beruhigung 147
s. a. Depressionen 58
s. a. Langeweile 117f.
s. a. Rolligkeit 147

Muskelzucken
s. a. Schlafstörungen 150

N

Nachwuchs 125ff.

Nase
s. a. Fieber 72f.
s. a. Katzenschnupfen 106f.
s. a. Nebenhöhlen-Probleme 130f.

Natriummangel
s. a. Austrocknung 43

Naturreis zur Verdauungsförderung
s. a. Mundgeruch 124

Nebenhöhlen-Probleme 130f.

Nervosität
s. a. Pfotenprobleme 140

Netzhautschwund 52

Nieren 24
-Versagen 91, 25
s. a. Erbrechen 67
s. a. Harnblasenschwäche 91
s. a. Harnwegsinfektionen 92f.
s. a. Mundgeruch 123f.

O

Ohren
-Tropfen 132
-Untersuchung 14
s. a. Taubheit 163f.

Ohrmilben 132ff.

Öl
bei Ohrmilben 133
bei Verdauungsproblemen 86
s. a. Pfotenprobleme 140

Omega-3-Fettsäuren 98

Operation
s. a. Analbeutel-Probleme 28

Osteoarthritis 35f.

P

Paarungsprobleme 136ff.

Paracetamol 17
s. a. Vergiftungen 173ff.

Parasiten 31
Hakenwürmer 31
s. a. Anämie 31
s. a. Flöhe 31, 74ff., 97
s. a. Läuse 119f.
s. a. Verfilztes Fell 170ff.
s. a. Wurmbefall 182ff.
s. a. Zecken 189ff.

Parfüm
s. a. Asthma 39
s. a. Erziehung zur Sauberkeit 70

Parodontose 184ff.
s. a. Mundgeruch 123f.

Passivrauchen 38

Peitschenwürmer 182

Pestizide 16
s. a. Akne 23
s. a. Vergiftungen 173ff.

Pfefferminzöl
s. a. Erziehung zur Sauberkeit 69

Pfotenprobleme 139f.
s. a. Blutende Wunden 55
s. a. Lahmheit 114ff.

Philodendron 67

Pilzbefall
s. Hautpilz 94f.

Plaque
s. a. Mundgeruch 123f.

Plattenepithelkarzinom
s. a. Sonnenbrand 154

Pollen- und andere Allergien 141f.
s. a. Asthma 39

Puder
s. a. Flöhe 74f.
s. a. Läuse 120

Puls 13
s. a. Herzkrankheiten 98f.

Putzhandschuh
s. a. Haarwechsel 90

Pyrethrin 132

R

Rauchen 100

Räude 143f.
s. a. Milben 40

Reinigung 22
s. a. Akne 22
s. a. Baden 74f.

Reisekrankheit 145f.

Reizbarkeit im Alter 27

Revierverhalten
s. a. Beißen und Kratzen 45f.
s. a. Eifersucht 63ff.
s. a. Katzenkämpfe 104f.
s. a. Lahmheit 116
s. a. Spritzen 157ff.

Rickettsiose 189

Ringelblumentinktur 22
bei Hautinfektionen und Akne

Rippentest
s. a. Übergewicht 164

Rivalität
s. Revierverhalten

Rolligkeit 147

Römischer Salat
s. a. Wollefressen 179

Rückenschmerzen und Wirbelsäulenprobleme 148

Ruhebedürfnis 27, 40
s. a. Anämie 31f.
s. a. Austrocknung 43
s. a. Eifersucht 65
s. a. Husten 101
s. a. Lahmheit 115
s. a. Rücken- und Wirbelsäulenprobleme 148

S

Salben
s. a. Augenreizung 41
s. a. Wunden 180

Salzwasser als Gegenmittel bei Vergiftungen 173

Sauberkeit
s. a. Hautpilz 94f.

Sehvermögen, -test
s. a. Blindheit 52f.

Scherpilzflechte
s. a. Hautpilz 94

Schiefhalten des Kopfes
s. a. Ohrmilben 134

Schilddrüsenerkrankung
s. a. Altersbeschwerden 25
s. a. Depressionen 57
s. a. Hormonstörungen 22, 91
s. a. Miauen 121f.

Schilddrüsenüberfunktion
s. a. Miauen 122

Schlafplatz
s. a. Arthritis 35

Schlafstörungen 149f.

Schlangenbisse 50

Schleimhäute,
Augen 32
Maul 32, 54
Nase 72
s. a. Nebenhöhlen-Probleme 130f.

Schmerzen,
bei Analbeutel-Problemen 28
bei Bißwunden 49
s. a. Futterverweigerung 82

Schnittwunden 54

Schockbehandlung bei Schlangenbiß mit Steroiden 50

Schuppen 13
s. a. Futterallergien 79ff.
s. a. Hautpilz 94
s. a. Pollen- und andere Allergien 141f.

Schürfwunden 54

Schutzimpfungen 108
s. a. Impftabelle 14

Schwanzprobleme 151ff.

Schweißdrüsen
s. a. Austrocknung 43

Schweißmesser zum Bürsten
s. a. Haarwechsel 90

Schwellungen
am After 29
bei Insektenstichen 102
bei Schlangenbiß 50
des Bauches 123

Schwellungen, harte 13
s. a. Altersbeschwerden 24ff.
s. a. Arthritis 35

Schwellungen, weiche 13
s. a. Herzkrankheiten 98f.
s. a. Krebs 24

Schwerhörigkeit 27
s. a. Taubheit 162f.

Sicherheit im Haushalt 15ff., 174
s. a. Vergiftungen 173ff.
s. a. Blutende Wunden 55
s. a. Pfotenprobleme 139f.

Sockenschutz 55
s. a. Krallenprobleme 113

Sonnenbrand 154f.
s. a. Geschwülste und andere Neubildungen 84f.

Speicheln 156
s. a. Tollwut 20, 49
s. a. Vergiftungen 173ff.

Speisereste
s. Essensreste

Spiel 18ff.
s. a. Beißen und Kratzen 45f.
s. a. Langeweile 117f.

Spielsachen 19, 21, 45

Spritzen 157ff.
s. a. Diabetes 59f., 91
s. a. Harnwegsinfektionen 92f.
s. a. Rolligkeit 147

Staubsaugen
s. a. Flöhe 74f.
s. a. Hautpilz 95
s. a. Husten 100
s. a. Pollen- und andere Allergien 142

Streicheluntersuchung
s. a. Geschwülste und andere Neubildungen 84f.
s. a. Übergewicht 164

Steroide 50

Streß
bei Autofahrt 10
s. a. Durchfall 62
s. a. Eifersucht 63f.
s. a. Husten 100f.
s. a. Rolligkeit 147
s. a. Spritzen 157ff.

Stromkabel
s. a. Sicherheit im Haushalt 15, 17

Süßigkeiten
s. a. Diabetes 59f.

Swimmingpool
s. a. Sicherheit im Haushalt 17
s. a. Blindheit 52

T

Tabletteneingabe 38

Tasthaar-Verlust 160f.

Taubheit 162f.
s. a. Altersbeschwerden 27

Tee
s. a. Hautschäden durch Belecken 96

Teilnahmslosigkeit
s. a. Blutende Wunden 54

Telefonanrufe
s. a. Depressionen 57

Temperaturmessung
s. a. Fieber 72f.

Tierarztwahl 12

Tollwut 20, 49, 51
s. a. Bißwunden 49f.
s. a. Impftabelle 14
s. a. Speicheln 156

Trägheit
s. a. Anämie 31

Tränenfluß 41

Trauer 58

Trockenshampoo
s. a. Flöhe 75
s. a. Ohrmilben 134

Trommelfell
s. a. Taubheit 162

T-Shirt
s. a. Sonnenbrand 154
s. a. Umzugssorgen 168f.

Tumore 24
s. a. Erbrechen 67
s. a. Erziehung zur Sauberkeit 69
s. a. Geschwülste und andere Neubildungen 84f.

U

Übergewicht 25, 35, 37, 59, 101, **164ff.**
bei Herzkrankheiten 99
bei Rücken- und Wirbelsäulenproblemen 148

Umschläge
s. a. Augenreizung 41f.
s. a. Arthritis 36
s. a. Fieber 72
s. a. Hautschäden durch Belecken 96f.
s. a. Insektenstiche 102
s. a. Lahmheit 114ff.
s. a. Sonnenbrand 154ff.

Umzugssorgen 168f.
s. a. Depressionen 57
s. a. Futterverweigerung 82f.

Unfruchtbarkeit durch Chlamydien
s. a. Paarungsprobleme 136

Urinieren, häufiges
s. a. Diabetes 60
s. a. Eifersucht 63
s. a. Spritzen 157ff.

V

Verband
s. a. Bißwunden 50
s. a. Blutende Wunden 55
s. a. Pfotenprobleme 139f.

Verbrennungen
s. a. Sonnenbrand 154f.
s. a. Tasthaar-Verlust 160

Verdauungsprobleme
s. Verstopfung 176f.

Verfilztes Fell 170ff.
s. a. Räude 143

Vergiftungen 173ff.
durch Abflußreiniger 173
durch Aknemittel 23
durch Altöl 144
durch Flokrautöl 75
durch Frostschutzmittel 173
durch Ibuprofen 17
durch Kerosin 173
durch Köder 175
durch Motoröl 140
durch Paracetamol 17
durch Pflanzen 67f.
durch Reinigungsmittel 140, 175
durch Streusalz 140
s. a. Aspirin 17
s. a. Erbrechen 67
s. a. Speicheln 156

Verhaltensstörung 20f.
Sauberkeit 91
Tollwut 20, 49, 51
s. a. Aggression 20
s. a. Arthritis 35f.
s. a. Beißen und Kratzen 45f.
s. a. Rolligkeit 147f.
s. a. Spritzen 157ff.
s. a. Wollefressen 178f.

Verletzungen
s. a. Bißwunden 49ff.
s. a. Blutende Wunden 54f.
s. a. Lahmheit 114ff.

Verstopfung 176f.
s. a. Altersbeschwerden 24f.
s. a. Analbeutel-Probleme 28ff.
s. a. Haarballen 86f.
s. a. Herzkrankheiten 98

Viruserkrankung
s. a. Durchfall 61
s. a. Fieber 73
s. Tollwut

Vitamin B
bei Anämie 31

Vitamine C
bei Asthma 40
bei Herzbeschwerden 27

Vitamin E
bei Asthma 40
bei Hautschäden 97
bei Herzbeschwerden 27
bei Läusen 120

Vorbeugungsmaßnahmen
bei Ohrmilben 134
bei Pilzen 94

W

Wärmepackungen 22
bei Akne 22
bei Arthritis 36
bei Lahmheit 114ff.
bei Rücken- und Wirbelsäulenprobleme 148

Wasserpistole 21, 45, 47, 104

Wasserstoffperoxid 15
s. a. Ohrmilben 132
s. a. Vergiftungen 173

Wickel
s. Umschläge

Wiederholungsimpfung
bei Tollwut 51

Wirbelsäulenprobleme 148
s. a. Gewichtsprobleme 13

Wollefressen 178f.

Wundbehandlung,
Bißwunden 49ff.
Blutende Wunden 54

Wunden 180ff.
s. a. Lahmheit 114ff.
s. a. Pfotenprobleme 112

Wundsalbe 50, 55

Wurmbefall 37, **182f.**

Z

Zähneputzen
s. a. Mundgeruch 123f.

Zahnprobleme 184ff.
-fleisch 14, 49, 123
-pflege 185
-stein 15, 123
s. a. Herzkrankheiten 99
s. a. Miauen 121f.

Zahnwechsel 187f.

Zaubernuß
bei Sonnenbrand 155

Zecken 189ff.

Zeckenenzephalitis 189

Zerrung
s. a. Lahmheit 114ff.

Zerstörungswut 192ff.
s. a. Aggression 20f.
s. a. Erziehung 18ff.
s. a. Wollefressen 178f.

Zimmerpflanzen ausgraben 195
s. a. Zerstörungswut 193

Zitrusduft
s. a. Krallenprobleme 112

Zittern
s. a. Diabetes 60

Zuwendungsbedürfnis 11
s. a. Langeweile 117f.

Zweitkatze
s. a. Blindheit 52
s. a. Depressionen 58
s. a. Eifersucht 66
s. a. Katzenkämpfe 104f.
s. a. Langeweile 117f.
s. a. Paarungsprobleme 136f.
s. a. Spritzen 157ff.
s. a. Taubheit 163

Zysten
s. a. Geschwülste und andere Neubildungen 84f.

Quellen

Lowell Ackerman, Tierdermatologe und Autor, Scottsdale, Arizona

Robert K. Anderson, Professor der Veterinärmedizin und Verhaltensforscher an der University of Minnesota, Minneapolis-St. Paul

Susan E. Anderson, Tierärztin und Ausbilderin an der University of Florida College of Veterinary Medicine in Gainesville

Kathe Barsotti, Tierpflegerin in Sterling, Virginia

Gary Beard, Dekan an der Auburn University College of Veterinary Medicine in Alabama

Stephen Blake, Tierarzt in San Diego, California

Lynda Bond, Tierärztin in Cape Elizabeth, Maine

William G. Brewer, Arzt an der Tierklinik der Auburn University College of Veterinary Medicine, Alabama

James Buchanan, Professor für Kardiologie an der University of Pennsylvania School of Veterinary Medicine in Philadelphia

Marilyn Burleson, Tierpflegerin in Fountain Valley, California

C. B. Chastain, Dekan und Professor an der University of Missouri College of Veterinary Medicine in Columbia

Janet R. Childs, Tierärztin in Fairview, Tennessee

Mark Coleman, Tierarzt und Präsident der American Heartworm Society Gainesville, Florida

E. A. Corley, Präsident der Orthopedic Foundation for Animals in Columbia, Missouri

Susan M. Cotter, Medizinerin an der Tufts University School of Veterinary Medicine in North Crafton, Massachusetts

William Crane, Veterinär in Colmar, Pennsylvania

Robert Cross, Veterinärmediziner und ehem. Präsident der Oklahoma Veterinary Medical Association, Duncan

Bernadine Cruz, Tierärztin in Laguna Hills, California

James B. Dalley, Professor für Veterinärmedizin, Michigan State University College, East Lansing

Lisa Degen, Tierärztin in Las Vegas und Präsidentin der Palm Beach Veterinary Society, Florida

Nicholas Dodman, Professor an der Tufts University School of Veterinary Medicine in North Crafton, Massachusetts

Albert S. Dorn, Professor an der Tennessee College of Veterinary Medicine in Knoxville

Laura Downey, Dozentin an der Purdue University School of Veterinary Medicine in West Lafayette, Indiana

Margret English, Verhaltenslehrerin in Somers, New York

Jeffrey Feinman, Tierarzt in Weston, Connecticut

Andrea Fochios, Tierärztin in Ferndale, New York

William D. Fortney, Arzt an der Tierklinik der Kansas State University College of Veterinary Medicine in Manhattan, Kansas

Anitra Frazier, Autorin, New York City

Lisa Freeman, Spezialistin für klinische Studien und Ernährung an der Tufts University School of Veterinary Medicine in North Crafton, Massachusetts

Stephen A. Gargner, Veterinär in Albany, California

Larry Ginsburg, Tierarzt in Baltimore Maryland, spezialisiert auf Neurologie

Bob Gutierrez, Verhaltenstrainer bei der San Francisco Society for the Prevention of Cruelty to Animals

Jan A. Hall, Tierarzt und Dermatologe in Ville St. Laurent, Canada

Mollyann Holland, Veterinärin an der University of Missouri College of Veterinary Medicine in Columbia

David Hammond, Tierarzt und Ernährungsspezialist in Pleasant Hill, Oregon

David E. Harling, Veterinär, Spezialgebiet Orthopädie und Augenheilkunde in Greensboro, North Carolina

Lee Harris, Veterinär in Federal Way, Washington

Douglas J. Heacock, Veterinär in Madison, New Jersey

Charles W. Hickey, Tierarzt in Richmond, Virginia

Robert Hilsenroth, Direktor der Morris Animal Foundation in Englewood, Colorado

Howard Hollander, Veterinär in Brooklyn, New York

Jim Humphries, Veterinär und Autor, Dallas Texas

Wayne Hunthausen, Präsident der American Veterinary Society of Animal Behavior und Autor, Westwood Kansas

Waldo Keller, Tierarzt mit dem Spezialgebiet Augenheilkunde mit Praxen in Ohio, Michigan und Kentucky

M. Lynne Kesel, Ärztin an der Colorado State University College of Veterinary Medicine and Biomedical Sciences in Fort Collins

Deva Khalsa, Tierärztin und Akupunkteurin, Yardley Pennsylvania

Veronika Kiklevich, Ausbilderin an der Washington State University College of Veterinary Medicine in Pullman

Karen Kline, Neurologe und Professor an der Iowa State University in Ames

D. J. Krahwinkel, Jr., Professor an der University of Tennessee College of Veterinary Medicine in Knoxville

George Lees, Tierarzt spezialisiert auf Urologie an der Texas A&M University School of Veterinary Medicine in College Station

Michael Lemmon, Tierarzt in Renton, Washington

James D. Lincoln, Professor und Leiter des Tierärztlichen Notdienstes an der Washington State University College of Veterinary Medicine in Pullman

Meryl Littman, Tiermedizinerin an der University of Pennsylvania, School of Veterinary Medicine, Philadelphia

John MacDonald, Professor für Tierdermatologie an der Auburn University, Alabama

Carol Macherey, Veterinärin in Nashville, Tennessee

Clayton MacKay, Direktor der Tierklinik an der Ontario University of Guelph, Canada

Lisardo J. Martinez, Veterinär in Miami Florida

Vicki N. Meyers-Wallen, Professorin für Anatomie und Geburtshilfe an der Cornell University College of Veterinary Medicine in Ithaca, New York

Kathryn Michel, Wissenschaftlerin und Ernährungsexpertin an der University of Pennsylvania, School of Veterinary Medicine Philadelphia

William H. Miller, Jr., Professor für Tiermedizin an der Cornell University Ithaca, New York

Robert A. Montgomery, Veterinär in New Philadelphia, Ohio

Robert J. Murtaugh, Professor an der Tufts University School of Veterinary Medicine in North Crafton, Massachusetts

Karen Overall, Dozentin, Fachgebiet Verhaltensforschung an der University of Pennsylvania School of Veterinary Medicine in Philadelphia

Guy L. Pidgeon, Internist und Leiter einer Forschungsabteilung für Tierernährung in Topeka, Kansas

Bernhard P. Pukay, Tierarzt und Moderator einer Tiersendung auf dem Discovery Channel, Ottawa

Mark Raffe, Professor für Anästhesie an der University of Minnesota College of Veterinary Medicine in St. Paul

Lloyd Reedy, Professor für Tierdermatologie an der University of Texas in Dallas und Autor

James Richards, Codirektor am Feline Health Center an der Cornell University College of Veterinary Medicine in Ithaca, New York

Michael Richards, Veterinär in Cobbs Creek, Virginia

David T. Roen, Veterinär in Carkston, Washington

Wayne Rosenkrantz, Tierdermatologe in Garden Grove, California

Nancy Scanlan, Tierärztin in Sherman Oaks, California

Paul Schmitz, Tierarzt in Joliet, Illinois

Charles Schneck, Tierarzt und ehem. Präsident der American Holistic Veterinary Medical Society, East Brunswick New Jersey

Cheryl Schwartz, Tierärztin in Oakland, California

Kathryn Segura, Tiertrainerin und Mitinhaberin der PHD Animal in Studio City, California

Victor M. Shille, Professor emer. an der University of Florida College of Veterinary Medicine und Herausgeber der Fachzeitschrift Theriogenoloy, Gainesville

Anthony Shipp, Tierarzt, Spezialgebiet Zahnheilkunde und Autor, Beverly Hills California

Craig Allan Smith, Mitherausgeber des Journal of the American Veterinary Association in Schaumburg, Illinois

Eugene Snyder, Veterinär in Ketterin, Ohio

Kenneth Sperling, Veterinär in Anchorage, Alaska

Joanne Stefanatos, Tierärztin in Las Vegas, Nevada

Sue Stephens, Tierärztin in Winston-Salem, North Carolina

Ronald Stone, Professor an der University of Miami School of Veterinary Medicine und Sekretär der American Association of Pet Industry Veterinarians, Florida

Walter Weidrich, Professor für Kardiologie an der Purdue University School of Veterinary Medicine in West Lafayette, Indiana

Scott Weldy, Tierarzt in El Toro, California

H. Ellen Whiteley, Veterinärin und Autorin in Guadalupita, New Mexico

Robert Willyard, Tierarzt und Präsident der Clark County Veterinary Medical Association, Las Vegas, Nevada

Wayne Wingfield, Chefarzt an der Tierklinik Fort Collins der Colorado State University College of Veterinary Medicine

Ralph Womer, Tierarzt in Auburn, Alabama

John C. Wright, Professor für Verhaltensforschung und Psychologie, an der Mercer University in Macon, Georgia

Originaltitel: The Doctors Book of Home Remedies for Dogs and Cats
Zuerst veröffentlicht 1996 durch Rodale Press Inc.

Deutsche Erstausgabe

Textauswahl aus der englischen Originalausgabe zum Thema „Katzen" durch Weltbild Verlag GmbH, Augsburg

Produktion der deutschen Ausgabe:
Paxmann/Teutsch *Buchprojekte*, München
Übersetzung: Simone Wiemken, Oldendorf/Luhe
Redaktion: Paxmann/Teutsch *Buchprojekte*, Johanna Brechtken
Umschlaggestaltung: Paxmann/Teutsch *Buchprojekte*, Christine Paxmann
Umschlagmotiv: Sibirische Katze/Mauritius-Rutz
DTP-Satz: Paxmann/Teutsch *Buchprojekte*, Michael Schmidt
Gesamtherstellung: Westermann Druck Zwickau GmbH
Printed in Germany
ISBN 3-8289-1531-0

Hinweis:
Dieses Buch ersetzt nicht den Tierarzt. Die in ihm enthaltenen Informationen sollen den Tierhalter lediglich in die Lage versetzen, den Gesundheitszustand seines Haustieres zu beurteilen. Die in diesem Buch beschriebenen Behandlungsmethoden dürfen eine vom Tierarzt verordnete Behandlung nicht ersetzen. Beim Auftreten von Krankheitssymptomen empfehlen wir jedem Tierhalter dringend, einen Tierarzt aufzusuchen.